企→业→日→常→管↓理←系←列←丛←书

财务工作常见问题清单

邓之梅
编著

地震出版社
Seismological Press

图书在版编目（CIP）数据

财务工作常见问题清单 / 邓之梅编著 . -- 北京 : 地震出版社 , 2021.8
（企业日常管理系列丛书 / 陈明星主编）
ISBN 978-7-5028-5225-2

Ⅰ . ①财… Ⅱ . ①邓… Ⅲ . ①财务管理 Ⅳ . ① F275

中国版本图书馆 CIP 数据核字 (2021) 第 092365 号

地震版　XM4547/F（6107）

财务工作常见问题清单

邓之梅　编著

特约编辑：段会敏　杨　梦

责任编辑：王亚明

责任校对：凌　樱

出版发行：地震出版社
北京市海淀区民族大学南路 9 号　　邮编：100081
发行部：68423031　68467991　　传真：88421706
总编室：68462709　68423029
证券图书事业部：68426052
http：//seismologicalpress. com
E-mail：zqbj68426052@ 163. com

经销：全国各地新华书店
印刷：北京柯蓝博泰印务有限公司

版（印）次：2021 年 8 月第 1 版　2021 年 8 月第 1 次印刷
开本：710 × 960　1/16
字数：341 千字
印张：19.25
书号：ISBN 978-7-5028-5225-2
定价：58.00 元

前言

PREFACE

常言道："不想当将军的士兵不是好士兵！"每个人都应该有自己的职业追求，将自己锻炼成为一名出色的职场精英。有了目标，工作起来才有劲头，才会让自己获得长足的发展。

工作就是在解决问题，解决问题的水平体现了一个人工作能力的高与低。如何在日常工作中，通过解决每个实际问题而不断提升自己的工作能力，是每个人晋升和自身发展亟待解决的问题！为此，我们特别编写了"企业日常管理系列丛书"。

该丛书包括：《财务工作常见问题清单》《采购管理常见问题清单》《仓储管理常见问题清单》《新产品运营管理常见问题清单》《供应链管理常见问题清单》《行政工作常见问题清单》《绩效管理常见问题清单》《客户服务常见问题清单》《企业资本运营常见问题清单》《人力资源工作常见问题清单》《商品配送管理常见问题清单》《生产管理常见问题清单》《物流服务常见问题清单》《销售团队管理常见问题清单》《促销管理常见问题清单》《项目运营常见问题清单》《国际贸易管理常见问题清单》《大客户销售常见问题清单》共18本，对日常工作常见问题和容易忽略的细节问题进行了梳理，并在整体上架构了不同职位人士的日常工作模型，让每一项工作一目了然，细节无遗漏，工作不失误。读者可以根据自己所需即查即用，轻松解决工作问题。

本丛书有如下特点。

第一，能帮助读者重新梳理自己的工作问题，让工作脉络更加清晰。

第二，能帮助读者加深对每项工作的理解，书中既有针对工作问题的规范性操作，也有经验性的总结，两者的完美结合会对工作问题的解决起到了事半功倍的作用。

第三，每项工作都设有工作场景描述，读者可以根据工作需要，即查即用，避免了在漫天的文字中间寻找答案，非常实用、方便。

第四，能帮助读者养成总结工作经验的习惯。

第五，引导读者形成“问题导向”的工作意识，从此进入自我提升的快车道。

本丛书认真选取了当下企业中的热点职位及重点部门，从日常工作的实际问题出发，针对每个工作问题进行了思路拓展性解读与分析，给出了经验性的总结阐述，可改善从业者的当前工作局面，为从业者搭建起提升工作能力的可靠阶梯，也为相关专业工作人员全面提升业务水平提供了可借鉴的方法。

财务部门是管理者最为关注的部门，财务工作在企业管理中具有举足轻重的地位，它犹如企业流动的血液，影响着企业的每个环节，这就要求每个财务工作者都要不断提升自身能力与素养，不断精益自身财务管理水平。

本书倡导“财务工作清单式管理”，以“财务工作管理常见问题”为主题展开，全面梳理财务工作常见问题，嵌入“问题导向”的思维意识，重新定义每一项财务工作，并进行操作规范指导与工作经验提示相结合的表达方式，全面阐述财务工作的每一项关键点。

这是一本揭开财务工作“问题导向”思维方法的书，读者朋友可以对照日常财务工作问题，即查即用。

本丛书在编写过程中，得到了相关从业者及工作伙伴的大力支持和配合，在此一并表示感谢！

目　录

CONTENTS

第1章　财务预算工作常见问题

第2章 企业财务控制常见问题

第3章 企业财务审查常见问题

第1章

财务预算工作常见问题

在当今的商业环境中，只有那些了解并掌握了如何将预算当作商务工具来实现企业和个人成功的管理者才最有可能获得成功。预算的使用对于任何企业的计划和控制都是十分重要的。预算为公司构建了一个框架，个人、部门和整个企业都需要在这个框架下工作。预算鼓励个人和部门对未来做出标准化的日程安排，帮助不同的管理者和部门之间相互协调和达成共识。预算是有一定的程序可依的，预算前也要进行充分的准备。准备充分的预算工作所产生的准确信息可以帮助企业朝着良性的方向不断发展。

1.1　如何做好预算前的准备工作

工作场景描述

需明确编制预算前需要做哪些准备工作时，可查看。

解读与分析

要想使所编制的预算合理和具有可执行性，事前的准备工作是非常重要的。不管是综合预算，还是各个子预算，要想成功地完成预算编制任务，相关人员都必须做好以下几项重要的工作。

1. 收集与本预算有关的信息和数据

虽然不同的预算所需要的信息和数据不同，并且会随环境的变化而发生相应的变化，但收集信息和数据是绝大多数情况下各项预算准备工作共同的要求。其涉及的因素一般包括以下几种。

（1）预算限制性因素。预算限制性因素是指将会对与之相关联的各种预算都产生重大影响的因素。例如，原材料缺乏将会约束生产能力的充分发挥，生产能力则会直接影响销售预算，同时会对固定资产费用及部门预算产生影响。因此，预算管理人员必须在预算前明确企业所存在的各种直接或间接限制性因素，并对它们可能对预算造成的各种影响进行认真仔细的考虑。

（2）内部能力影响因素。对公司进行检验分析，了解公司或部门内部的各种影响因素，针对每一个因素进行认真分析并找到规避这些因素负面影响的办法。

内部能力影响因素主要包括员工的工资要求、产品（如成本、供应商、技术水平、产品结构等）、财务（如财务方面的变化、资本结构等）、信息（如信息来源、沟通瓶颈、硬件软件等）、管理（如管理制度、管理缺陷等）及人事（如报酬激励项目、福利、员工士气等），这些因素都会或多或少地对预算的编制执行产生影响。

（3）外部环境影响因素。在实际工作中，公司外部环境也会对具体的预算活动产生影响。

外部环境影响因素包括市场状况（如市场容量、市场发展趋势、市场份额等）、行业状况（如直接或间接竞争者策略、发展前景、目标计划等）、技术状况（如影响公司发展的技术、工艺状况等）、政策因素（如各级政府发展方向、各级政府规章制度、政策的变更等）、文化因素（如社会的思想意识、习惯、观念及行为等方面的变化）及经济与人口因素（如经济发展导向、社会利率、资本投资、宏观经济状况、人口状况、人均收入）等。相关人员需要列出这些因素并分析它们对公司发展将会产生什么样的影响。

2. 预测经营收入

了解分析了预算限制性因素以及内、外部各种影响因素之后，相关人员便可以开始进行经营收入的预测。经营收入的预测一般包括三个阶段。

（1）确定收入类型。确定收入类型的目的是便于管理者进行预算监督，更加合理地分析预算数据并对其进行修改。在实际工作中，预算管理人员可以根据需要对收入类型进行更具实际使用价值的细分。

例如，收入可以划分为来源于销售的收入，来源于生产的收入，来源于固定资产投资的收入和来源于人事、财务、行政等管理部门的收入等。来源于销售的收入又可以按照销售种类、销售代表区域、销售市场等进一步细分。

总之，划分一定要便于公司的预算及其他各方面的管理。同时值得注意的是，无论进行哪种类型的统计，相关人员都要注意在公司各个预算中保持主标题与子标题的统一。这样做，一是有利于使用者相互配合，提高工作效率；二是便于管理人员准确有效地完成对综合预算的编制。

（2）确定收入数额。不同类型收入数额确定的难易程度是不同的。销售收入数额的确定比较复杂，要想对其进行准确预测，就必须从基础做起，先向销售人员了解客户可能购买的数量，然后要向每一个代理商去核实这些数据的合理性，利用以往销售成绩，代理商的可信度及对内、外部影响因素的判断来评价这些预测数据的可靠性。此外，相关人员还可以通过了解提前付款和批量采购的折扣率等对销售额的影响及各类客户的付款记录进行判断。

有些收入数额可以在预算过程中直接获得，如出售原有固定资产得到的收入等，还有一些有关收入的信息可以从会议或平时讨论中了解到，如公司将发行股票、购买设备等，但对于耳闻的不确定的事情，管理者应该有自己的判断，以免受到错误信息的干扰而做出错误的决策。

（3）确定收入发生时间。这一做法在有些公司没有得到相应的重视，但实际上由于收入不能及时到位而引发的公司倒闭事件屡屡发生。因而不管是小企业还是资金来源充足的大企业，都应该注意及早回收应收款项，以争取获得最大限度的资金利用率。

管理者应该及时向财务部门了解客户付款的状况，掌握下一个业务周期可能出现的收款状况；通过询问销售人员及其他一线工作人员来了解客户的付款能力；利用各种途径对所需信息进行及时地跟踪。

3. 预测费用支出

对费用支出进行预测同样是预算准备工作当中的一个重要环节，与对经营收入进行预测类似，预测费用支出同样包括三个阶段。

（1）确定费用类型。不管是生产预算、销售预算还是部门预算，都包括费用的预算，只不过费用类型不同。费用分类标准并不是统一的，在实际工作中，管理人员应根据实际情况确定企业实际管理所需要的费用类型。

例如，管理人员可以将费用分为启动费用（首次从事某项活动所必须花费的费用）、直接费用（随企业生产和销售变化而变化的费用）、间接费用（定期发生、不直接随企业生产和销售变化而变化的费用）、固定资产费用（可供企业长期或永久性使用的非消费性支出），也可以根据同产品之间的关系分为生产费用（按计入成本的方式分为直接费用和间接费用）、期间费用（经营过程中发生的应计入当期损益的费用，包括销售费用、管理费用和财务费用）和营业外支出。

（2）确定费用数额。由于实际工作中，可能发生的相关活动及费用多得几乎无法预料，因而确定费用的数额是一项复杂而且有难度的工作。

以将费用分为启动费用、直接费用、间接费用和固定资产费用四类为例，确定启动费用时，需要对手中的每一项数据进行核查，有时还必须与有关部门的工作人员逐一进行沟通，请他们对成本费用的预测提出自己的意见，同时必须对这些意见的可靠性进行理性判断，并结合可能存在的内、外部影响因素进行综合分析。确定直接费用时，则必须在各类相关预算中查找相关数据，然后结合当前生产数据、人工成本等情况进行计算。因间接费用变动情况不大，故管理人员可以通过查看过去的记录和文件，轻松地做出事前测算。因固定资产费用不经常发生，故比较容易计算。但是值得注意的是，不论做哪种费用预测，管理人员都要注意内、外部因素对它们的影响。

（3）确定费用发生时间。安排好各项费用的发生时间，对其进行周密的计划，有助于协调费用与收入之间的关系。一般情况下，费用不能超过收入，这是一个企业运营的基本原则。在此原则下，企业可以根据自己的实际情况安排确定各项费用发生的先后顺序，这对企业来讲是一项相对简单的工作，但同时也不要忘记内、外部因素可能对费用发生时间产生的影响。

预算前做好充足的准备，有利于制订切实可行的预算方案，减少日后修改的工作量，提高工作效率，有利于预算人员成功地完成预算任务。

关键点提示

编制预算前的准备工作包括：

1.收集与本预算有关的信息和数据；2.预测经营收入；3.预测费用支出。

1.2 如何拟定预算指标

工作场景描述

需确定企业所需的预算指标时，可查看。

解读与分析

一个企业应根据其实际情况对其预算指标进行确定。这与企业结构、管理传统及态度都有很密切的关系。

1. 视规模而定

对于规模较大或者是经营品种较多的企业而言，应该拟定较多的预算来为管理服务，这样有助于各项目标的顺利实现。无论哪一个部门，只要负有创收和控制费用的责任，就必须拟定相应的预算。规模较小的企业，则不需要每个部门都拟定自己的预算，一个总预算可能就能够实现管理和控制预算的目的了。

2. 视管理方式而定

对于集权式管理的企业，即少数关键人物进行决策、控制的企业，不需要过多的预算来实现其预定的管理目标，只需要有针对性地制订一两个预算，能达到其管理控制目标即可；而对于采用放权式管理的企业，由于管理责任被分解到各个基础管理层，所以必须有较多的预算来实现预定的管理目标，否则就可能达不到控制的目的。

3. 视企业管理者的态度而定

由于对预算的认识程度不同，企业决策者、管理者对企业需要哪些预算或哪些部门、哪些方面需要预算的意见不统一。在这种情况下，管理者应该首先对企业进行全面综合的了解，然后通过沟通进行认真的分析，看看企业到底需要多少预算，需要哪些方面的预算，以确保顺利实现管理目标。

4. 遵守基本程序

企业实际工作中不论需要制订多少个预算，都必须遵守同样的基本程序：首先收集各种预算数据和信息，然后对经营收入和费用支出进行预测；审核预测的数据并形成一致的意见，在实际工作中检查实际发生的收入和费用与预测值的差异，形成差异报告；再根据差异大小对预算及时进行调整。

一家企业到底需要几个预算指标并没有一个明确的答案，但是确定预算指标有一个基本原则，即预算不能过于冗杂，以免增加企业管理工作量，给企业的经营带来负面影响，预算指标也不能太少，以免企业无法达到管理控制的预期。

关键点提示

恰当地确定预算指标，需要把握好以下方面：

1.视规模而定；2.视管理方式而定；3.视企业管理者的态度而定；4.遵守基本程序。

1.3 如何选择预算方法

工作场景描述

当对选择哪种预算方法不明确时，可查看。

解读与分析

随着预算管理的发展，人们不断积累和丰富预算管理的经验，预算管理方法日益完善。许多企业在编制与评价计划时都是具有专门方法的，以下是几种具有代表性的方法。

1. 固定预算

固定预算又称静态预算，是按固定业务量编制的预算，一般按预算期的可实现程度来编制，是一种较为传统的编制方法。例如，生产预算、销售预算都是按预计的某一业务量水平来编制的，因而属于固定预算。固定预算编制较为方便，但是控制、考核、评价等都难以进行，当实际业务水平与预算业务水平相差较大时，很难发挥应有的作用。因此，在市场状况变化较大或较快的情况下，不宜采用固定预算方法。

2. 弹性预算

弹性预算是一种具有伸缩性的预算，指在不能准确预测业务量的情况下，根据成本性态和业务量、成本和利润之间的依存关系，按预期可能发生的业务量编制的一系列预算。其主要有成本预算与利润预算。

编制弹性预算的基本程序（以成本预算为例）如下。

（1）选择业务量的计量单位。

（2）确定业务量的范围。

（3）逐项研究并确定各项成本和业务量之间的数量关系。

（4）计算各项预算成本，并用一定的方式来表达。

3. 滚动预算

滚动预算又称永续预算，是指在编制预算时，将预算期与会计年度脱离开，随着预算的执行不断延伸，补充预算，逐期向后滚动，使预算期始终保持为12个月的一种方法。滚动预算具有透明度高、灵活性强、连续性突出的特点。

滚动预算能够保持预算的完整性、持续性，从动态预算中掌握企业的发展预期；可以使各级管理人员始终对未来12个月的生产经营活动有所考虑和规划，从而有利于生产经营稳定、有序地进行；由于其在执行过程中不断得到修正，故预算不仅与实际情况更相适应，还有利于充分发挥预算的指导和控制作用。但是滚动预算中的预算延伸工作比较耗时，也有其不足之处。

4. 零基预算

零基预算又称优先级预算，是指在编制预算时，不考虑以往会计期间所发生的费用项目或费用数额，所有的预算支出均以零为出发点，规划预算期内各项费用的内容及开支标准的一种方法。由于零基预算以零为起点来确定预算数，因此管理人员需要做大量的基础工作。

零基预算要求预算编制人员系统地重新评价所有的项目和方案，其目的是建立起各个项目间的优先级，然后设立一条“资金控制线”来排除不符合条件的项目。

总之，不同的预算编制方法各有其优缺点，各企业应根据自己的实际情况来选择适合的预算编制方法。无论选择哪种方法，其最终都是为了使预算工作得以顺利进行，以保证企业的良性发展。

关键点提示

下面为几种具有代表性的预算方法：

1.固定预算按预算期可实现水平来编制，较为传统；2.弹性预算按预算期内可能发生的业务量编制；3.滚动预算随着预算的执行不断延伸补充预算，灵活性强；4.零基预算以零为起点来确定预算数，全面控制支出。

1.4 如何确定预算周期

工作场景描述

需确定预算周期时，可查看。

解读与分析

确定合适的预算周期，对企业来说非常重要。大多数企业的业务循环是一定的，一般而言，企业的预算年度应该与它的经营年度相一致。

1. 预算时间划分

与业务活动计划相关的时间跨度通常是1年，但也可长可短。预算周期不同，其作用也不同。

（1）短期预算（1年或更短）的重点在于进行短期控制和提升经营获利能力。

（2）中期预算（1～5年）强调弥补企业实力差距并平衡资本与支出。

（3）长期预算（5年或更长）着眼于形成能确保企业长期生存发展的成长战略。

以上类型的区别并不严格，但每种类型都有相应的预算设计。

2. 投资回收期

对于确定预算周期来讲，投资回收期是一个很有用的概念。假如企业收回初始投资并且取得理想的利润需要4～5年的时间，那么可以以这个时间为基准做一个长期预算，然后在这个期间内进行细分，做出所需要的各个短期或中期预算。

3. 技术因素

技术因素是影响预算周期的一个因素。如果企业是一个高新技术企业或者技术的进步与否对企业有着相当大的影响，那么这一因素就会影响到该企业的预算周期长度，企业的预算周期应与其技术进步状况相适应。

4. 季节因素

预算中有许多因素会受季节变动的影响。对于这些因素，预算编制人员应该在编制预算和后来的报告中进行确认，并根据其具体影响来对预算周期做出调整。

总之，预算是一项连续性的工作，永远处于一种随时可能发生变化和需要调整的状态，预算周期也要根据随时发生的变化进行相应的变动。

关键点提示

确定预算周期时应该注意以下几点：

1.不同周期预算各有其功能，应根据实际情况加以确定；2.首先明确预计投资回收期，以此为基准确立预算周期；3.预算周期要与技术进步相适应；4.注意季节因素对预算周期确定的影响。

1.5　如何确定预算数据来源

工作场景描述

当对预算需要收集的数据不清楚时，可查看。

解读与分析

全面获取预算所需要的各种信息，有助于预算人员更有效地进行预算编制。在工作中，预算人员应该随时随地注意从各种渠道收集对预算管理工作有价值的意见。

1. 向各个部门收集预算所需要的数据资料

（1）销售部门。预算人员主要从历史销售报告、对未来市场发展趋势的说明、推动销售的具体措施与下一年度可能努力的方向、销售计划等相关资料中搜集有关的数据和信息。

（2）生产部门。预算人员主要从生产部门处获得产量记录、原材料耗用、人工使用、存货等情况，根据已知的数据对未来的生产状况做出预测，并确定努力方向和措施。

（3）人事部门。预算人员主要从人事部门处获取工资级别和薪金变动范围的信息，当前采用的报酬政策，升职、绩效评价，福利计划，奖金方案，组织结构人员构成等方面的信息。

（4）财务部门。预算人员主要从以往年度的财务报表、账簿登记与试算平衡报告、对相关领域各项会计政策进行解释的说明图表、资本资产登记以及有助于对成本和利润进行分级的表格等相关资料里搜集有关的数据和信息。

只有通过综合收集各个部门与预算有关的数据和信息，预算人员才能够对目前及未来可能发生的各种情况进行深入的理解。

2. 在企业会议上获得预测信息

预算人员在会议上可以了解企业的经营目的、企业近期发生的情况，应利用有利机会与董事会成员、股东、管理者、员工进行交流，了解各种与预算相关的有用信息。

3. 在企业外部收集预测信息

由于外部因素所涉及的范围、影响力更大，所以预算人员可获得的预测信息或咨询性意见的渠道更多。例如，预算人员通过与供应商沟通，可以了解下一年度采购计划、折扣情况等；通过收集竞争者的宣传资料，可以了解其产品及促销动态；通过广泛阅读各种报纸杂志，了解宏观走势，如利率变动、人口发展趋势及法律法规的颁布或变动等；通过与其他行业或政府部门人员接触，收集足够多的、有助于理性判断的各种信息，从而为做出正确的决策提供科学的依据。

预算人员在编制预算的过程中，只有全面综合地考虑了各项因素的影响后，才能有针对性地提出问题，并对预测数据做出相对准确的估计，从而很好地完成预算任务。

关键点提示

预算数据的来源为：

1.向各个部门收集预算所需要的数据资料；2.在企业会议上获得预测信息；3.在企业外部收集预测信息。

1.6 如何拟定预算标题

工作场景描述

需给公司预算拟定标题时，可查看。

解读与分析

有时候，企业的预算管理者会被这样一个小问题所困扰，即：应该如何或依据什么标准确定企业预算的主标题和子标题呢？其实这个问题并没有固定的答案，它主要取决于编制者的个人偏好，但也需要遵循一些基本原则。

1. 方便了解情况

对于管理者而言，简化工作、方便管理是他们希望达到的一种工作状态，在为预算确定标题时，也应遵循这一基本原则。例如，销售预算的标题格式主要由销售经理来确定，也就是说，这取决于他认为怎样才能方便地了解企业的销售情况。

2. 统一使用

对于一个企业，理想的管理方式是，所有的预算中都使用统一的主标题集合子标题，这样便于管理与控制。对于一项费用或收入，公司内部各部门所使用的标题不同，在进行预算汇总时无疑会给预算编制人员带来许多不必要的麻烦，降低工作效率。

3. 易于管理

管理者应该本着简单和迅速的原则，对经营过程中发生的收入、费用、利润等情况进行监督。要想做到这一点，就要使监督预算执行情况的数据与自己所编制预算中数据的主标题或子标题保持一致。比如，在预算中使用的科目应该与销售发票、收据中的科目吻合。另外，科目不应该分得太细，“文具”就不用细分为“订书器”“墨水”等子科目了，因为这样不仅不会简化工作，反而会带来很多不必要的麻烦。

对于预算编制这项复杂的“工程”而言，虽然标题确定是一项很小的工作，但如果做不好，则有可能会给整个预算工作带来很大的麻烦。

关键点提示

确定预算主标题与子标题的基本原则：

1.方便了解情况；2.统一使用；3.易于管理。

1.7 如何设立预算编制机构及明确其职责分工

工作场景描述

当对预算编制机构及其职责分工认识不清时，可查看。

解读与分析

以目标利润为导向的企业预算管理组织体系是管理过程中起主导作用的集合体，也是模式运行的主体，它由预算管理委员会、预算专职部门以及预算责任网络构成。

1. 预算管理委员会

预算管理委员会在组织体系中居于领导、核心地位，它由企业的董事长或总经理任主任委员，成员为企业内各相关部门的主管，如主管销售的副总经理、主管生产的副总经理、主管财务的副总经理等人员。对以目标利润为导向的企业预算管理来说，预算管理委员会是最高管理机构。它组织有关人员对目标利润进行预测，并审查、研究、协调各种预算事项。由它主持召开的预算会议，是各部门主管参与预算目标的确定、对预算进行调整的主要形式。

预算管理委员会的主要职责包括以下几项。

（1）制订有关预算管理的政策、规定、制度等相关文件。

（2）组织企业有关部门或聘请有关专家对目标利润进行预测。

（3）审议、确定目标利润，提出预算编制的方针和程序。

（4）审查各部门编制的预算草案及整体预算方案，并就必要的改善对策提出建议。

（5）在预算编制、执行过程中发现部门间有彼此抵触现象时，予以必要的协调。

（6）将经过审查的预算提交董事会，通过后下达正式预算。

（7）接受预算与实际比较的定期预算报告，在予以认真研究、分析的基础上提出改善的建议。

（8）根据需要，对预算的修正加以审议并做出相关决定。

2. 预算专职部门

预算专职部门主要负责处理与预算相关的日常管理事务。

预算管理委员会的成员基本上由企业内部各主管兼任，预算草案由各相关部门分别提供，而预算方案是企业的一个全面性生产经营计划，预算管理委员会在预算会议上所确定的预算方案绝不是各相关部门预算草案的简单汇总，因此必须设立一个专门机构来具体负责预算的汇总编制，并处理日常管理事务。

在预算执行过程中，可能存在一些潜在的提高经济效益的方法，发生一些部门为了完成预算目标而采取一些短期行为的现象。若管理者不能及时得到这些信息，就会对预算工作造成不利的影响，因此必须实行预算责任单位与预算专职部门相互监控的方式，使它们之间存在内在的互相牵制。预算专职部门应直接隶属于预算管理委员会，以确保预算机制的有效运作。

3. 预算责任网络

预算责任网络是以企业的组织结构为基础建立的，是预算的责任主体，企业建立预算责任网络的重点是确定责任中心。

确定责任中心是预算管理的一项基础工作。责任中心是企业内部成本、利润、投资的发生单位，这些内部单位被要求完成特定的职责，其责任人被赋予一定的权力，对该区域进行有效的控制。

根据不同责任中心的控制范围和责任对象的特点，其分为三种：成本中心、利润中心和投资中心。

（1）成本中心及其职责。成本中心是成本发生单位，一般没有收入，或仅存在少量无规律的收入，责任人可以对成本发生进行控制，但不能控制收入与投资，因此成本中心只需对成本负责，无须对利润情况和投资效果承担责任。

成本中心又可以分成两种：标准成本中心和费用中心。标准成本中心是产品稳定而明确，并且熟悉单位产品所需投入的部门，典型代表是制造业工厂、车间、工段、班组等；费用中心，适用于产出物不能用财务指标来衡量或者投入和产出之间没有密切关系的单位，包括一般行政管理部门，如财务、人事等部门。

对于各项需要加以控制的费用，各责任中心都必须确定主要责任人。尽管每一个责任人都有明确的责任范围，但并不是对责任范围内所发生的费用都要负全部责任，有的应负主要责任，有的只负次要责任，各级责任人只能控制各自责任范围内的可控费用。对于企业中难以确定责任归属的费用项目，不宜硬性归属到某个部门，可由企业财务部门直接控制。

（2）利润中心及其职责。利润中心既能控制成本，又能控制收入。因此，它不但要对成本和收入负责，还要对收入与成本的差额（即利润）负责。

利润中心位于企业中的较高层次，同时具有生产和销售的职能，有独立的、稳定的收入来源，可以决定生产什么产品、生产多少、生产资源在不同产品之间如何分配，也可以决定产品销售价格、制订销售政策，与成本中心相比具有更大的自主权。

利润中心有两种类型：一种是自然的利润中心，它直接向外部出售产品，在市场上开展购销业务，有很强的独立性；另一种是人为的利润中心，它主要在企业内部按照内部转移价格出售产品，如企业内部的辅助部门，包括修理、供电、供水、供气等部门，可以按固定价格向生产部门收费。

（3）投资中心及其职责。投资中心不仅能控制成本和收入，而且能控制占用资产。也就是说，在以目标利润为导向的企业预算管理中，该责任中心不仅要对成本、收入、利润负责，还必须对与目标投资利润率或资产利润率相关的资本预算负责。所以，只有具备经营决策权和投资决策权的独立经营单位才能成为投资中心。

一般常将一个独立经营的常规企业视为一个投资中心。投资中心应具有比其他责任中心更强的独立性和更大的自主权，它由企业内部最高管理层组成，拥有一定的资金支配权，在调配资金时，应研究这些资金投放到哪个方面最有利。投资中心的具体责任人一般是企业的最高决策层，投资中心的预算目标就是企业的总预算目标。

投资中心必然是成本中心、利润中心，它不仅要从成本、收益的角度来考核其经营成果，还要从投入的资金效果的角度来考核工作成绩。投资中心是控制投资效率的责任中心，通常用盈利与投资的比率来衡量其业绩。

总之，预算各职能部门构成了一个严密的预算管理组织系统，从最高层次的管理者到下属各个部门全都被纳入预算体系中。只有明确各管理层几个业务部门在预算方面的权责，使其相互配合工作，才能保证预算管理工作卓有成效。

关键点提示

明确预算编制机构及其职责分工：

1.预算管理委员会是预算工作的核心部门，起主导作用；2.预算专职部门处理与预算相关的日常管理事务；3.预算责任网络是预算的责任主体。

1.8　如何编制预算表

工作场景描述

需参考预算表范本时，可查看。

解读与分析

预算专职部门就所有预算预测内容取得一致意见之后，会对各项预测进行汇总。汇总程度取决于企业的规模、组织结构以及股东和董事会成员希望对预算工作了解的深度。规模较小的企业只需要编制一份供全企业使用的预算即可；大型的企业则需要根据业务的性质或管理的项目具体来看需要编制几份预算，以便对企业进行有效的管理和控制。

1. 综合预算表（表 1–1）

具体编制时，应注意所设计表格的层次性。

表 1–1　综合预算表

公司名称：	1月			2月			3月		
预算时间：	预测	实际	差异	预测	实际	差异	预测	实际	差异
收入： 销售（华东区） 销售（华南区） …… 其他									
收入合计									

续表

公司名称： 预算时间：	1月			2月			3月		
	预测	实际	差异	预测	实际	差异	预测	实际	差异
费用： 生产 营销 财务 行政 人事 固定资产折旧 …… 其他									
费用合计									
利润总计									

说明：

（1）“预测”“实际”“差异”分别表示预测数据、实际数据及预测数据和实际数据之间的差异。在对预算执行结果定期进行监督时，经常需要使用这些内容。

（2）在收入项中分别按照销售区域、其他收入来源填写。

2. 利润预算表（表1-2）

编制总预算是财务计划功能最后阶段的工作任务，同时也是管理控制功能开始阶段的工作任务，本质上是对各个子预算中的预测数据进行全面检验，也就是看看当把各项预测数据组合在一起时，利润、现金流量、资产和负债的期末数值到底符不符合管理者预期的目标。大多数企业的预算管理委员会首先会查看总预算的利润情况，也就是检查各个部门提出的利润预测数据是否能够满足企业对总利润的要求。

利润预算表记录了一定业务周期内企业的销售收入，直接、间接成本和企业损益的情况，一般情况下，需要对这些数据按年度进行计算并按月细分。

表1-2　利润预算表

利润预算	1月			2月			3月		
	预测	实际	差异	预测	实际	差异	预测	实际	差异
销售收入（A）									

续表

利润预算	1月			2月			3月		
	预测	实际	差异	预测	实际	差异	预测	实际	差异
减：直接成本									
原材料成本									
工资									
毛利润（B）									
毛利润率（$B/A\times100\%$）									
经营成本：									
工资									
租金、利率、水费									
保险									
维修、更新									
热、照明、动力									
邮寄									
印刷、文具									
交通									
电话									
利息									
其他									
总经营成本（C）									
经营利润（$B-C$）									
减：折旧									
税前净利润									

说明：

（1）对“预测”“实际”“差异”的具体说明同“综合预算表”。

（2）经费名称仅供参考，编制时根据企业具体情况填写。

表中的销售收入数据来自销售预测表，直接成本包括两项：原材料成本和工资。原材料成本包括原材料费、包装费和运输费，数据来自生产预测表和采购预测表等；工资可以根据企业具体情况进行预测。

毛利润，即销售收入减去直接成本。“毛利润/销售收入×100%”就是毛利润率，它反映了一个企业是否正在以有效创造利润的方式进行采购和销售活动。一般来说，每个行业都有其平均毛利润率，将企业的毛利润率与行业平均毛利润率进行比较，我们就可以了解企业的经营水平，从而以此为依据对产品价格、成本等进行必要的调整。

经营成本是在产品和服务费用以外，在企业管理和运行过程中发生的间接成本。企业性质不同，子科目也不同。

工资是将年度工资总额除以12后得到的每月工资数。采用同样的方式可以计算租金、利率、水电费等。对经营成本各个子科目进行合计，即可得到总经营成本。

经营利润为毛利润减去总经营成本，可用于表示企业经营的真实情况。折旧是指在固定资本使用年限内按照确定的方法对应折旧额进行充分评估后得到的数额。最简单的折旧方法，就是用一项固定资产的总值除以其使用年限，得到该项固定资产的年折旧数值，再将各项固定资产的年折旧数值相加，得到总的年折旧值，除以12后得到的平均值，就是固定资产每月折旧值。

3. 三大财务预算表

对于企业而言，不管规模和类型如何，预算专职部门都必须编制三大财务预算表，统称为总预算，即预计损益表、现金预算表、预计资产负债表。

（1）预计损益表（表1–3）

预计损益表说明的是企业在下一个年度中的收入预算、费用预算和经营损益预算的情况。

表 1–3　预计损益表　　单位：元

项目	金额
销售收入	
期初存货	
采购额	
期末存货	
准销售成本	
毛利润	
经营成本	
工资	
房租	
水电费	

续表

项目	金额
维修更新费	
利息	
业务咨询费	
交通费	
印刷费	
保险费	
电话费	
其他	
总费用	
净利润	

说明：“经营成本”这部分名称仅供参考，编制时可根据企业具体情况填写。

销售收入数据来自销售预算表和利润预算表。此处的准销售成本等于利润预算表中的原材料成本，也等于期初存货额加上采购额再减去期末存货额。销售收入减去准销售成本即为毛利润，在特殊情况下为毛亏损，这种情况一般不多见。最后，用毛利润减去总费用后得到的净利润应与利润预算表中的净利润完全一样。

经营成本的具体列举科目依据企业性质的不同而有所不同。子标题的确定，取决于不同企业的具体业务性质或各自的管理习惯。规模较大的企业，习惯按照业务功能进行分类，比如按行政管理、人事等进行划分；规模较小的企业，则习惯于按科目划分，如下面的现金预算表（表1–4）所示，按工资、租金、折旧等进行分类。对于企业而言，采用什么样的分类方式并不重要，重要的是要定期、准确地对各个科目的执行情况进行有效的监督。

（2）现金预算表（表1–4）

现金预算表反映的是在预算周期内（比如1年）企业中现金流入和流出的状态。据此，可随时了解企业是否有足够的现金储备以维持正常的业务运转，这对于企业具有重要的意义。

表 1-4　现金预算表

现金预算	1月			2月			3月		
	预测	实际	差异	预测	实际	差异	预测	实际	差异
收入									
销售现金收入									
应收账款									
增资收入									
总收入（*A*）									
支出									
供应商付款									
工资									
租金、利率、水费									
保险									
维修更新									
邮寄									
印刷、文具									
交通									
电话									
业务咨询									
资本费用									
利息									
其他									
增值税									
总费用（*B*）									
净现金流量（*A–B*）									
期初银行数									
期末银行数									

说明：对“预测”“实际”“差异”的具体说明同前。

表格中的收入被分成了销售现金收入、应收账款和增资收入。欠公司款项的个人或企业的待还款项称为应收账款，增资收入则一般来自股东结余、银行贷款和企业发行股票所得收入。必须将所有的收入按预计发生时间填写到现金预算表的合适位置，最后将每个月发生的预算收入相加，得到总收入。

费用支出根据企业性质不同，可采用不同的子标题。具体按业务功能或科目分类，采用科目分类时可以从其他预算表中得到相关数据。按费用发生时间将各项预测费用数据填写到预算表中，相加后可得到总费用。

总收入减去总费用得到净现金流量。净现金流量加上或减去期初银行数，就是期末银行数。表中上个月的期末银行数就是本月期初银行数。

（3）预计资产负债表（表1–5）

已经资产负债表说明的是预算期内，企业资产、负债及融资的情况。它是在利润预算表和现金预算表的基础上编制的。

表1–5 预计资产负债表

单位：元

资产	金额
固定资产：	
设备	
车辆	
许可证	
租赁财产	
固定资产合计	
流动资产：	
股票、在建项目	
存款、预付款	
现金	
应收账款	
流动资产合计	
其他资产	
资产总计	
流动负债：	
应付税金	
应付账款	
其他应付款	
流动负债合计	
其他负债	
负债总计	
所有者权益	
股东权益	
未分配利润	
负债及所有者权益总计	

固定资产是指企业可长期使用的那些物品，可以细分为有形资产和无形资产。有形资产包括土地、建筑物、厂房、机器设备等，无形资产包括许可证、专利、商业信誉等。所有这些固定资产科目相加，就是固定资产总额。

流动资产是指随企业经营活动的开展而不断变化的科目，包括股票、存款、在建项目、预付款、现金、应收账款等。

流动负债是企业通常在1年内可以还清的短期负债，包括银行贷款、超支、应缴税金及其他应付款项。

流动资产减去流动负债就是净流动资产，也称营运资本。当它为正值时，称为净流动资产，为负值时称为净流动负债。净流动资产加上固定资产净值就是净资产，也称资产净值。当净流动负债大于固定资产净值时，采用净负债来记录。

所有者权益，即资产减去负债后的差额，也称自有资金。这个数值与净资产数值是一致的，表示所有者权益与净资产达到了平衡，所以预计资产负债表又称为资产平衡预算表。

总预算表中的各个数据都来自获批的子预算和部门预算，在具体工作中，由于在对预算进行汇总的过程中还会出现一些问题，因此还需要预算管理委员会内部或在预算会议上对有关事宜进行进一步的讨论研究，使编制的预算表格真正满足公司的需要。

关键点提示

总预算表格包括：

1.综合预算表；2.利润预算表；3.三大财务预算表。

1.9 如何审查预算表及其数据内容

工作场景描述

需明确预算表是否有效、可用时，可查看。

解读与分析

预算编制人员填写好预算表中各项预测收入与费用数据之后，会将预算说明书及预算表提交给预算管理委员会。在此之前，预算编制人员必须检查预算表及其数据内容是否做到了以下几点。

1. 内容完整

无论在什么情况下，确保预算表中的数据内容完整是编制预算表的基本原则。也就是说，预算表中应该包括所有预算管理委员会所需要的内容。如果使用的是标准预算表格，而表格中的某些项目并不适合本企业的实际情况，则应在这些项目上做出记号，切忌将它们空在那里，以免造成他人误解。理想情况是预算表中的各项内容都详尽完整，不需要对它们再做补充性解释和说明。

2. 简单、清晰、易懂

预算表中的数据内容必须简单、清晰、易懂。预算编制人员必须对预算表中的各项细节及具体问题加以关注。例如，各个数据应该间隔有序；标点符号的使用要正确；文字性说明要简单明白，不要晦涩难懂，要符合语法规范，不要出现错别字，用语要恰当等。在呈交预算管理委员会之前，预算编制人员要多向同事征求意见，以确认是否达成了共识，并根据他们的合理建议或意见做出修正。

3. 准确无误

预算表中的一个数据存在纰漏，就有可能使整个预算工作偏离正确的方向，给未来工作带来麻烦，给企业的经营造成损失，所以无论在什么情况下，预算编制人员都必须对所做过的各项工作进行仔细的检查，以保证预算表中的数据内容准确无误，比如检查内容与标题是否正确对应，数据汇总和数据排列位置是否准确无误，对主标题和子标题是否做了必要的说明。

4. 确认成功完成填写任务

预算编制人员再次阅读预算指南并参照以下问题进行最后确认，如果对这些问题全部做出了肯定的回答，即可确认完成预算表；如果不是这样，则需要对预算表重新进行检查及修改。

（1）表格内容是否准确无误且具有完整性？

（2）是否填写了各个项目并对不需要的部分都标注了横线？

（3）表中是否包括了有关说明并回答了所有问题？

（4）表中是否包括了预算管理委员会所需要的全部信息？

（5）表格内容是否简洁易懂？数据间是否留有间隙？

（6）表格内容是否具有可读性？是否正确使用了语法、词汇和标点符号？

（7）是否避免了使用口语化和模糊性的表述方式？

（8）同事们是否已经阅读过这个预算表？他们是否理解并同意其中的内容？

（9）数据内容是否被填写在了正确的行列中？数据的加、减、合计的逻辑关系是否正确？

在正式将预算表提交给预算管理委员会之前，预算编制人员对填写完毕的预算表中的数据内容进行认真的审阅，是保证其各项内容真正具有实用价值的必要手段。在审阅中，预算编制人员往往会发现一些可能会对未来工作造成影响的纰漏，因而这个环节绝对不能忽视。

关键点提示

审阅预算表的数据内容时，要做到以下几点：

1.内容完整；2.简单、清晰、易懂；3.准确无误；4.确认成功完成填写任务。

1.10 如何辨析财务状况预算

工作场景描述

需根据预计财务状况表对公司的经营状况进行深入分析时，可查看。

解读与分析

企业的预计财务状况表是以预计损益表和预计资产负债表为依据编制的。预计损益表是对公司下一个业务周期内的销售收入预算、全部费用预算、经营利润预算和亏损预算的情况进行详细说明的财务表，预计资产负债表是对企业在某一时刻的资产和负债状态以及在过去一段时间内企业融资活动进行说明的伴随性财务表。

1. 财务状况预算中存在的问题

无论是预计损益表还是预计资产负债表，表格里只列出了一些表面性的数据，这些数据也许可以显示出销售数据如何出色、利润如何可观，但是只从数据中直接得到这些信息总是给人不踏实的感觉。如何透过这些表面的数据，对企业的经营状况进行更深刻的分析，对于管理者，尤其是非财务专业的管理者来说，是一个很重要的问题。特别是当手头只有预计损益表和预计资产负债表时，面对如企业的毛利润与行业的平均利润有什么差异、企业经营管理支出是高还是低等问题时，如何根据这两个预算表中的数据进行解答，是对管理者的又一个考验。

2. 深入分析财务状况预算

针对以上问题，解决的办法就是对其中的有关数据进行比率计算，这些比率关系会帮助管理者对企业的经营状况有更为深刻的了解。常用的比率关系有：毛利率、净利润率、费用率、流动比率、速动比率、存货周转率、应收账款周转天数、应付账款周转天数、人均利润率、固定资产周转率等。

（1）毛利率=毛利润/销售额 × 100%。

毛利率能够帮助检查销售额和直接费用之间的关系，它说明的是一个企业的采购、销售和经营情况，而采购、销售和经营正是决定企业长期经营是否成功的核心要素。将计算出的毛利率结果与行业的平均利润率进行比较，就可以判断企业在行业中的地位。

（2）净利润率=净利润/销售额 × 100%。

净利润说明的是在扣除了全部的经营费用之后，企业是否能够真正赢利。如果结果不理想，则表明可能上一期经营管理中出现了一些问题，此时需要企业加强对费用的控制。

净利润率说明的是一个企业或行业的经营效率，若净利润率纵向比较低，则表明经营过程有待改善，可以通过增加收入或降低费用，提高净利润率，若横向比较净利润率低于同行业其他企业，则表明企业应提高效率达到更高营运水平。

（3）费用率=费用/销售额 × 100%。

管理者可以根据各自不同的需要对不同科目的费用进行分析，将不同的费用分别与销售额进行比较，从而可以看出哪些费用支出过高，以便企业加强费用控制，在下一期中节省不必要的开支。

（4）流动比率=流动资产/流动负债。

流动比率表明的是企业的支付能力。一个企业必须拥有足够的资金，以便立即支付它所欠的银行贷款和应付给供应商的货款等短期欠款。此外，企业为了维持正常经营，必须留有足够的备用资金，否则必须采取措施来增加资产或减少负债。

（5）速动比率=（流动资产–存货）/流动负债。

现实工作中，企业很难在需要立即偿还全部流动负债时，将全部存货即时变成现金。所以在计算企业的支付能力时，应该在流动资产净额中扣除存货资产，这样得到的数据才更为真实。与流动比率相比，速动比率显示的支付能力更具有不稳定性，管理者应该采取适当的补救措施来维持企业财务状况的稳定，比如即时降低存货水平，同时保持一定数量的现金，以备急用。

（6）存货周转率=销售成本/平均存货。

其中，平均存货=（期初存货+期末存货）/2。存货周转率越高，说明企业资金的使用率越高。企业应尽可能地将产品存货维持在一个较低的水平，同时尽可能加快存货周转，以便释放更多的现金，提高资金使用率。在具体工作中，存货周转率会随着销售情况的变化而发生变化，管理者要注意随时将本企业的存货周转率数值与行业的平均数值进行比较，以便及时了解和改进企业的经营状况和管理水平。

（7）应收账款周转天数=（平均应收账款 × 365）/营业收入。

应收账款周转天数表示的是客户偿还货款所需要的天数。为了保证现金流量能够长期保持在一个健康的水平，企业应该采取措施使欠款方尽快偿还所欠债务，应在支付债务之前，回收相应数额的债权欠款。管理者可以把应收账款周转天数与企业上一年度的数值、本行业的平均数值进行比较，以评估和确定企业的管理水平。

（8）应付账款周转天数=（应付账款 × 365）/销售成本。

应付账款周转天数表示的是一个企业对外偿还债务所需要的天数。管理者一定要对这个数据给予充分的重视。从现金的角度而言，对外付款的日期越迟，企业手中握有的现金就会相对越多，对企业的经营就越有利。但是这样可能会牺牲提前付款可能获得的一些优惠，同时还要注意不要因推迟付款而损害与供应商之间的业务关系。

（9）人均利润率=净利润额/雇员人数。

人均利润率衡量的是公司每一个员工创造净利润的能力。利用这个比率，企业可以按年度对人均创造利润的情况进行比较，同时可以把本企业的情况和同行业其他企业的情况进行比较。

（10）固定资产周转率=营业收入/平均固定资产净值×100%。

固定资产周转率表示的是一个企业固定资产的利用效率，也就是单位设备和机器等固定资产所创造的收入。这个数据对于企业提高固定资产利用率很有帮助。

总之，在没有其他辅助工具支持的情况下，解释预计损益表和预计资产负债表中的数据是有些困难的。在这种情况下，利用一系列的财务比率可以帮助管理者在实际工作中更有效地使用财务状况预算表格。这些财务比率会将会计报表中的各类数据按照一定的关系加以量化，从而使相关人员能够更为准确地了解公司的财务状况和经营表现。

关键点提示

深入分析财务状况预算表中的数据时，企业需注意以下两点：

1.明确财务状况预算中存在的问题；2.利用财务比率深入分析财务状况。

1.11 如何监控收入状况

工作场景描述

需明确、全面监控收入状况时，可查看。

解读与分析

要想对预算执行进行有效的监督，预算负责人必须仔细检查每个预算表中填写的收入数据。相关人员研究、监控收入状况时，应该从以下四个方面着手。

1. 确定收入类型

实际工作中，人们经常根据管理需要对收入进行分类。预算管理人员必须按照分类对其进行监督。

（1）预算管理人员应准确、及时地记录各类收入，并按发票、销售收据、汇款通知、接收凭据等文件的内容对销售收入进行分类，再由会计人员将其记录到财务账簿和分类账目中。

（2）为了方便查找，预算管理人员可以在记录页的显著位置贴上指示此页内容的标签。

（3）预算管理人员要根据各项业务和部门的具体情况采用不同的方式对收入进行分类，而不必拘泥于某种单一的形式。比如，对于通过发行股票所得的资金，预算管理人员可以按照部门进行分配；对于出售陈旧或闲置资产所得，例如建筑物、机器等，预算管理人员可按照它们各自合适的分类方法及时做好记录和标记，以便日后查找和使用。

2. 确定收入数额

预算管理人员必须将来自各业务单位的收入数值按日、按周或按月填写到预算表中，与此同时，要在“差异”栏中填写“预测”数据和“实际”数据的差异数额。预算部门成员可以自行解决那些不会对企业业务有深远影响的差异；对于小于10%的差异，则可忽略不计或注释说明。

3. 分析收入发生时间

收入发生时间是造成收入差异的主要因素之一，要注意将其与收入数额造成的差异区分开。收入发生时间对企业产生的影响很大，例如销售收入和利润水平符合预算要求，但现金流量出现了巨大负面差异，而这种差异有可能是客户延迟付款等因素造成的。明确这种收入发生时间造成的差异，对预算管理工作的顺利进行很重要。

4. 针对差异采取相应措施

各基层部门要定期，如每个月或每2个月，召开专门会议，对其预算执行中出现的异常情况，从生产、管理等方面进行分析，查找原因，提出解决措施，同时将会议讨论结果反馈给财务部门，作为财务部门下达下一阶段预算指标的依据。每个企业情况各异，要根据自己的实际情况采取措施，切忌照搬他人经验或书本知识。

总之，只有从收入的类型、数额和发生时间三个方面对收入进行定期、逐项、全面的核查，企业才能真正做到对预算执行进行有效的监督。

关键点提示

对收入进行监控的内容包括：

1.确定收入类型；2.确定收入数额；3.分析收入发生时间；4.针对差异采取相应措施。

1.12　如何监控费用支出状况

工作场景描述

需明确、全面监控费用支出状况时，可查看。

解读与分析

企业的费用支出每天都在发生，能否对其进行全面完整的监督和核查将直接影响预算工作的顺利进行。企业在监控费用支出状况时，可以根据以下几个方面定期逐项进行。

1. 确定费用支出的类型

费用支出的类型是由具体的预算内容决定的。在实际工作中确定费用支出的类型时，预算管理人员需注意以下三点。

（1）确定费用的子标题及其分类。较为通用的有“启动费用”“直接费用”“间接费用”“固定资产费用”等，同时预算管理人员也可以根据工作需要对子标题进行细分，采用更多的子标题。

（2）预算管理人员要迅速、认真负责地做好各项费用记录，并按要求及时收集发票和收据等资料，完成后立即将其中的关键数据填写到工作费用单、生产报告、每周现金记录、支票记录及银行转账记录中去。

（3）为了方便查找，预算管理人员可以在记录页的显著位置贴上指示此页内容的标签。

2. 确定费用数额

对于每天发生的不同数额的费用，预算管理人员必须对费用的直接来源和二级来源进行严格监督。

（1）每天、每周或每月记录各项费用实际发生的数额并进行汇总，然后把实际费用数额与预测费用数额进行比较，计算差异值，将所计算的差异值填入预算表的“差异”栏中。

（2）预算部门成员可以自行解决那些不会对企业业务有深远影响的差异，无须向上级汇报。

3. 分析费用发生时间

费用发生时间对费用差异有巨大影响。预算管理人员核查费用差异时，要注意将其与费用数额造成的差异区分开。虽然费用发生时间可能不会对企业利润水平产生影响，但会对现金流量产生负面影响。明确发生时间造成的费用差异，有利于企业顺利地进行预算管理。

4. 核查费用支出的要点

企业可以根据以下问题对费用支出进行核查。

（1）是否对启动费用、原材料费用、人工费用、租金、保险费等各项费用全面地进行了核查?

（2）是否查看了提款数额?

（3）是否查看了费用说明书、新编说明书、新印刷材料?

5. 针对差异采取措施

企业要定期召开分析会，对预算指标的完成情况，及费用预算中存在的问题和差异进行分析，以确定哪些费用控制上还存在问题，找到问题和差距后，进一步落实责任，加强考核。由于产生费用差异的原因不同，企业性质及其具体情况也不同，因此很难确定一种“放之四海而皆准”的通行方法，企业必须根据自己的实际情况找到适合自己的方法。

费用支出的情况比较复杂，企业要想进行全面的监控，就必须从以上几个方面对各项支出进行仔细、定期、逐项核查，以保证预算管理工作的顺利进行。

关键点提示

对费用支出状况进行监控时应采取的措施：

1.确定费用支出的类型；2.确定费用数额；3.分析费用发生时间；4.核查费用支出的要点；5.针对差异采取措施。

1.13　如何有效实施预算监控

工作场景描述

当希望有效地实施预算监控时，可查看。

解读与分析

企业要想有效地实施预算监控，必须在明确预算监控目标的前提下，各部门之间相互配合，发扬团队精神，通过团队协作来实现预期目标。

1. 明确预算监控目标

明确预算监控目标是有效实施预算监控的前提，目标不明确，会在很大程度上影响到企业预算编制的合理性、预算执行的可控性和预算评价的准确性。另外，企业确定预算目标时应该区分层次，使其与企业的管理层次相适应，不同的管理层次应该有不同的预算目标。

2. 协调内部资源，实现预期目标

预算监控是为了成功地实现预算目标，成功的预算意味着资源可以根据企业的需要在不同部门之间合理地流动。某项预算中有某一笔钱并不意味着一定要把它花掉，其他部门也许会有更加紧急的需求。所以必须发扬团队精神，协调各部门各预算，使资源合理流动和使用，这才是预算监控所要达到的目标。

3. 统筹全局，避免部门之间的条块分割

某个部门的问题可能是由其他部门引起的，也可能会牵涉其他预算执行者，因而要从整个企业的角度去看这些问题，而不是从狭隘的单个部门的角度分析。监控过程中，一旦发现问题，预算管理人员一定要从全局的角度去考虑，部门之间也要通过及时的沟通交流来改善相互制约的关系。

4. 以诚信为原则来实施预算监控

在预算监控的过程中始终要讲诚信，无论是审议预算的目标、宗旨和监控准则，还是检查其有效性，都要确保告知全部相关人员，以使其互做监督，确保诚信。预算方案通过之后，企业各个部门的员工必须坚决执行，企业的总经理、财务总监和市场总监要定期到总部汇报预算制订和执行的真实情况，各部门相互监督，一旦有瞒报、谎报的情况发生，应该立即采取相应的措施，以保证预算工作的有效性，并将其作为预算执行者执行预算实际成果的考核标准。

总之，预算监控工作并不是孤立进行的，预算所涉及的所有部门必须以诚信为原则，发扬团队精神，相互配合，这样的预算监控才是积极有效的，才能根据实际情况的变化对原来的预算方案做出正确的调整。

关键点提示

要想使预算监控工作更加有效，企业应注意：

1.明确预算监控目标；2.协调内部资源，实现预期目标；3.统筹全局，避免部门之间的条块分割；4.以诚信为原则来实施预算监控。

1.14 如何了解预算执行中的差异

工作场景描述

需对预算执行过程中出现的差异有一个系统了解时，可查看。

解读与分析

在实际工作中，对于预算管理人员而言，不论计划做得多么周密，在预算执行过程中，企业内外部环境的变化以及各种各样的意外事件，都会对预算产生这样那样的影响。因此经营收入和经营支出的预测与实际总会出现一些差异，但是出现差异并不代表预算失误。

1. 对待差异的方法

（1）对差异进行分类，找出差异出现的具体原因。

（2）对这些差异有可能对本预算以及其他预算造成的影响做出评估。

（3）采取相应的措施，以便及时修正和消除这些影响。

2. 差异的分类

根据差异的类型，可分为收入差异和费用差异。导致收入和费用产生差异的因素主要有价格、数量和发生时间，因此可以根据这些因素对收入和费用差异再次进行细分。

（1）收入差异的类型。

①价格导致的收入差异。由于在一般情况下，销售收入是一个企业最主要的收入来源，因此销售价格导致的收入差异是最显著的一种差异。它不仅是收入预算负责人责任范围内应关注的事项，还是企业上下最应关心的预算内容。

销售收入的多少与销售价格的变化有着极大的联系。有时候，企业为了开拓海外市场，可能会降低销售价格，从而使得实际销售额低于预算数据；有时候，企业因商业信誉的改善，股票的发行价格提高，从而使得来自股票发行的收入和预计收入相比有所增加等。这些都是价格导致的收入差异。

②数量导致的收入差异。销售数量变化（实际销售数量高于或低于预测销售数量）所导致的收入差异最常见。比如，企业的客户倒闭或者企业又开发了几个新的客户，都会直接影响到销售数量。另外，其他项目的数量变化也会造成实际收入发生变动。比如企业预计要出售一些闲置资产，但到了真正出售的时候，这些资产已经不像做预算时那么具有吸引力了，在这种情况下，收入自然会比预计的少。

③时间导致的收入差异。管理人员在工作过程中，经常会遇到客户延迟付款或者提前付款的情况。比如有些客户为了享受企业的一些折扣优惠，可能会提前付款；有些财务状况不好的客户则会尽可能拖延付款时间来维持其经营。由于在业务部门的管理活动中，现金流量的意义并不突出，所以这种差异经常被业务部门的预算管理人员忽视。

（2）费用差异的类型。

①价格导致的费用差异。一个企业中的大多数预算是以费用为基础的，实际费用可能会受到当时购买价格的影响而出现上下波动的状况。

比如，实际购买原材料的费用可能要比预计的高；由于运输渠道关卡收费的降低，运费比预计的低等。

②数量导致的费用差异。在企业的经营活动中经常会有这样的事情发生，即需要购买的产品或服务的实际价格与预算的价格完全相同，但是实际购买量有所不同。企业刚刚成立或新产品刚刚投入市场时，这种情况较为多见。

③时间导致的费用差异。在某些情况下，一些费用发生的时间可能比预算要早，比如因经营所需，企业需要立即购买一批新的材料；在另外一些情况下，费用发生的时间则滞后于预算时间。由于一些部门的经理并不直接涉及对资金的管理，费用发生时间对他们的预算管理目标并不会造成明显的影响，所以许多部门的预算负责人并不太重视这一类差异。

3. 非重要性差异

在实际预算执行过程中，并不会总是出现对整体经营或预算产生重要影响的内外部因素，更常见的是一些细微的、不重要的收入或费用差异。多数管理人员基本上可以凭借自己所掌握的管理技能处理这些差异，从而对预算执行进行有效的控制。

但是，换一个角度来看，这也可能表明预算管理人员的经营预算过于保守。他们可能过低地估计了经营收入，从而使其得以顺利甚至超额完成预算任务，或者过高地估计了经营费用，使得经营者有充足的资金来调节其他的支出，以便维持下一年度的费用预算水平。所以，如果预算执行过程中只存在非重要性差异，预算管理人员也不要盲目乐观，而应该对这些差异的形成原因进行评估，看看到底是管理水平出色还是预算计划保守所致。

由于价格、数量和发生时间等因素将导致经营收入和经营支出产生差异，所以预算管理人员一定要掌握必要的工作要领，严格按照计划要求实现预算管理目标。预算管理人员要有能力发现和解决这些差异，从而有效地控制费用，实现经营收入目标。

关键点提示

预算管理人员面对预算中出现的各种差异时，应做到：

1.正确对待预算中出现的差异；2.掌握预算执行中出现的差异类型；3.重视非重要性差异。

1.15　如何实现预算收入目标

工作场景描述

当希望在差异产生的情况下实现预算收入目标时，可查看。

解读与分析

在实际工作中，并不存在准确无误、理想的预算情况，收入预算执行过程中产生差异是很正常的。对于预算管理人员来说，应该对自己责任范围内预算差异产生的原因有充分的了解，对其进行分类和说明，并对这些差异可能对其他的预算和总预算造成的影响进行研究。

1. 价格导致的收入差异

（1）差异细分。为了方便研究，这类差异细分为以下四类：产品或服务的实际销售价格高于预算、产品或服务的实际销售价格低于预算、其他收入项目的销售价格高于预算、其他收入项目的销售价格低于预算。其中，第二类差异是造成预算出现差异的最常见的原因。

（2）针对差异采取措施。在产品或服务的实际销售价格低于预算，使得收入减少的情况下，如果经营者能够使销售数量以及各种费用不受价格上涨的影响，维持不变的话，那么提高销售价格会直接增加企业的毛利润收入、净利润收入和现金收入；如果经营者因为一些原因，不得不降低某些产品的销售价格，则可以采取提高其他种类产品的价格，或者提高其他市场中此类产品价格的方式来维持收入的平衡；如果上述做法均不奏效，经营者还可以通过尽量提高销售数量或者降低费用等方法来减少这类差异可能造成的影响，维持利润率和现金流量的稳定。

（3）注意措施带来的副作用。不是所有的企业都能保证在提高产品或服务价格的同时维持销售数量不变。提高价格固然可以使企业获利，但这种情况对大多数企业来说有可能会直接造成消费者转而购买其他同类产品，结果价格的提高不仅不能弥补销售数量的降低所带来的收入损失，反而会使得企业的利润减少。

2. 数量导致的收入差异

（1）差异细分。我们同样可将这类差异细分为四种类型：产品或服务的实际销售数量高于预算，产品或服务的实际销售数量低于预算，其他收入项目的销售数量高于预算，其他收入项目的销售数量低于预算。其中，产品或服务实际销售数量的变化造成的差异对预算结果的影响较大。

（2）针对差异采取措施。在产品或服务的实际销售数量低于预算，使得收入减少的情况下，如果产品的销售价格以及各种费用的价格不变的话，那么增加销售数量会提高企业的毛利润收入、净利润收入和现金收入。大多数企业以销售数量的多少、增减等来衡量经营势头，如果销售数量下降的趋势已经持续了比较长的时间，那么有可能会使企业面临更加严峻的经营状况。在这种情况下，企业可以采取制订批量购买的折扣制度、开展广告公关活动提升产品的知名度和企业的美誉度等措施；也可以尝试通过提高客户较为认可和欢迎的产品的价格或者削减费用支出来尽可能地降低收入差异，以实现利润目标和维持现金的健康稳定；还可以考虑增加其他种类产品的销售数量，或者增加其他市场中此类产品的销售数量，以维持收入的平衡。如果上述做法均不奏效，企业还可以通过尽量提高销售价格或者降低费用等方法，来减少这类差异可能造成的影响，维持利润率和现金流量的稳定。

（3）注意措施带来的副作用。增加产品或服务的数量，固然可以使企业获利，但有些情况下，结果不一定能达到企业的预期。企业为了吸引新客户，不惜以低于成本的价格来销售产品，结果销量越大，亏损越大。另外还应注意，销售数量超出预算也会对现金资源造成压力，比如要预先支付原材料费等。

3. 时间导致的收入差异

（1）差异细分。我们可以将这类差异细分为两类：实际收入发生时间早于预算收入时间，实际收入发生时间晚于预算收入时间。收入时间产生的收入差异并不会直接影响年度利润，但有时会对利润造成间接的影响。比如，延迟收款会使企业手中的现金量不足，从而增加了贷款的需求，造成财务费用支出的增加，减少了企业的净利润。

（2）针对差异采取措施。收入的时间因素会对企业的现金流量产生极大的影响，从而影响企业的支付能力。延期收到收入对企业而言无疑是一种财务风险，因此企业应该采取措施促使客户加速付款，比如尽量消除在准备发票和发出发票等过程中的时间延迟，制订提前付款的优惠政策，缩短企业的信用付款时间以及严格追缴应收账款等。

（3）注意措施带来的副作用。提前付款的折扣政策会鼓励客户提前付款，这项措施虽然可以达到消除时间差异的目的，但实际收入减少了，从而导致价格差异的扩大，最终可能会使企业的总体利润下降；而采取严格追缴应收账款的措施，又有可能会使客户疏远自己，转而寻找其他厂家，这种现象给企业造成的损失则更加严重。

总之，对于预算管理人员而言，面对由于价格、数量及时间等因素带来的收入差异，首先要对各自的原因进行分类和分析，并根据自己特定的工作环境找出差异产生的真正原因，采取正确的措施，以便更加有效地实现预算收入目标。

关键点提示

要想实现预算收入目标，预算管理人员应做到：

1.认真研究分析价格导致的收入差异并采取适当的措施；2.认真研究分析数量导致的收入差异并采取适当的措施；3.认真研究分析时间导致的收入差异并采取适当的措施。

1.16　如何控制预算支出

工作场景描述

当希望在差异产生的情况下对费用支出进行有效控制时，可查看。

解读与分析

在对费用支出进行监控的过程中，经常会出现三类差异，即价格、数量和时间导致的费用差异。预算管理人员必须尽可能全面地了解这些差异产生的原因以及它们可能造成的影响和补救的方法。此外，预算管理人员还要知道各种不同类型的费用差异往往会同时出现，届时必须分别分析和处理这些差异。

1. 价格导致的费用差异

（1）差异细分。我们可以将其分为两个类型：产品或服务的实际采购价格高于预算数据，产品或服务的实际采购价格低于预算数据。预算管理人员可以根据自己实际的工作情况对费用进行进一步的细分，在这里把费用细分为直接费用、间接费用、启动费用和固定资产费用。假设收入的价格、数量及费用的种类不变，直接费用和其他费用项目价格的升高则会降低企业的毛利润和净利润，从而使得收入减少。直接费用一般是在获得收入之前就发生了，所以费用项目的升高会对现金流量造成影响。

（2）针对差异采取措施。在一定前提下，降低采购价格肯定会对企业有利。所以如果费用上升了，企业可以采取以下方法予以解决，比如利用批量采购折扣的优惠条件或向其他厂家寻找替代品，还可以采用提高销售价格，开展促销活动来增加收入或减少其他费用支出等方法来抵消价格差异所带来的影响。

（3）注意措施带来的副作用。表面上看，低价购买原材料和零部件确实有利可图，但是如果供应商无法保证相应的供货时间，那么企业的生产就会受到冲击，从而进一步影响销售数量和利润；提高销售价格可能会在一定程度上抵消因费用提高而带来的利润损失，但企业也可能因此丢失客户，致使销量下降，最终导致利润水平的下降。

2. 数量导致的费用差异

（1）差异细分。这类差异同样可以细分为两个类型：购买产品或服务的实际数量高于预算数，购买产品或服务的实际数量低于预算数。假设收入的价格、数量及费用的价格不变，增加购买数量则会降低企业的毛利润和净利润，使得企业现金资源紧张。

（2）针对差异采取措施。一般而言，产品或服务的采购数量少于预算数量会使得企业受益，超出预算则会对企业的经营造成潜在的威胁。针对这种情况，企业可以采取削减成本的方法来解决，比如减少人工数量或者提高单位人工的生产率等，还可以通过提高销售价格、促销等方法来降低费用过高带来的损失。

（3）注意措施带来的副作用。减少人工成本，固然可以通过工资、福利等各项费用支出的减少，而使企业的利润有所增加，但是不恰当地裁员可能会导致生产率的下降，尤其当企业有突发性生产需求时，会给销售数量和经营利润带来不利影响。

3. 时间导致的费用差异

（1）差异细分。这类差异可以分为两类：产品或服务费用实际发生时间早于预算费用发生时间，产品或服务费用实际发生时间晚于预算费用发生时间。费用支出时间并不会直接影响企业的利润或亏损，只有在必须借助银行借款支付费用而增加直接费用支出时，才会导致净利润的下降。这一差异会对企业的现金流产生重大的影响，提前付款会减少企业手头的现金资源，延迟付款则会使企业拥有较多的周转现金。

（2）针对差异采取措施。要想保证手头拥有比较多的现金资源作为周转资金，预算管理人员应该采取各种有效的措施来延迟对外付款时间，比如降低原材料、零部件的存货水平，减少生产和销售时间，充分利用信用付款，与供应商密切合作等。

（3）注意措施带来的副作用。减少原材料和零部件存货的措施可能会暂时缓解企业现金流量的紧张状况，但是当企业有特殊或者突发性需求时，会造成产品供应量不足，从而对销售数量和经营利润产生负面的影响。

总之，当实际工作中产生费用支出差异时，预算管理人员首先要判断造成这些差异的原因，然后有根据地、及时地找出解决和弥补这些差异的方案，实现有效控制预算支出的目标。

关键点提示

要想有效控制预算支出，预算管理人员应做到：

1.认真研究分析价格导致的费用差异并采取适当的措施；2.认真研究分析数量导致的费用差异并采取适当的措施；3.认真研究分析时间导致的费用差异并采取适当的措施。

1.17 如何考评预算执行结果

工作场景描述

需对预算执行结果进行考核和评价时，可查看。

解读与分析

对预算执行结果进行考核和评价是进行预算管理的一项很重要的内容。预算的考核和评价是针对企业内部各级责任中心预算执行的结果而言的，它是企业管理者对预算执行者实行的一种有效的激励和约束。

1. 明确预算考评的含义

预算考评是预算管理的重要组成部分，由于预算执行过程中和完成后都要适时进行考评，所以它是一种动态考评，也是一种综合考评。预算考评在整个利润预算管理循环过程中是一个承上启下的环节。预算考评具有以下两重含义。

（1）对整个利润预算管理系统的考评，也就是对企业经营业绩的评价，它有利于完善并优化企业的整个利润预算管理系统。

（2）对预算执行者的考核及其业绩的评价。从这个角度讲，它是实现约束与激励作用的必要措施。

2. 掌握预算考评的原则与方法

预算考评过程就是对预算执行效果做出判定的过程。

（1）考评的第一原则：没有实现预算目标就说明执行者没有有效地执行预算。进行利润预算管理的根本目的是要实现目标利润，在目标利润确定之前，预算管理人员已经做出了各方面合理的预测，因此如无特殊原因，未能实现预算目标就说明执行者未能有效地执行预算。

（2）制订与预算考评相适应的激励制度。一套切实可行的激励制度会促使员工加倍地付出努力，从而做出更好的成绩。预算考评的真正意义就在于通过考评这种形式激发预算执行者的积极性和主动性。没有科学的激励制度，预算考评也就失去了它的真正意义。企业应根据自己的具体情况，制订科学、合理的奖惩制度，激励预算执行者完成或超额完成预算。

（3）注意考评的适时进行。只有及时对预算执行结果进行考核评价，并依据奖惩制度及时兑现奖惩，才有助于管理上的改进，保证目标利润的完成。如果把本期的预算执行结果拿到下期或更长时间之后进行考评，就失去了考评的激励作用。

（4）根据预算修正情况进行考评。企业经营中，有时候会出现一些不可控的特别事件或因素，如产业环境的变化、市场的变化、政策的改变、气候的变化、重大意外灾害等。企业一旦受到这些因素的影响，就应及时按程序修正预算，考评也应该按修正后的预算进行。

（5）遵循分级考评的原则。预算考评是根据企业预算管理的组织结构层次或预算目标的分解次序进行的。预算执行者是预算考评的主体对象，每一级责任单位负责对其所属的下级责任单位进行预算考评，对本级责任单位预算的考评则由所属上级部门来进行。同时不同的责任中心应有不同的侧重点。比如，成本中心以评价责任成本预算执行结果为主，利润中心以评价责任利润预算执行结果为主，投资中心则以评价资本所创的效益为主。

对预算执行结果的考评，能够反映整个企业的经营业绩与企业员工的实绩，可以帮助企业管理者衡量有关预算目标的实现程度，为预算目标的顺利实现提供可靠的保障并为编制下一期预算提供丰富、有价值的资料。预算考评具有较强的激励作用，可以通过奖惩制度激发管理者的工作能动性和积极性。

关键点提示

考核和评价预算执行结果时要注意：

1.明确预算考评的含义；2.掌握预算考评的原则与方法。

1.18 如何实现预算分级考评

工作场景描述

当对预算分级考评的了解不十分清楚时，可查看。

解读与分析

预算分级考评是对企业内部各级责任中心预算执行结果的考核和评价，期末通过对企业生产经营活动进行综合考评，对各预算执行主体的预算完成情况进行分析评价。预算考评从成本、利润等财务指标与预算指标的对比着手，分析差异产生的原因，为企业的奖惩提供依据。根据企业内部责任中心的权责范围及业务流动的特点不同，责任中心可以分为成本中心、利润中心、投资中心三大类。

1. 成本中心的考评

成本中心是指对成本或费用承担责任的责任中心，一般包括负责产品生产的生产部门、劳务提供部门及给予了一定费用指标的管理部门。

（1）成本中心的分类。成本中心分为技术性成本中心和酌量性成本中心。技术性成本是指发生的数额通过技术分析可以相对可靠地估算出来的成本，该成本可以通过弹性预算予以控制。酌量性成本中心是以直接控制经营管理费用为主的成本中心。对酌量性成本的控制应着重于预算总额的审批。

（2）成本中心的考核特点。

①只考评成本费用而不考评收益。

②只对可控成本承担责任。

③只对责任成本进行考核和控制。

（3）成本中心的考核指标。成本中心考核采用相对指标和绝对指标，即成本（费用）变动额和变动率两个指标。其计算公式为：

成本（费用）变动额=预算责任成本（或费用）—实际责任成本（或费用）

成本（费用）变动率=成本（费用）变动额/预算责任成本（费用）×100%

2. 利润中心的考评

利润中心是指对利润负责的责任中心。它既要控制成本费用的产生，又要对收入和成本的差额（即利润）进行控制。其一般是指具有产品或劳务生产经营决策权的企业内部部门。

（1）利润中心的类型。利润中心分为自然利润中心与人为利润中心两种：自然利润中心是指可以直接对外销售产品并取得收入的利润中心，人为利润中心是指对内流转产品（视同产品销售）而取得“内部销售收入”的利润中心。

（2）利润中心的考核指标。利润中心的考核指标为利润，即通过比较一定期间实际实现的利润与责任预算所确定的利润，来评价该责任中心的业绩。

①当利润中心不计算共同成本或不可控成本时，所用考核指标的计算公式如下：

利润中心边际贡献总额=该利润中心销售收入总额－该利润中心可控成本总额（变动成本总额）

一般而言，利润中心的可控成本是变动成本。

②当利润中心计算共同成本或不可控成本，并采用变动成本法计算成本时，采用的考核指标及其计算公式如下：

利润中心边际贡献总额=该利润中心销售收入总额－该利润中心变动成本总额

利润中心负责人可控利润总额=该利润中心边际贡献总额－该利润中心负责人可控固定成本总额

利润中心可控利润总额=该利润中心负责人可控利润总额－该利润中心负责人不可控固定成本总额

企业利润总额=各利润中心可控利润总额之和－企业不可分摊的各种管理费用、财务费用等

3. 投资中心的考评

投资中心是指既对成本、收入和利润负责，又对投资效果负责的责任中心。投资中心的考核指标有以下几种。

（1）投资利润率。其又称为投资报酬率，是指投资中心所获得的利润与投资额之间的比率。投资利润率能反映投资中心的综合盈利能力，具有横向可比性，可以作为选择投资机会的依据及评价投资中心经营业绩的尺度，并且可以正确引导投资中心的经营

管理行为，使其行为长期化。其计算公式为：

投资利润率=息税前利润/投资总额×100%

投资利润率=销售收入/投资额×成本费用/销售收入×利润/成本费用

=资本周转率×销售成本率/成本费用利润率

（2）剩余收益。剩余收益是一个绝对数指标，是指投资中心获得的利润扣减其最低投资收益后的余额。其计算公式如下：

剩余收益=利润－投资额×规定或预期的最低投资收益率

如果考核指标是总资产息税利润率，则剩余收益计算公式应做相应调整，其计算公式如下：

剩余收益=息税前利润－总资产占用额/规定或预期的总资产息税前利润率

总之，分级考评以各责任中心为基础，以责任报告为依据，分析、评价各责任中心责任预算的实际执行情况，找出差距，查明原因，借以考核各责任中心的工作成果，实施奖罚，以促使各责任中心积极纠正工作中的偏差，更好的完成责任预算。

关键点提示

实施分级考评时，应从以下几个方面着手：

1.对成本中心进行考评；2.对利润中心进行考评；3.对投资中心进行考评。

第2章

企业财务控制常见问题

财务控制对于企业的重要性是不言而喻的。它不仅是对企业经营状况和经营成果的评价和监督，还是企业进行预测、决策和实施战略管理的基础和依据。实施财务控制，加强财务管理，提高财务管理能力，优化企业的财务管理措施，可切实降低企业的财务风险。

2.1 如何设立采购内部控制制度

工作场景描述

需建立完善的采购内部控制制度时，可查看。

解读与分析

采购是企业生产中的一个重要环节，完善的内部控制制度中必然包括对这一业务较为严密的控制。设置采购内部控制制度时，应该掌握以下内容。

1. 明确采购内控要求

（1）采购工作中的计划、订货、验收、结算等各个环节都必须分工负责。

（2）采购人员除经特别授权外不得擅自改变采购内容，只能按批准的品种、规格、数量进行采购。

（3）采购时必须签订采购合同。

（4）结算购货款之前必须认真审核、核对购货合同。

（5）购货款必须通过银行结算。

（6）未经验收，不得将采购的物资入库。

（7）对采购过程中的损耗必须查明原因，经审核批准后方可进行处理。

2. 运用控制方法

（1）控制定额。

①根据生产计划和实物消耗定额制订实物数量和资金定额，控制合理储备，并控制实物采购，实现采购计划。

②根据产品消耗定额控制发料和工艺过程中的耗用量。

（2）控制计划。根据实物入库、出库和结存计划，对实物购进业务实施管理与控制。依年度、季度和月度用料计划来制订供应计划和采购计划，控制实物的采购领用和库存，并据以准备采购资金。

（3）控制合同。

①根据供应和采购计划，提出需要购买的实物，经批准、授权后，组织实物供应，签订实物订货合同。

②根据企业需要的实物，依照《中华人民共和国民法典》与供货单位签订合同，确定供应实物的品种、包装，并且要按类别、数量、单价、规格、质量、日期和运输方式保证供应的相关条款。

③按照合同组织进货，计划外进货应事先得到批准。

（4）控制职能分工。

①请购。根据生产需要和实物储备情况，由生产和仓储部门递交请购单，经批准后，交采购供应部门办理。

②订购。生产和仓储部门收到批准的请购单后，还应与采购计划进行核对，确定采购实物的品种、规格、数量，组织采购人员进行采购，与供应单位签订合同，并将合同副本分送会计、会计监督以及请购部门，以便检查合同执行情况。

③验收。企业应建立催收制度，督促供货单位按期交货。采购的实物运到后，须由验收部门清点数量，检验质量。

④付款。收到收料单、验收单和进货发票后，财务人员应与合同（副本）进行核对。核对无误并经财务主管审核后，办理结算货款，同时在发票上加盖“付讫”戳记。

⑤记账。财务人员根据各原始凭证，编制记账凭证，登记实物明细分类账和总分类账。

（5）控制账簿体系。为了保证实物数量和成本的正确，系统地反映实物存取情况，应设置实物总分类账，同时也要按各实物、用品的品名、规格和存放地点设置明细分类账，形成账簿体系。相关人员要定期核对，做到账账、账卡相符，以发挥控制作用。另外，本期实物到货，也应与付款金额经常进行核对，确保两者相符。

（6）控制实物。对实物实行分类保管，定位存放，及时清点核对，保证安全；还要定期或不定期进行盘点，由仓储、采购与财会部门组成盘点小组，运用与实物出入库相同的计量仪器和计算方法，点清数量，查明质量。

3. 熟悉控制技巧

（1）填写请购单，办理申请手续。对于各部门所需要的物资，或者仓储部门认为某种货物的储备量已降到最低库存以下而需要补充时，应当通过填写“申请单”，申请购货。

（2）签订采购订货单，规范采购活动。企业大宗购买业务尽可能签订合同并实行订货单制度，以实现采购活动的规范化。

采购订货单是供应部门开展采购活动的一种业务执行凭证，也是购销双方应当共同遵守的一种契约。它不仅使采购业务在开始时就被置于计划控制之下，而且使监督部门可以在任何时候、任何环节下对整个业务进行检查。

（3）填写入库单，严格验收之后方可入库。采购部门购回物资后，要及时送交检验部门检验，对于质量检验合格的物资，由采购人员持检验人员出具的书面证明送交仓库验收。由验收人员对照发货单位的发货票和购货订单等，对每种货物的品名、规格、数量进行检查，并在保证正确、相符的基础上填写入库单。

以上是采购内部控制制度构建的一些基本方法和技巧，在实际工作中相关人员应该不断总结提高，建立起完善的采购内部控制制度。

关键点提示

建立采购内部控制制度时应该：

1.明确采购内控要求；2.运用控制方法；3.熟悉控制技巧。

2.2　如何建立现金内部控制制度

工作场景描述

当要建立现金内部控制制度，加强对现金的管理时，可查看。

解读与分析

现金是可以立即流动的交换媒介，人们可以及时有效地用其购买商品、劳务或偿还债务。现金是企业中流动性最强的货币资金，也最容易被挪用和侵占，企业必须加强对现金的管理，建立完善的现金内部控制制度。在此过程中，管理者应该做到以下几点。

1. 了解与现金相关的规定

按照现行制度，国家对企业中现金的使用有如下规定。

（1）使用范围包括：支付职工工资、津贴，支付个人劳务报酬，根据国家规定颁发给个人的各种奖金，支付各种劳保、福利费用以及国家规定的对个人的其他支出，向个人收购产品和其他物资时的价款，出差人员必须随身携带的差旅费，结算起点以下的零星支出，中国人民银行确定需要支付现金的其他支出。

（2）库存现金限额。企业库存现钞，由其开户银行根据企业的实际需要核定限额，一般以3～5天的零星开支额为限。

（3）不得坐支现金。

（4）不得出租、出借银行账户。

（5）不得签发空头支票和远期支票。

（6）不得套用银行信用。

（7）不得保存账外公款，不得将公款以个人名义存入银行，不得保存账外现钞或其他形式的账外公款。

2. 建立健全现金收入的内控制度

（1）企业应仔细审查员工的个人品质，聘用诚信可靠和职业道德良好的员工。

（2）合理分工。指定特定的员工来担任出纳、会计等职。

（3）合理授权。只有指定的员工才有权批准消费者赊购商品。

（4）职责分离。出纳和分管现金的员工不得接触会计记录，记录现金收入的会计也不得兼管现金。

（5）进行内外部审计。内部审计人员检查本企业的业务是否与管理制度相符。外部审计人员检查现金收入的内部控制，确定由会计系统产生的与现金收入相关的营业收入、应收项目是否准确。

3. 建立健全现金支出的内控制度

（1）合理分工。由专门的员工批准需付款的购货凭证，高级管理人员批准并签发支票。

（2）合理授权。大额开支必须由企业法人授权，以确保与企业目标一致。

（3）职责分离。计算机程序员和其他管理现金支票的员工不得接触会计记录，登记现金支付的会计也不得有接触现金的机会。

（4）进行内外部审计。内部审计人员审查企业业务是否与管理制度一致；外部审计人员审查现金支出的内部控制，以确认会计系统所产生的费用及资产与现金支出相关的其他项目的金额是否准确。

现金内部控制制度健全与否直接影响到企业能否正常运转，因此，要加大对现金内部控制制度的关注力度。

关键点提示

建立现金内部控制制度时应该：

1.了解与现金相关的规定；2.建立健全现金收入的内控制度；3.建立健全现金支出的内控制度。

2.3 如何利用会计监督进行采购控制

工作场景描述

当要利用会计监督进行采购控制时，可查看。

解读与分析

实物的收、发、存业务频繁，企业不可能对每一实物收、发、存业务的内部控制系统进行详细审核、查实，但可以利用抽样会计监督的方法，加强对存货的控制。

1. 监督请购

企业需重视对请购环节的监督。首先，监督人员应检查作为申请购买商品、劳务等书面证明的请购单是否由产品生产、保管等部门的有关人员根据需要量和现有库存量共同填制，还应检查该请购单是否有提交给采购部门进行公开询价。其次，监督人员应监督存货购进是否经过合理授权。存货购进分一般授权和特殊授权，在进行会计监督时应注意分别进行监控。一方面，对属于一般授权的，如正常经营所需要的物资，监督人员应监督仓库是否在现有库存达到再订购点时提出采购申请，其他部门是否确实为正常的维修工作和类似工作申请采购有关物品。另一方面，对属于政策要求做特别授权的，监督人员应重点监督企业是否指定专人提出请购，每张请购单是否经过了对这类支出负预算责任的主管人员核准并签章。

2. 监督采购

采购监督的重点如下。

（1）监督采购部门在收到请购单后，是否依据经过批准的请购单办理订购手续。

（2）对每一张订购单的签发，监督人员应监控采购部门是否执行了必要的程序，即是否向多家供货单位进行了广泛询价。在获取报价单之后，采购部门应通过充分比较货物的质量、价格，付款条件，可享受的购货折扣，交货时间以及供货方信誉等有关资料，确定最佳谈判对象，并根据谈判结果决定是否签订订货合同、是否签发订购单。

（3）对一些大额、重要的采购项目，监督采购部门是否在保证供货的质量、及时性和降低成本等方面采取了有效措施。

3. 监督验收

验收商品、资产时编制的主要原始凭证是验收单，它列示了从供货单位处收到的商品、资产的种类和数量等内容。验收部门获得有效的订购单，代表企业已授权验收部门接收供货单位发运来的商品。验收人员首先应比较所收商品与订购单上的要求是否相符，如商品的品名、说明、数量、到货时间等，再盘点商品并检查商品有无损坏。

验收后，验收人员应对已收货的每一张订购单编制一式多联、预先编号的验收单，作为检验商品和验收的依据。将货物送交仓库或其他请购部门时，应取得经过相关责任人员签字的收据，或要求其在验收单的副联上签收，以确立其对所采购资产应负的保管责任。

4. 监督存储

将已验收商品的保管职责与采购的其他职责相分离，可减少未经授权的采购和盗用商品的风险。存放商品的仓库应相对独立，限制无关人员接近。对已验收商品的储存应由独立的部门负责，并承担保管责任。货物入库前，监督人员应检查存储部门是否首先进行点验和查对，然后令其在验收单副联上签收。签收后，监督人员应检查存储部门是否将实际入库货物的数量通知了会计部门。

监督人员还要监控存储部门是否根据存货的质量特征分类存放，对每一种存货填列标签，并设置相应的安全措施。

5. 监督确认与记录

（1）应付凭单部门应该按要求正确编制付款凭单。会计监督应重点监控这项工作的以下环节。

①确定供货单位发票的内容与相关的验收单、订购单的一致性。

②确定供货单位发票计算的正确性。

③监控应付凭单部门所编制的付款凭单是否进行了预先编号。

④独立检查付款凭单计算的正确性。

⑤监控应付凭单部门在付款凭单上是否填入了应借记的资产和费用账户名称。

⑥监控凭单是否由被授权人员签字。

⑦监控所有未支付的副联是否进行了保存。

（2）正确确认验收货物的债务，具体包括如下内容。

①监控是否设专人负责记录采购业务引起的应付账款。

②在收到供货单位发票时，是否将发票上所记载的品名、规格、数量、价格以及运费等与订购单、验收单上的有关资料相互核对。

③监控会计人员是否在确认无误后，将未付款项分别正确记入应付账款的总账和明细账。

④监督采购交易编制的记账凭证中账户分类是否适当。

⑤监控会计人员是否定期将编制对账凭证的日期与凭单副联的日期相互核对，以确保入账的及时性。

⑥核对凭单总数与应付凭单部门送来的每日凭单汇总表数目是否一致，并要定期独立检查应付账款总账余额与采购部门未付款凭单档案中的总金额是否保持一致。

（3）对于预付货款的交易，监督会计人员是否及时冲减了预付账款账户的借方余额。此外，还应监控月末会计主管是否核对了应付账款的总分类账和明细分类账，并将各明细账户的余额同供货单位的对账单进行了核对。如果存在差异，是否做到了及时查明原因，正确处理。

应该说，会计监督本身就是一个完整的监督系统，企业要充分利用这一监督系统，加强对采购的管理和控制。

关键点提示

利用会计监督进行采购控制的重点是：

1.监督请购；2.监督采购；3.监督验收；4.监督存储；5.监督确认与记录。

2.4 如何建立生产环节内部控制制度

工作场景描述

当要建立生产环节内部控制制度，加强对生产环节的控制时，可查看。

解读与分析

生产环节的内部控制制度离不开人、财、物三方面制度的完善和发展。因此，企业在建立生产环节内部控制制度时可以从以上三个方面着手。

1. 建立授权批准制度

授权批准控制是指组织内各级工作人员必须经过授权和批准才能对有关的经济业务进行处理，未经授权和批准的人员不得接触和处理这些业务。

2. 形成成本定额制度

所谓成本定额制度，就是针对一项特定的经济活动，制订一定的成本定额标准，并以此为成本控制目标，开展成本控制。

就生产环节来讲，形成成本定额制度尤为重要，因为成本的节约意味着盈利的增加，所以越来越多的企业开始关注成本定额的制订。

3. 建立财产安全制度

就生产环节而言，财产安全控制是指材料物资采取永续盘存制和定期或不定期的实地盘存制相结合的方法，保证材料物资处于账实相符的状态；对于盘盈和盘亏，相关人员必须及时查明原因并进行正确处理；相关人员应对财产物资进行科学编号和存放，便于清查、点数和保管等。

4. 完善人员素质控制制度

企业人员素质的高低直接影响到企业的发展，为此现代企业都非常关注对人才的培养。其具体方法包括：考核员工的职业技能，考核合格者方能上岗工作；建立定期培训制度，不断提高员工的职业道德素质和技术业务素质；建立奖惩制度，提高员工的积极性等。

5. 形成不相容职务分离制度

对生产环节来讲，通常以下不相容职务必须分离。

（1）授权批准产品生产计划的人员和具体执行计划的人员职务分离。

（2）仓库保管人员和进行财产物资清查人员的职务分离。

（3）仓库保管人员、成本会计记账人员、生产管理人员和产品检验人员的职务必须分离等。

当然，费用预算制度、成本费用的分析与考评制度都是生产环节内部控制制度的有机组成部分。

关键点提示

建立生产环节内部控制制度的内容包括：

1.建立授权批准制度；2.形成成本定额制度；3.建立财产安全制度；4.完善人员素质控制制度；5.形成不相容职务分离制度。

2.5　如何建立生产财务控制流程

工作场景描述

当要建立生产财务控制流程，以加强对生产环节的控制时，可查看。

解读与分析

企业可以从以下方面建立生产财务控制流程。

1. 建立会计凭证制度

（1）产品订单。产品订单是企业和客户签订的生产某种产品的合同协议，其内容包括产品类别、数量、价格、交货期限以及违约责任等。

（2）领料凭证。领料凭证包括领料单、限额领料单、领料登记表、退料单等。领料单是一次性的领料凭证，领料时，由领料车间或领料部门根据用料计划或费用计划填制；限额领料单是在规定限额和有效期内多次使用的物资发出凭证，用于需经常领用并有消耗定额的物资领发业务。限额领料单的限额由生产、计划和供应部门根据生产经营计划和消耗定额共同确定；领料登记表是可以多次使用的物资发出凭证，适用于经常领用的各种消耗性物资的领发业务；退料单用于对不用或有剩余的领用物资办理退库手续。

（3）核算人工成本使用的凭证。该凭证包括工资卡、考勤记录、产量工时记录和工资单等。工资卡是反映单位员工职务变动、工资等级、工资标准与各种津贴变动等基本情况的一种卡片；考勤记录根据企业情况，按部门、车间、科室设置，逐日登记，月末进行汇总，经审核后作为计算工资的依据；产量工时记录是员工在出勤时间内完成产量和耗用工时的原始记录，是统计产量和工时及计算计件工资的原始依据；工资单由人事等部门根据考勤记录、工时记录、产量记录、工资等级、工资标准等计算编制而成，是工资结算和支付工资的原始凭证，是核算人工成本时使用的重要凭证之一。

（4）成本归集凭证。为了核算每种产品的成本，企业应将该种产品生产过程中发生的直接材料、直接人工以及制造费用归集到一个账户中，并按照不同产品分别设置明细科目。

（5）成本分配凭证。为了核算产成品的成本，应将月末完工产品与在产品的成本进行分离，设置“在产品”账户就是为了解决这一问题。对于月末无在产品的，只要将该产品当月的“生产成本”账户的余额一次性转入相应“产成品”账户即可。

（6）存货盘点凭证。由于计量、计算不准，验收不严，自然损耗、自然升溢，丢失毁损，贪污盗窃等原因，各项存货经常出现账实不符的情况，企业有必要定期和不定期进行存货的盘点，并充分利用好各种凭证。盘点存货时，经常使用的凭证有：存货保管卡、存货盘点表、存货盘盈盘亏报告表、存货盘盈盘亏处理意见表。

2. 建立生产账簿

（1）存货账簿。企业存货包括原材料、辅助材料、包装物、低值易耗品、在产品、产成品等，各种存货又分为许多不同种类和规格，存货明细账必须根据企业的情况分类设置和管理。账户的借方登记实际存货的增加额，贷方登记存货的发出领用额，余额表示存货的账面结存额。

（2）应付工资账簿。登记内容包括工资总额内应付给员工的标准工资、奖金、津贴等。账户的借方登记实际发放的工资数，贷方登记企业应发放的工资数。

（3）制造费用账簿。按各种费用分类设置明细账，借方反映费用的归集，贷方反映费用的分配，月末无余额。

（4）生产成本账簿。按不同产品设置明细账，借方反映该产品料工费的投入额，贷方反映月末完工产品的转出成本，余额反映月末未完工产品的成本。

（5）产成品账簿。按不同产品设置明细账，借方反映完工产品的转入成本，贷方反映当月销售产品的成本，余额反映月末完工产品的库存成本。

3. 核算生产环节成本

（1）核算直接材料。直接材料的核算包括数量核算和金额核算。企业一般采用永续盘存法和实地盘存法相结合的方式进行数量核算，至于材料计价的核算，则可以选择按实际成本计价或按计划成本计价。

（2）核算直接人工。直接人工的核算包括计时工资、计件工资、其他工资、计提职工福利费用等核算内容。计时工资可根据有关工资标准、考勤记录和有关制度计算而得，计件工资需按产量工时记录、计件单价计算得出，其他工资则需要按照国家或企业的有关规定计算。

（3）核算制造费用。制造费用的归集核算应注意以下问题：费用的实际支付期与归属期不一致的费用归集项目，应采用待摊或预提方式；有些费用的计算带有估价的性质，归集时应注意国家对使用年限、计提折旧的方法等方面的有关规定。

（4）核算生产成本。生产成本的核算包括生产成本的归集以及成本在在产品和产成品之间的分配。

当然，企业要想建立符合实际需求的财务控制流程，必须在实践中不断摸索，结合本企业的实际，不断完善、发展。

关键点提示

建立生产财务控制流程的主要内容有：

1.建立会计凭证制度；2.建立生产账簿；3.核算生产环节成本。

2.6 如何建立销售业务内控制度

工作场景描述

当要建立销售业务的内控制度，从制度上加强对销售的控制时，可查看。

解读与分析

销售环节是企业实行内部控制、实施良好的财务控制应当着重注意的一个环节。销售是企业各项物资的“出口”，企业对这个“出口”是不能放松管理的。

1. 了解销售业务内控制度

良好的销售业务内部控制制度应该符合以下要求。

（1）发货单和发票按顺序编号，如有缺号须经批准方可注销。

（2）销售合同和发货单，必须经过审核批准后方可注销。

（3）未经授权不得改变售价，必须按规定价格销售。

（4）废残料的出售与一般销售同样处理。

（5）须经授权批准后才可办理退款手续。

（6）收款时必须对数量、单价、金额进行审核，有销售合同的必须与合同核对。

（7）开单、发货、收款必须分工负责。

2. 加强现销管理

（1）销售货物时，由销售部门填制一式数联的销货单，注明购货单位、货物名称、规格、数量、单价、金额等，经负责人审核签章后，留一联作为存根，以进行业务核算，其余交客户作为办理货款结算和提货的凭证。

（2）客户持销货单交付货款。财会部门对销货单进行审核后，办理收取货款的手续，并加盖财务专用章和有关人员的签章，留一张以编制入账凭证，其余退给客户。

（3）客户持销货单中的提货联提货。仓库保管人员对销货单进行复核，确认已办妥交款手续后，予以发货，并将提货联留下以登记台账。

3. 完善赊销制度

（1）建立订货单制度，强化销售合同的作用。凡属销售业务，最好采用订货方式，订单确定后再列入销售计划，作为发货的依据，防止无计划地发出货物。

（2）完善批准制度。赊销业务应该经过财务负责人批准，未经批准，销售部门无权指令仓库发货，以防止因不了解客户信用而造成损失。

（3）登记销售明细账和应收账款明细账。在发出货物后，会计部门对销售部门开具的销货单以及相关的合同、订单等进行审核查对，确认正确无误后编制记账凭证，并及时登记销售和应收账款明细账。

销售是企业顺利运转的核心环节，企业应该注意加强对销售业务的管理，建立起完善的销售业务内部控制制度。

关键点提示

建立销售业务内控制度时应该：

1.了解销售业务内控制度；2.加强现销管理；3.完善赊销制度。

2.7　如何建立应收账款内部控制制度

工作场景描述

当要建立完善的应收账款内部控制制度时，可查看。

解读与分析

无论是从商业竞争的角度，还是从销售和收款的时间差所发生的应收账款角度，任何一笔销售业务都有发生坏账损失的可能，从而产生信用风险。因此，企业必须建立完善的应收账款内部控制制度。

1. 明确应收账款内部控制目标

（1）保证真实正确。应收账款反映企业与外部有关单位的债权债务结算关系，必须如实地记录与核算，以便及时清理，防止非法挪用和个人谋取私利等情况发生。

（2）保证及时收回。应收账款过多，必然会影响到企业的资金周转，降低企业的经济效益。对应收账款的内部控制应尽可能使企业形成一种良性的循环机制，促使应收账款及时回收。

（3）减少坏账发生。应收账款发生坏账损失是不可避免的，企业相关人员应加强内部信用管理，加大催账力度，对于超过账龄的应收账款要及时反馈信息，重点管理，尽可能减少坏账损失的发生。

2. 采取应收账款控制措施

（1）签订合同。在收款期内，为避免出现不必要的经济纠纷，购销双方在交易之前，必须签订详细的销售合同。销售合同一经签订，购销双方必须严格执行。签订销售合同可以避免发生经济纠纷，保证货款及时收回，减少不必要的经济损失，对企业的生产安排与经营活动也具有极大的约束力。合同的内容和手续要符合相关法律法规要求，主要应写明供货商品的品名、规格、数量、价格、质量等级标准，供货时间，运送方式，货款结算方式和双方应承担的责任等内容。

（2）资信调查。应收账款多数是赊销形成的，赊销商品意味着企业不能立即收到货款，面对各种各样的客户，企业在签订赊销商品经济合同时，必须慎重行事。为保证货款能按期收回，企业在决定货款的结算方式时，必须以购货方的财务信誉为依据。因此，企业要调查评定购货方的信用情况，或向信用咨询机构查询购货方的信用情况，以决定是否赊销及赊销的金额。

（3）核准赊销。赊销商品必须经过相关管理者或授权核准的人员核准，增加核准程序，可尽可能减少差错的发生。

（4）及时清欠。企业应加强对应收账款的日常管理，定期整理应收账款，编制应收账款账龄分析表，对到期的应收账款应及时催回；对未能按期收回的应收款项，应查明原因，及时向会计部门负责人提供信息，并采取有力措施加紧催收。对长期未能收回的应收款项，企业应区别不同情况进行不同的处理。应收账款符合下列条件的，应批准作为坏账处理：债务人死亡，以其遗产清偿仍无法收回；债务人破产，以其破产财产清偿仍无法收回；有足够证据证明应收账款无法收回或收回的可能性很小。若购货单位目前虽无还债能力，但在一段时间后仍有可能分期偿付应收账款，则企业应通过协商与其签订还款协议，必要时可通过法律解决。

（5）核对账目。企业应定期或不定期地同欠款方核对应收账款，至少每年核对一次。通过核对，企业可以发现应收账款是否同对方账面数目一致，有无不一致或弄虚作假的情况。

核对账目的方法有两种：一是填写对账单，发给对方进行核对，取得回单，以验证双方账目金额是否一致；二是派人前去核对双方的账目金额是否一致。

关键点提示

建立应收账款内部控制制度的基本程序：

1.明确应收账款内部控制目标；2.采取应收账款控制措施。

2.8　如何评估赊销风险

工作场景描述

当想较为准确地了解并掌握因赊销而承担的风险时，可查看。

解读与分析

要想准确掌握因赊销商品而承担的风险，企业就必须定期或不定期地对赊销风险进行有目的、有组织的评估。

1. 明确评估职责

（1）在企业中，称职的信用组织应具备三种基本职能：在严格控制之下的赊销风险评估、完备的销售分类账和现金回收。这三种职能是有机地联系在一起的，如果把这三种职能分开，就会产生很多失误与费用，例如，因长期拖欠货款而被提起诉讼的客户订货可能又被接受，现金过账可能被拖延了很长时间等。

（2）应该进行企业的赊销政策评估，并从利润角度出发去解决客户问题。风险控制并不意味着根据企业的赊销政策，对不符合要求的风险订货予以简单的拒绝，而是意味着企业去积极寻求能够接受订货的途径。

2. 确定评估流程

赊销风险评估涉及企业内多个部门，因此，企业有必要精心设计相关文件和工作流程。

（1）制作赊销申请表：要做得像银行批准贷款一样，尽可能发现客户存在的问题。

（2）审核信用度：按客户的情况，详尽或简单地审核客户的信用度。

（3）界定赊销额度：将赊销额定量化，从盈利能力、资产营运能力、偿债能力、成长能力、经营规模五个维度入手，并给不同维度分配不同权重，计算后将赊销额度进行量化，然后将量化金额归类至不同的客户编码并进行排序。

（4）确定赊销期：赊销期是常规的还是特殊的，要视客户的具体情况而定。

（5）分配账号：这是提供赊销关键的一步，在这项工作完成前企业不能提供任何货物。

在销售分类账中应专门留出一部分用于记录3个月内赊销情况，每个月与客户做一次常规之外的联络，以避免客户形成不良的付款习惯。

只要存在赊销业务，就有赊销风险。评估赊销风险，主要是评估赊销风险的大小，这是企业进行赊销的前提。

关键点提示

评估赊销风险的基本程序：

1.明确评估职责；2.确定评估流程。

2.9　如何制订营运资金政策

工作场景描述

当要制订良好的营运资金政策时，可查看。

解读与分析

营运资金政策包括营运资金持有政策和营运资金筹集政策。企业制订营运资金政策时可从以下两个方面着手。

1. 确定营运资金持有量

营运资金持有量的高低，影响着企业的收益和风险。较高的营运资金持有量，意味着在流动负债一定的情况下，流动资产额较高，这会使企业有较大把握按时支付到期债务，及时供应生产所用材料，准时向客户提供产品，从而保证经营活动平稳进行，风险较小。但同时也意味着资金的利用率较低，会使企业的整体收益变少。

较低的营运资金持有量带来的后果正好相反。此时，较低的总资产拥有量和较低的流动资产比重会使企业的收益率较高，但较少的现金、有价证券量和较低的存货保险储备量会降低企业的偿债能力和采购的支付能力，有可能造成信用损失、材料供应中断和生产阻塞，甚至会由于不能准时向购买方供货而失去客户。这些都会加大企业的风险。

确定营运资金持有量，就是在收益和风险之间进行权衡，因此，企业必须慎之又慎，充分考虑企业的风险承受能力，确定合理的营运资金持有量。

2. 分析营运资金

营运资金是流动资产减去流动负债后的差额。

（1）分析流动资产。

①按照周转时间的长短可以对企业的资金进行分类。周转时间在1年以下的为流动资产，包括货币资金、短期投资、应收账款、应收票据、存货等；周转时间在1年以上的为长期资产，包括长期投资、固定资产、无形资产等。

②流动资产按照用途再做区分，可以分为临时性流动资产和永久性流动资产。临时

性流动资产指那些受季节性、周期性影响的流动资产，如季节性存货、经营旺季的应收账款；永久性流动资产则指那些即使企业处于经营低谷也仍然需要保留的、用于满足企业长期稳定需要的流动资产。

（2）分析流动负债。

①企业的负债按照债务时间的长短，以1年为界限，分为短期负债和长期负债。短期负债包括短期借款、应付账款、应付票据等，其特点主要是成本低、风险大；长期负债包括长期借款、长期债券等。

②流动负债分为临时性负债和自发性负债。临时性负债是指为了满足临时性流动资金需要所发生的负债，如食品制造企业为赶制季节性食品，大量购入某种原料而发生的借款等；自发性负债是指直接产生于企业持续经营中的负债，如商业信用筹资和日常运营中产生的应付工资、应付利息等。

3. 选择筹资政策

营运资金筹集政策一般可以区分为三种，即配合型筹资政策、激进型筹资政策和稳健型筹资政策。企业应该在这三种筹资政策中选择恰当的筹资政策。

（1）配合型筹资政策。配合型筹资政策的特点是：对于临时性流动资产，运用临时性负债筹集资金满足其资金需要；对于永久性流动资产，运用长期负债、自发性负债和权益资本筹集资金满足其资金需要。

配合型筹资政策要求企业制订严密的临时负债筹资计划，实现现金流动与预期安排相一致。在季节性低谷时，企业除了自发性负债外没有其他流动负债，只有在临时性流动资产的需求高峰期，才会举借各种临时性债务。

配合型筹资政策的基本思想是使资产与负债的期间相配合，以降低企业不能偿还到期债务的风险并尽可能降低债务的资本成本。但是，事实上，由于资产使用寿命具有不确定性，企业往往无法达到资产与负债的完全配合，因此应该充分考虑这种不确定性的影响。

（2）激进型筹资政策。激进型筹资政策的特点是临时性负债不但要融通临时性流动资产的资金需要，还要解决部分永久性资产的资金需要。

激进型筹资政策下，临时性负债在企业全部资金来源中所占比重大于配合型筹资政策。由于临时性负债的资本成本一般低于长期负债和权益资本的资本成本，因此采用激进型筹资政策时，企业的资本成本会较低。但是另一方面，为了满足永久性资产的长期资金需要，企业必然要在临时性负债到期后重新举债或申请债务展期，这样便会更为经常地举债和还债，从而加大筹资困难和风险。此外，企业还可能面临由于短期负债利率的变动而增加企业资本成本的风险。所以，在运用激进型筹资政策时，企业要充分考虑它是一种收益性和风险性均较高的营运资金筹资政策。

（3）稳健型筹资政策。稳健型筹资政策的特点是临时性负债只融通部分临时性流动资产的资金需要，至于另一部分临时性流动资产和永久性资产的资金需要，则以长期负债、自发性负债和权益资本为资金来源。

与配合型筹资政策相比，稳健型筹资政策下临时性负债占企业全部资金来源的比例较小。由于临时性负债所占比重较小，所以企业无法偿还到期债务的风险较低，蒙受短期利率变动损失的风险也较低。另一方面，企业会因长期负债资本成本高于临时性负债的资本成本，以及经营淡季时仍需负担长期负债利息，而降低收益。因此，稳健型筹资政策是一种风险性和收益性均较差的营运资金筹集政策。

一般来说，如果企业能够驾驭好资金的使用，采用收益和风险配合得较为适中的配合型筹资政策是最有利的。

关键点提示

制订营运资金政策的主要工作有：

1.确定营运资金持有量；2.分析营运资金；3.选择筹资政策。

2.10　如何筹集短期资金

工作场景描述

当要进行短期资金筹集以满足企业对周转资金的需求时，可查看。

解读与分析

短期筹资是解决企业对短期资金需求的重要方式。短期筹资方式多样，要灵活运用。

1. 运用商业信用筹资

（1）应付账款筹资。

①应付账款是企业购买货物后暂未付款而欠对方的账项，即卖方允许买方在购货后一定时期内支付的货款。卖方利用这种方式促销，对买方来说，延期付款则等于向卖方借用资金购进商品，可以满足短期的资金需要。

②应付账款的成本。倘若买方企业购买货物后在卖方规定的折扣期内付款，便可以享受免费信用，则这种情况下企业不会因为享受延期付款信用而付出代价。

倘若买方企业放弃折扣，在10天后（不超过30天）付款，则该企业便要承受因放弃折扣而产生的隐含利息成本。一般而言，放弃现金折扣的成本可由下式求得：

$$放弃现金折扣成本=\frac{现金折扣率}{1-现金折扣率}\times\frac{360}{信用期-折扣期}$$

③利用现金折扣决策。在附有信用条件的情况下，因为获得不同信用要承担不同的代价，买方需要就利用哪种信用做出决策。

A. 如果能以低于放弃折扣的隐含利息成本的利率借入资金，企业便应在现金折扣期内用借入的资金支付货款，享受现金折扣。

B. 如果在折扣期内将应付账款用于短期投资，所得的投资收益率高于放弃折扣的隐含利息成本，则企业应放弃折扣而去追求更高的收益。当然，即使企业放弃折扣优惠，也应将付款日推迟至信用期内的最后一天，以降低放弃折扣的成本。

C. 如果企业因缺乏资金而欲展延付款期，则需在降低了的放弃折扣成本与展延付款带来的损失之间做出选择。

（2）应付票据筹资。

应付票据是企业进行延期付款商品交易时开具的反映债权债务关系的票据。根据承兑人的不同，应付票据分为商业承兑汇票和银行承兑汇票两种，支付期最长不超过6个月。应付票据可以带息，也可以不带息。应付票据的利率一般比银行借款的利率低，且不用保持相应的补偿余额和支付协议费，所以应付票据的筹资成本低于银行借款成本。但是应付票据一般不能延期，到期必须归还，以免交付罚金，因而风险较大。

（3）预收账款筹资。

预收账款是卖方企业在交付货物之前向买方预先收取的部分或全部货款。对于卖方来讲，预收账款相当于向买方借用资金后用货物抵偿。预收账款一般用于生产周期长、资金需要量大的货物销售。

2. 运用短期借款筹资

（1）取得短期借款。企业举借短期借款，首先必须提出申请，经审查同意后与贷方签订借款合同，注明借款的用途、金额、利率、期限、还款方式、违约责任等，然后根据借款合同办理借款手续，取得借款。

（2）熟悉信用条件。

①信贷限额。信贷限额是银行对借款人规定的无担保贷款的最高额。信贷限额的有效期限通常为1年，但根据情况也可延期1年。企业在批准的信贷限额内，可随时使用银行借款。但是，银行并不承担提供全部信贷限额的义务。如果企业信用恶化，即使银行曾同意按信贷限额提供贷款，企业也可能得不到借款。

②周转信贷协定。周转信贷协定是银行在法律上承诺向企业提供不超过某一最高限额的贷款协定。在协定的有效期内，只要企业的借款总额未超过最高限额，银行就必须满足企业任何时候提出的借款要求。企业享用周转信贷协定，通常要就贷款限额的未使用部分付给银行一笔承诺费。

③补偿性余额。补偿性余额是银行要求借款企业在银行中按贷款限额或实际借用额的一定百分比保持的最低存款余额。对于借款企业来讲，补偿性余额提高了借款的实际利率。

④借款抵押。短期借款的抵押品经常是借款企业的应收账款、存货、股票、债券等。抵押借款的成本通常高于非抵押借款，这是因为银行主要向信誉好的客户提供非抵押借款，而将抵押借款看成一种风险投资，故而收取较高的利率；同时由于管理抵押借款要比管理非抵押借款困难，为此银行往往另外收取手续费。

企业向贷款人提供抵押品，会限制其财产的使用和将来的借款能力。

（3）支付借款利息。

一般来讲，借款企业可以用三种方法支付银行借款利息。

①收款法。收款法是在借款到期时向银行支付利息的方法，银行向工商企业发放的贷款大都采用这种方法收息。

②贴现法。贴现法是银行向企业发放贷款时，先从本金中扣除利息部分，到期时借款企业要偿还贷款全部本金的一种计息方法。采用这种方法时，企业可利用的贷款额只

有本金减去利息部分后的差额，因此贷款的实际利率高于名义利率。

③加息法。加息法是银行发放分期等额偿还贷款时采用的利息收取方法。在分期等额偿还贷款的情况下，银行要将根据名义利率计算的利息加到贷款本金上，计算出贷款的本息和，要求企业在贷款期内分期偿还本息之和的金额。由于贷款需分期均衡偿还，借款企业实际上只平均使用了贷款本金的半数，却要支付全额利息，故企业所负担的实际利率便高于名义利率大约1倍。

筹集到足够的短期资金是保证企业生产经营正常运转的重要保证，企业必须熟悉短期资金筹集的各种方法。

关键点提示

筹集短期资金的方式有：

1.运用商业信用筹资；2.运用短期借款筹资。

2.11 如何管控资金成本

工作场景描述

当要通过资金成本分析来控制资金成本时，可查看。

解读与分析

在市场经济条件下，企业需要为筹集和使用资金付出代价。资金成本就是指企业为筹措和使用资金而付出的代价。资金成本包括筹措资金过程中发生的资金筹集费和使用资金过程中发生的资金占有费两部分。在选择筹资方式的时候，企业要进行资金成本分析。

1. 分析个别资金成本

（1）普通股筹资成本。普通股利不是固定的，通常是逐年增长的。如果普通股利每年以固定比率G增长，第一年为D_c，则第二年为（1+G），第三年为D_c（1+G）^{2}，第n年为D_c（1+G）$^{n-1}$。因此，普通股筹资成本的计算可简化为：

$$K_c = \frac{D_c}{P_c(1-F_c)} + G$$

式中　K_c——普通股筹资成本；

D_c——第一年发放的普通股总额的股利；

P_c——普通股筹资额；

F_c——普通股筹资费率。

（2）债券筹资成本。债券筹资成本中的利息和长期借款的利息一样，都需在所得税前列支，但债券发行的筹资费用较高，因此应予考虑。债券筹资成本可按下列公式计算：

$$K_b = \frac{I_b(1-T)}{B(1-F_b)}$$

式中　K_b——债券筹资成本；

I_b——债券年利息；

T——企业所得税税率；

B——债券筹资额，按发行价格确定；

F_b——债券筹资费用率。

（3）长期借款筹资成本。企业长期借款筹资成本可按下列公式计算：

$$K_i = \frac{I_i(1-T)}{L(1-F_i)}$$

式中　K_i——长期借款筹资成本；

I_i——年借款利息；

T——企业所得税税率；

L——长期借款筹资额。

F_i——长期借款筹资费用率。

（4）留存收益资金成本。企业的留存收益是由企业税后净利润形成的，它属于普通股股东。从表面上看，企业使用留存收益似乎是在用自己的钱，不花费什么成本，实际上，股东愿意将留存收益放在企业而不作为股利分配掉，目的是将之用于其他投资，而取得与普通股等价的报酬。所以，留存收益也有成本，只不过是一种机会成本而已。它的资金成本的确定与普通股筹资成本相同，只是不需要考虑筹资费用，其计算公式为：

$$K_s=\frac{D_C}{P_C}+G$$

式中 K_s——留存收益资金成本；

D_c——预期年股利额；

P_c——普通股市价；

G——普通股利年增长率。

2. 分析综合资本成本

综合资本成本是指企业全部长期资本的总成本，企业通常以各种资本占全部成本的比重为权数，对个别资本成本进行加权平均后确定，所以也称加权平均资本成本，其计算公式为：

$$\text{WACC}=\sum_{j=1}^{n}K_jW_j$$

式中 WACC——综合资本成本（加权平均资金成本）；

K_j——第j种个别资本成本；

W_j——第j种个别资本成本占全部资本的比重，即权数。

3. 分析边际资金成本

边际资金成本是企业追加筹措资金的成本。企业在追加筹资和追加投资的决策中必须考虑边际资金成本的高低。

企业在财务管理中需要解决这样三个问题：一是过去筹集的资金成本，二是目前使用的资金成本，三是新投资项目要新筹集的资金成本。其中，对前两部分资金成本，企业可以通过计算分析加权平均资金成本来解决，但随着时间的推移和筹资条件的变化，各种资金成本都会变化，加权平均资金成本也会发生变化。所以，企业不能仅仅考虑目前使用的资金成本，还要考虑新项目筹集资金所花费的成本，这就需要研究计算边际资金成本。

（1）确定企业最优资金结构。进行财务分析，确定企业最优资金结构。

（2）确定各种筹资方式的资金成本。随着企业筹资规模的不断增加，各种筹资成本也会增加。

（3）计算筹资总额分界点。根据目标资金结构和各种筹资方式资金成本变化的分界点，计算筹资总额分界点，其计算公式为：

$$BP_i = \frac{TF_i}{W_i}$$

式中　BP_i——筹资总额分界点；

TF_i——第i种筹资方式的成本分界点；

W_i——目标资金结构中第i种筹资方式所占的比例。

（4）计算各种筹资范围的边际资金成本。要想分析筹资成本，达到控制和降低筹资成本的目的，企业就不仅仅要分析个别资金成本，还要进一步分析综合资金成本和边际资金成本。

关键点提示

控制资金成本的主要方式有：

1.分析个别资金成本；2.分析综合资金成本；3.分析边际资金成本。

2.12　如何实施目标成本控制

工作场景描述

当要通过控制目标成本降低经营成本时，可查看。

解读与分析

目标成本是预计可实现的销售收入扣除目标利润计算出来的成本。实施目标成本管理，可降低企业的经营成本。

1. 确定单位目标成本

（1）倒扣法。企业首先确定产品的单位目标利润，然后用产品的市场占有率下可接受的预测销售价格减去单位目标利润，余下的就是单位目标成本。

其计算公式如下：

产品单位目标成本=产品预测销售价格－单位目标利润=产品预测销售价格－计划目标利润/计划销售量

其中，单位目标利润可以采用以下方法予以确定：采用国内同行业同类产品平均先进的销售利润率乘以本企业该产品的预测销售价格求得；采用本企业历史上较好年度的销售利润率乘以本企业该产品的预测销售价格求得；采用本企业历史上最好的资金利润率，或同行业平均资金利润率、同行业中最好的资金利润率乘以企业合理的资金平均占用额求得。

（2）盈亏平衡点法。采用变动成本法编制时，企业可以按照变动成本法中计算盈亏点的公式，倒求单位产品可变费用目标成本，计算公式如下：

$$\text{单位产品可变费用目标成本}=\text{单价}-\frac{\text{总收入}-\text{总支出}+\text{固定成本}}{\text{销售量}}$$

2. 分解目标成本

（1）分解方法。

①按产品结构分解，即将产品按构成情况分解为若干零部件，然后参考各零件、部件的计划成本将产品目标成本分解为各零件、部件的目标成本。

②按产品形成过程分解，即把目标成本按产品的形成过程分解到产品设计、物资采购、生产制造和产品销售等各个过程中，形成各个过程的目标成本。

③按产品成本的经济内容分解，即把目标成本分解为固定费用和变动费用，然后分别按生产费用要素进一步划分。

（2）分解步骤。目标成本分解的目的，是将目标成本按照发生的部门和地点进行分配和归集，形成各级责任单位的可控责任成本，据以进行日常管理和控制。

①根据成本与产品产量的关系，目标成本分为固定费用和变动费用两大类。凡随产量变动而变动的费用都是变动费用，反之，都是固定费用。固定费用和变动费用的划分比例，应在上年实际比例的基础上，根据管理的要求重新确定。

②应根据企业生产经营的实际需要，在调整上年实际比例的基础上将固定费用分为制造费用和管理费用。其中，制造费用还可进一步分解成各项目。

③将变动费用按成本项目进行分解。将原材料、辅助材料、燃料、动力等按消耗定额分解，将生产员工工资按工时定额分解，废品损失应控制在规定的范围内。

3. 平衡目标成本

分解后的目标成本，还必须经过一个先自下而上，再自上而下的综合、调整、平衡过程，才能最终形成各责任单位的责任成本。在目标成本的综合平衡过程中，应注意以下两个方面的内容。

（1）各责任单位必须对所属的责任成本指标进行测算，通过努力挖潜，提高劳动生产率，采取增产节约等措施达到指标要求；

（2）要经过层层综合、层层调整、层层平衡，形成切实可行的责任成本指标体系，从而保证企业目标总成本及目标总利润的实现。

目标成本控制是成本控制中比较常用的方法，在财务控制过程中，企业可以通过实施目标成本控制来降低经营成本。

关键点提示

实施目标成本控制的工作内容包括：

1.确定单位目标成本；2.分解目标成本；3.平衡目标成本。

2.13　如何运用量、本、利分析方法

工作场景描述

当要运用量、本、利分析方法提高经营决策水平时，可查看。

解读与分析

量、本、利分析是财务控制中的一种重要方法，它可被用于经营过程中的预测、决策、控制、分析、考核等方面。

1. 分析经营状况

量、本、利分析可被用于分析经营状况。首先，它可以通过对盈亏平衡点的计算，分析企业在经营中是盈还是亏，再进一步分析企业经营是否安全。

企业经营安全状况是用经营安全率衡量的，其计算公式是：

$$经营安全率=\frac{X_1-X_2}{X_1}\times100\%$$

式中 X_1——可获利润的销售量；

X_2——盈亏平衡点销售量。

经营安全率越大，表示企业经营状况越好。

2. 规划最优利润

企业要想增加销售量，有时可采取降低产品售价的策略，即采用所谓“薄利多销”的办法。但降低售价有一条界线，即“多销”的所得，不仅要能弥补“薄利”的损失，而且应有剩余。否则，从经济效果这个角度来看，“薄利多销”就没有意义。不同的销售价格，可能会对应不同的销售水平。那么，哪一种价格能够使企业的利润最优呢？如果企业的生产能力有余，同时费用的耗用水平不变，那么利润最优的方案应该是预计销售所带来的临界收益最大的方案。

3. 规划目标利润

企业为了实现目标利润，就需要对影响目标利润的各种因素进行控制。在其他条件不变的情况下，企业应用量、本、利分析的基本数学模型可以计算实现目标利润的销售量、单位变动成本和售价，以用于预测、决策和控制。其计算公式是：

$$销售量=\frac{固定成本+目标利润}{单价-单价变动成本}=\frac{固定成本+目标利润}{单价临界收益}$$

$$销售额=\frac{固定成本+目标利润}{1-\frac{单价变动成本}{单价}}=\frac{固定成本+目标利润}{临界收益率}$$

$$单位变动成本=单价-\frac{固定成本+目标利润}{销售量}$$

$$单价=单位变动成本+\frac{固定成本+目标利润}{销售量}$$

4. 选择生产方式

一般来说，生产手段越先进，生产效率就越高，物质消耗水平就越低，所以单位生产变动成本就越低，边际贡献率就越高。那么，我们能否就此得出这样的结论：任何情况下，工艺技术都是越先进越好？回答是否定的。因为生产手段越先进，所需要的设备投资就越多，固定资产折旧费也就越多，固定成本就越高。如果产品销量较少，临界收益低于由先进设备造成的高固定成本，就会使企业发生亏损，这时候设备先进就没有意义。运用量、本、利分析方法，研究销售量、临界收益和固定成本的关系，企业就可以对不同的生产方式做出正确的选择。

5. 确定产品结构

生产多种产品的企业，由于不同产品所提供的临界收益往往不同，因而产品品种构成的变动会对企业利润总额产生一定的影响。企业在生产安排中，可以根据量、本、利分析方法，合理确定产品结构，以取得较好的经济效益。

以上是运用量、本、利分析方法进行经营分析的主要领域，在财务控制中，企业要重视量、本、利分析方法的运用。

关键点提示

量、本、利分析方法可用于：

1.分析经营状况；2.规划最优利润；3.规划目标利润；4.选择生产方式；5.确定产品结构。

2.14　如何实施利润分配

工作场景描述

当要进行利润分配，保证经营过程顺利进行时，可查看。

解读与分析

1. 掌握利润分配一般程序

企业可供分配的利润，除另有规定外，一般应按以下顺序进行分配：

（1）弥补以前年度亏损。

（2）提取法定盈余公积金。法定盈余公积金按当年净利润扣除掉弥补以前年度亏损部分后的10%提取。

（3）提取任意盈余公积金。任意盈余公积金计提标准按公司章程及股东会议决议提取、分配。

（4）向投资者分配利润。企业以前年度未分配的利润，可以并入本年度向投资者分配。

2. 注意相应具体问题

（1）企业因违反国家有关法律规定而被没收的财产损失，或因违反税法而被税务机关处以滞纳金和罚款，必须用企业的税后利润支付。

（2）企业以前年度发生的亏损，可以在5年内以税前利润弥补。若5年内未弥补完，则只能从税后利润中弥补。

（3）法定盈余公积金按照规定的比例提取，目的是保全企业资本，为扩大再生产积累内部资金。法定盈余公积金可以按国家规定使用，可用于税后补亏，用于转增资本金等，但使用后的法定盈余公积金的余额不得低于注册资本的25%。

3. 了解利润分配特殊程序

利润分配的特殊程序是指适用于股份有限公司利润分配的程序。

其分配顺序如下。

（1）弥补以前年度亏损。

（2）提取法定盈余公积金。

（3）支付优先股股利。

（4）提取任意盈余公积金。

（5）支付普通股股利。

利润分配是企业整体经营活动过程中的一个重要环节，必须做好利润分配工作，才能使经营活动顺利进行。

关键点提示

管理者在进行利润分配时应做到：

1.掌握利润分配一般程序；2.注意相应具体问题；3.了解利润分配特殊程序。

第3章

企业财务审查常见问题

内部控制制度是企业为了保证业务活动的有效进行，保护资产的安全和完整，预防、发现、纠正错误与舞弊，保证会计资料的合法、完整而制订和实施的制度。很多管理者在忙于推广产品、扩大销路的时候忘记了对企业自身加强管理，以致“后院起火”，殃及企业正常运转。因此，要想获得稳定发展，有效减少内部财务问题的发生，企业首先要致力于建立一套完善的内部控制制度。

3.1 如何开展内部控制制度调查

工作场景描述

当要开展内控制度调查时，可查看。

解读与分析

要想对内部控制制度进行评价，企业就必须对内部控制制度进行调查和描述，测试现行的控制环节和措施是否符合实际的控制模式，因此，必须了解内控制度调查方法。

1. 熟悉调查内容

在了解内部控制制度时，企业应当合理利用以往的调查经验。对于重要的内部控制制度，企业通常可以遵循以下程序增加对其的了解。

①询问有关人员，并查阅相关内部控制文件。

②检查内部控制生成的文件和记录。

③观察业务活动和内部控制的运行情况。

④选择若干具有代表性的交易和事项进行穿行测试。

（1）控制环境调查。控制环境是指各种内部控制手段得以运行的氛围，包括各级管理人员的控制意识和态度、各级管理组织的设置、各级人员的素质等。虽然控制环境与会计资料并无直接关系，但控制环境的优劣与各项内部控制制度的建立和执行密切相关，进而会影响到整个内部控制系统的效果，因此，企业首先要调查控制环境。

（2）会计系统调查。一个设计良好且有效运行的会计系统，可提供可靠的会计数据和防止出现错报等。企业在调查会计系统时，应确定和了解以下内容：企业会计组织机构与会计职责分工，企业经营的范围和主要交易种类，各类主要交易和事项的发生过程，重要的会计凭证、账簿记录以及会计报表项目，重大交易和事项的会计处理过程，对所发生的会计事项采用的会计原则和会计技术等。

（3）管理系统调查。管理系统调查主要是为了解各种管理制度的落实情况，了解管理的效率和监督的力度。调查所采用的方法主要有：查阅有关的规章制度、方针政策等文件，审阅前期档案，与有关人员座谈、询问及实地观察等。

（4）控制程序调查。控制程序调查强调确定特定单项控制程序与特定认定之间的直接关系。控制程序与企业规模密切相关，其比控制环境更直接地与某一特定认定相关，因此了解控制程序对于防止、发现与更正会计报表中的重要数据的错报很有效。

2. 掌握调查方法

（1）文字叙述法。文字叙述法的具体做法是，通过询问有关人员，查阅相关内部控制文件，将企业相关业务的授权、批准、执行、记录、保管等程序及其实际执行情况，用叙述性文字记录下来，形成内部控制说明书。文字叙述法一般按业务循环，逐项描述各个业务循环所完成的工作及其所派生的各种文件记录。

（2）调查问卷法。调查问卷根据企业的业务类型、业务循环、内部控制等，将内部控制的必要事项，特别是将与确保会计记录准确、可靠以及确保资产安全、完整有关的主要事项作为调查项目。采用调查问卷法时，既可将这些问卷交有关负责人填写，也可根据调查项目，直接要求有关人员回答问题，然后据此判断内部控制是否行之有效。

（3）业务流程图法。业务流程图法是指利用一系列符号、线条和文字说明，形象地描述企业的组织结构、职责分工、权限范围、文件编制及顺序、会计记录、业务处理流程、会计档案的种类及存放地点等内部控制内容的方法。

（4）抽样调查法。抽样调查法是对企业的内部控制制度进行简单的抽查，即任意或随机抽取一笔或几笔经济业务，按业务循环的各个步骤进行追查，看其是否与有关的内部控制制度中所做的描述一致，如有不符，则需要调查原因，并对相应内容进行修正。实施简单抽查是企业为了证实对内部控制制度本身的了解是否正确，也可验证内部控制制度的运行是否有效。

开展内部控制制度调查是对内控系统进行评价的基础，也是完善内部控制制度的前提。因此，企业要重视内控制度调查工作。

关键点提示

1. 内部控制制度调查的内容包括：

（1）控制环境调查；（2）会计系统调查；（3）管理系统调查；（4）控制程序调查。

2. 内部控制制度调查方法包括：

（1）文字叙述法；（2）调查问卷表法；（3）业务流程图法；（4）抽样调查法。

3.2 如何测试内部控制制度的实用性

工作场景描述

当要了解内部控制制度的实用性时，可查看。

解读与分析

测试内部控制制度的实用性，实际上是对内部控制系统的实施情况和有效程度进行测试，它是基于正确评价内部控制系统可靠性的需要产生的。通过采用一定的方法，企业可测试业务活动的运行与相关内部控制制度的符合程度，企业应根据所需确定内部控制制度测试的性质、范围和时间。

1. 确定测试内容

（1）控制设计测试。其测试的主要内容包括：内部控制设计是否合理、是否健全，现有的内部控制设计与预期的（或理想的）内部控制设计是否相符，以及现有内部控制是否能有效地防止和发现特定财务报表的重大差错。

（2）控制执行测试。同其他任何制度一样，如果没有贯彻执行，即使内部控制制度设计得再好，也不能达到降低风险的目的。因此，在企业当中，为了确保控制制度发挥其应有的作用，企业需要对控制执行进行测试。

2. 确定测试数量

在实施测试前，企业常常需用抽样的方法，根据某项会计事项发生的频率来确定需要测试的样本量规模。确定测试数量的方法主要有以下几种。

（1）统计抽样法。它按照估计的差错率、允许的误差大小、应该达到的保证程度以及总体业务量的多少等，运用公式计算或查表确定应该抽查的业务量。

（2）经验估计法。企业可凭经验按业务活动执行的次数多少来估计应该抽查的业务量。通常，业务事项发生的次数应该与抽查的样本量之间成正比关系。

3. 运用测试方法

（1）证据检查法。检查与某些业务有关的原始凭证和其他文件，跟踪检查这些凭证和文件上所留下的业务处理踪迹，以判断业务处理过程中有关的控制措施是否被认真执行。

（2）实地考察法。在不事先通知的情况下亲临现场，考察有关人员开展业务活动时执行内部控制制度的情况。

（3）重复执行法。按照内部控制制度所规定的程序，选择若干笔业务独立地重新执行一遍，以复核验证与该业务有关的控制手续的遵循情况。

如果内控制度缺乏实用性，那么其作用将大打折扣。因此，企业要进行内控制度实用性测试，并在此基础上提高内控制度的实用性。

关键点提示

测试内部控制制度的实用性时应该做到如下几点：

1.确定测试内容；2.确定测试数量；3.运用测试方法。

3.3 如何防范员工舞弊

工作场景描述

当要减少员工舞弊行为时，可查看。

解读与分析

要想有效地防范员工舞弊，企业首先必须熟悉员工舞弊的类型，然后分析员工舞弊的原因，针对具体类型采取不同的防范措施。

1. 舞弊类型

（1）侵占现金。侵占现金是指企业员工从企业的现金收入中盗取一部分库存现金、截留各种生产经营收入和其他收入或打白条抵充库存现金的舞弊活动。这些情况主要发生在那些能接触到现金收入的员工身上。

（2）伪造工资名单。伪造工资名单是指虚报员工人数，把伪造的员工姓名纳入工资系统发放工资，然后舞弊员工以伪造员工的名义以某种方式取得其工资的一种舞弊行为。

（3）虚假交易。虚假交易是员工通过企业账户对非企业经营活动进行支付，或对虚列的应付账款进行支付的一种舞弊行为。这是一种较常见的员工舞弊行为。

员工舞弊的种类繁多，不同类型的企业、部门有不同的表现形式，上面只是几种常见的类型。

2. 原因分析

（1）员工不诚实、不正直是发生员工舞弊的主要原因。

（2）缺少有效的内部控制制度。缺少有效的内部控制制度是员工舞弊最重要的促成因素。在一个内部控制制度完善的企业中，很难发生员工舞弊行为，即使发生，利用内部控制制度也会很快地将其揭露出来。

（3）管理部门的疏忽。企业管理部门的疏忽也是促成员工舞弊的一个重要因素。企业管理部门可能对员工舞弊事件的发生采取了一定的防范措施，但对可能发生的员工舞弊行为缺少应有的警惕。

（4）管理层自身不正直、不道德。管理层自身不正直、不道德也会促成员工舞弊。例如，企业管理层为逃避缴税，而省略了对现金登记和其他现金收支的控制。这种不正直的行为就为员工舞弊的发生提供了两个有利条件：一是削弱了内部控制，二是为舞弊员工提供了道德上的辩护理由。

3. 采取措施

（1）解释损失和短缺。现金和存货损失、短缺的情况会发生在所有企业之中，这是一种较为正常的损耗，然而重复发生的无法解释的损失、短缺，就可能是员工私吞或偷盗的一种信号，企业必须要求员工明确解释损失和短缺的原因和经过。

（2）明确职责分工。一个人职责太多，特别是其职责中既包括保管资产又包括核算资产，就会给内部控制带来挑战。企业应对那些既参与现金管理又参与银行往来账户工作的员工采取明确的限制措施。

（3）加强稽核与监督。

①检查现金收入的管理和控制措施是否完备，职责分工是否明确，是否存在不相容职能。

②检查是否经常发生收入短缺的事件。

③检查是否存在重复发生的非正常营业收入的有关凭证。

④查证已注销的坏账是否经过了授权批准，已注销的坏账是否已经收回而未被记录，收回的坏账是否被截留。

⑤查证闲置的土地或建筑物是否已经出租，租金是否已登记入账。

（4）招聘员工时，企业要注意对员工个人品质的考察，并在日常工作中加强员工的思想道德建设。

员工舞弊是企业较为经常发生的现象，企业应当加强防范。

关键点提示

为防范员工舞弊，企业应该：

1.明确舞弊类型；2.分析原因；3.采取措施。

3.4　如何防范下属公司舞弊

> **工作场景描述**
>
> 当要防范下属公司舞弊时，可查看。

解读与分析

随着经营规模的扩大，企业难免要成立下属公司，以扩展经营的范围和规模。下属公司一般有较强的独立性，企业必须加强对其的控制，防范下属公司发生舞弊行为。

1. 识别下属公司的舞弊行为

（1）子公司的舞弊行为。子公司管理者很容易为了谋取其小团体的利益而影响整个企业的利益，子公司的舞弊行为主要有以下几种。

①为多留利润而少报收益。子公司和母公司在利润分配上往往有一个协议，为了多留利润，子公司的经营者会采取少报收益的方式。

②为多留收益而虚报成本。多报成本，就等于减少了利润，账面利润少了，母公司拿走的就少。很多在国外进行投资的企业，其子公司的成本支出很大，一般都说是为了扩展海外市场而不得已的花费。这种理由的真实程度需进一步调查。

③虚列投资项目，骗取总公司的资金。子公司的管理者为了加强子公司经营的灵活性，需要投入更多的资金。但是这一部分资金很难从银行贷到，因为贷款协议一般要母公司批准。为了多要资金，子公司可能会虚编一些有吸引力的投资项目，夸大其投资必要性以骗取母公司的资金。

（2）分公司的舞弊行为。

①多报成本，从而减少企业整体收益。在销售方面无决定权的分公司通常会多列成本，例如，将分公司经营者的日常开销列为“管理费用”。分公司的成本一旦加大，总公司的利润就会减少。有些分公司也会在销售上做手脚，将总公司的产品直接卖出去，但并不通知总公司，等到年底报为意外损失。

②编造理由，骗取总公司的资金。在销售单据上做手脚风险很大，分公司一般不会

冒这个风险。而多记成本又不能没有限制地记下去，不符合逻辑、超出限度的成本支出必然会引起总公司的怀疑。因此，有的分公司会采取编造理由骗取总公司资金的方式。

2. 采取防范措施

（1）建立完善的内部控制制度，适当授权。企业可以再为分支机构管理者选送一名辅助人员，而不是由其自行任命，这样这名辅助人员可以及时将其经营情况报告给总公司。企业还可以规定，某些支出必须由经理和副经理共同签字后才可以列支，下属公司一定数额以上的支出需由总公司批准等。

（2）选择合适的人去经营下属公司。最直接的防范措施就是选择最信任的人去经营子公司或分公司。如果这个人时时刻刻以企业的利益为重，那么子公司的舞弊行为就可以得到有效的控制。此时，相关管理者不能通过主观判断加以选择，可以征求人事部门的意见，以使决策更为妥当。除此之外，相关管理者还可以征求董事会的意见，如果董事会对候选人较为了解的话，其决定就代表多数人的意见。

（3）定期派内部审计人员进行检查。开设下属公司的企业，必须建立定期派内部审计人员进行审计的监督机制，对不符合财务制度规定和公司制度规定的项目进行检查，并督促其改正。

（4）对参与舞弊的管理者处以较重的处罚。管理上的严格体现在处罚的严格上，对于那些参与舞弊的管理者，要处以比一般员工更加严厉的处罚。如果该管理者还存在侵吞企业财产等问题，就应该让其受到法律的制裁。

（5）检查下属公司的工作。这种做法可以让下属公司的管理者随时感到有人在关注自己，对下属公司的管理者既可以起到一定的鼓励作用，又可以限制其不正当的行为。

企业要想尽可能减少下属公司的舞弊行为，一方面，要建立完善的激励机制；另一方面，要建立有效的管理制度。

关键点提示

防范下属公司的舞弊行为必须抓住以下两点：

1.识别下属公司的舞弊行为；2.采取防范措施。

3.5 如何建立完善的内部会计控制体系

工作场景描述

当要根据凭证选择合适的查账方法时，可查看。

解读与分析

不同的查账方法对会计凭证的依赖程度不同，因此，在检查会计凭证之前，企业必须选择合适的查账方法。在进行查账时，相关人员不能只是翻一翻资料，问一些简单的问题，在很多情况下，首先要确定适合的查账方法，然后亲自去查阅账簿，审核原始凭证，这样才能视为一次完整的查账经历。

1. 选择查账方法

（1）顺查法。

顺查法即根据会计业务处理程序，按照所有原始凭证的发生的时间顺序进行检查，逐一核对。采用顺查法时，相关人员要先审核原始凭证，然后核对并检查记账凭证，再对日记账、总分类账、明细分类账进行账证核对，最后以会计账簿为参照来检查会计报表，进行账表核对。

①特点：检查由原始凭证开始，到账簿，最后到报表；着重于账表单、证之间的核对；审查的重点是原始凭证；简单，易于查对，如果肯花时间，可以较为准确地查出问题。

②不足：费时费力；不能较好地把握全局；按时间发生顺序检查原始凭证和记账凭证，就无法按业务类型分类检查；不便系统研究各种业务；不利于提高工作效率。

（2）逆查法。

①特点：起步于会计报表分析，从整体着手，由面及点；着重于对“面”的分析；有一定的侧重点，主要针对数额较大的支出，内部控制制度不够健全的收支，对成本、盈亏影响较大的收支；能够从整体上把握企业的经营情况；能够对业务、科目、体系进行有层次的检查；可以按照同类业务实行抽样检查，提高查账效率。

②不足：由于是根据已经掌握的线索进行重点查账，所以可能一开始就忽视了一些重要的问题，遗漏会计账目上的种种错弊和违法违纪行为；会计报表是对企业一段时期经营成果的总结，但是其中会省略很多的信息，很难一眼看出问题；在没有设立分支机构的企业中，检查会计报表没有审核会计账簿的作用大。

2. 检查会计凭证和账簿

（1）凭证的重要性。会计报表、会计账簿都以原始凭证为基础，记账凭证是在原始凭证的基础上形成的，凭证的真实性对于其他会计资料真实性的意义是不言而喻的。

（2）账簿的重要性。对于业务繁多的企业，原始凭证的数目可谓惊人。可以想象，如果仅靠检查原始凭证来查账的话，就很难再抽出时间去干其他的事情。而会计账簿是一本一本钉好的，相关人员只要掌握了检查账簿的方法，很容易看懂账簿。这时，相关人员可以在账簿中发现问题，再调出与之相关的会计原始凭证或者记账凭证，从而提高工作效率。

查账方法的选择对会计凭证的运用有很大的影响，必须根据具体情况选择恰当的查账方法。

关键点提示

查账时应注意：

1.选择适当的查账方法；2.检查相应的会计凭证和账簿。

3.6 如何审核原始凭证

工作场景描述

当要对原始凭证进行审核时，可查看。

解读与分析

原始凭证的审核，主要是对原始凭证的合法性、完整性和正确性进行审核，以保证企业会计核算工作的质量。要想提高原始凭证审核的工作效率，相关人员可以先对原始凭证进行必要的分类。

1. 原始凭证的分类

（1）增值税专用发票。增值税专用发票是记载销售货物或购进货物、提供劳务或者接受劳务的财务收支凭证，是国家税务机关对增值税一般纳税人进行征收管理的法定凭证，是原始凭证检查的重点。

（2）完税凭证。完税凭证包括税收通用缴款书、税收罚款收据、税收（出口货物专用）缴款书、税收收入退还书、税收汇总专用缴款书、出口产品完税分割单、税收完税证、税票调换证、纳税保证金收据、车船使用税完税凭证、代扣代收税款凭证、印花税票等。

（3）普通发票。普通发票是相对于增值税专用发票来说的，它是财务收支的法定凭证、会计核算的原始凭证，也是查账的重点。普通发票一般为三联，第一联是存根联，第二联是发票联，第三联是记账联。

（4）其他凭证。其他凭证包括各种收费凭证、罚没收据、收购部门的收购单，以及企业为了加强内部经营管理而自制的各种原始凭证等。

2. 原始凭证的审核要点

（1）检查原始凭证的填写是否符合要求。每一种原始凭证都有其填写要求，填写的内容各异。进行原始凭证检查就是要检查其填写是否符合要求，如果不符合填写的要求，就不能作为有效的凭证。

（2）检查开票日期、地点是否符合逻辑。原始凭证上必须填写日期和地点。如果是企业内部的原始凭证，可以省略地点。若不是内部凭证，则相关人员可以根据基本常识进行逻辑推理，判断其开票日期、地点正确与否。

（3）检查原始凭证上的金额是否正确。原始凭证最容易做假，因此，相关人员要重点检查金额填写是否正确、是否存在涂改及大头小尾等现象。

（4）检查内容是否完整、程序是否合法。原始凭证必须按一定的格式制作，填写时要遵守一定的程序。如果内容不完整、程序不合法，就不能作为有效凭证。

原始凭证是企业重要的财务资料，相关人员有责任也有必要保证原始凭证的真实性和合法性。

关键点提示

原始凭证的审核要点有：

1.检查原始凭证的填写是否符合要求；2.检查开票日期、地点是否符合逻辑；3.检查原始凭证上的金额是否正确；4.检查内容是否完整、程序是否合法。

3.7 如何检查增值税专用发票

工作场景描述

当要进行增值税专用发票检查时，可查看。

解读与分析

增值税专用发票与增值税有着密切的关系，它是记载销售货物或者购进货物、提供劳务或者接受劳务的财务收支凭证，是兼记销货方纳税义务和购货方进项税额抵扣的主要依据，企业要加强对专用发票的管理。

1. 防范增值税专用发票的错用及违法行为

（1）增值税专用发票填制有误。购进货物时，对方会开具增值税专用发票。如果在填制上不符合规定，则不能用来抵扣进项税额。

（2）假增值税专用发票。一般纳税人购买小规模纳税人的产品时，小规模纳税人需去税务局开具增值税专用发票，不能自行开具。这样，一些小规模纳税人为了急于将产品销售出去，会冒充一般纳税人，开具增值税专用发票。采购人员应该分辨出谁是小规模纳税人，谁是一般纳税人。若在向小规模纳税人采购商品时，取得虚假增值税专用发票，那相关人员很难逃脱承担损失及担负相关法律责任的干系。

（3）故意开错增值税专用发票。除了前两种情况以外，企业人员可能会利用职务之便与其他单位人员勾结，故意开错增值税专用发票。

2. 审查增值税专用发票

（1）审查取得发票的真伪。用紫外线鉴别仪器检查专用发票的防伪标志；对照各期专用发票票样，看有无停止使用的旧票。

（2）检查票载内容。核对填开或索取的增值税专用发票各联次内容是否一致，核对填开或索取专用发票的单位是否与票载单位一致；核对填开或索取专用发票上的货物数量是否与出、入库单上的数量一致；核对填开或索取专用发票所载金额、税额是否与收付的资金、“应交税金”账户上登记的销项、进项税额一致。

检查增值税专用发票时，一方面要辨别真伪，另一方面要检查票载内容。

关键点提示

检查增值税专用发票时，企业必须：

1.防范增值税专用发票的错用及违法行为；2.审查增值税专用发票。

3.8　如何检查普通发票

工作场景描述

当要检查普通发票，加强财务监督力度时，可查看。

解读与分析

普通发票是财务收支的法定凭证、会计核算的原始凭证，是财务清查中的重点清查对象之一。

1. 熟悉常见舞弊形式

（1）用假发票虚报费用。企业员工可能会利用内部控制制度的薄弱环节，利用出差或采购等机会寻找假发票，借此报销费用。

（2）开具假发票侵占款项。员工在收款时，可能会向对方开具假发票，或者没有将发票入账，而将收入的款项贪污，一般在现金交易时会发生这种情况。

（3）下属公司利用假发票虚增成本或利润。当企业有下属公司时，下属公司可能会利用假发票或者没有真实商品交易的发票虚增成本，达到截留资金的目的；或者相关人员出于个人职位提升等目的，利用假发票虚增业绩，这样做会使企业面临多缴税的境况。

2. 了解审查要点

（1）审查外来发票。

①出票单位名称。注意出票单位是否确实存在，是否是过去使用过而现在废弃不用的单位名称。

②发票号码。要注意外部同一个单位的发票是否存在短时期内在本单位出现几次号码相连或相近的情况。

③金额计算。检查发票上的金额计算是否正确，大小写数额是否一致。

④发票字迹。对发票上的字迹，不论是抬头、日期、摘要、品名、数量、单价、金额，都要仔细审阅，看有无涂改痕迹。

⑤发票日期。查看发票上的日期是否与实际付款日期相近。如果相距甚远，则应查明原因。

（2）审查自制发票。

①检查各种发票数的合计数是否等于领购发票数，是否存在出错、转让发票的现象。

②检查已使用的发票存根号码是否连续，有无缺页。

③检查作废的收据上是否盖有“作废”戳记。

④检查有无不给发票而收现金的情况，如发现这种情况，应进一步查明这类业务是如何处理的。

⑤检查收据是否有涂改现象，复写的字迹是否有异。

企业在检查普通发票时，一方面要熟悉普通发票常见的舞弊形式，另一方面要掌握清查方法。

关键点提示

检查普通发票时，企业必须：

1.熟悉常见舞弊形式；2.了解审查要点。

3.9　如何审查记账凭证

> **工作场景描述**
>
> 当要审查记账凭证时，可查看。

解读与分析

记账凭证的审查，就是审核已填制好作为登记账簿依据的会计凭证的内容是否符合现行会计制度和凭证填制的要求，以防止在会计核算中有弄虚作假、营私舞弊现象发生。

1. 进行记账凭证分类

（1）单式凭证。

单式凭证只反映一个会计科目，同一经济业务涉及几个会计科目，就要填列几张记账凭证。它的对应科目只作为记账时的参考，不可据以记账。单式凭证便于分工记账和分类汇总，但是把一笔经济业务的会计分录分散在多张凭证上，就不能直观地反映该笔业务的来龙去脉，不利于检查核对。

（2）复式凭证。

①收款凭证。收款凭证是根据有关现金和银行存款收入业务的原始凭证填制的记账凭证。它是登记现金日记账、银行存款日记账、有关总分类账以及明细分类账的依据，也是出纳人员收取款的依据。

②付款凭证。付款凭证是根据有关现金和银行存款付款业务的原始凭证填制的记账凭证。它既是登记现金日记账、银行存款日记账和有关总分类账的依据，也是出纳人员付出款的依据。

③转账凭证。转账凭证是根据不涉及现金和银行存款收付经济业务的原始凭证或原始凭证汇总表填制的记账凭证，是登记转账日记账、有关总分类账及明细分类账的依据。

2. 了解审核要点

（1）审核记账凭证填制的内容是否完整齐全。审核有无漏填的日期和编号，是否有十分明确、清楚的经济业务简要说明，是否完整地注明了应借、应贷账户的名称和金额，是否附有原始凭证和有关资料，有关人员的签章是否齐全。

（2）审核记账凭证反映的经济业务内容是否与附件的整体内容和金额相同，附件张数是否正确。

（3）审核记账凭证上所运用的会计科目与所反映的经济业务是否合法，有无违反现行会计制度和财税政策法规的情况。

（4）审核科目对应关系及借方和贷方金额是否正确。

确保记账凭证的真实性和合法性是防范企业财务风险的重要措施，企业在财务清查过程中，要重视对记账凭证的审查。

关键点提示

审查记账凭证时，企业应该：

1.进行记账凭证分类；2.了解审核要点。

3.10　如何检查会计账簿

工作场景描述

当要进行会计账簿检查时，可查看。

解读与分析

检查会计账簿就是检查会计账簿记录的经济业务内容的真实性、合法性和完整性，目的是从中发现问题，查明情况，达到账账、账证、账表、账实的统一。因此，企业必须重视对会计账簿的检查。

1. 账簿的分类

（1）序时账簿。序时账簿是按照经济业务发生时间的先后顺序，逐日逐笔连续登记的一种账簿。这种日记账可以用来记录某一类经济业务，也可以用来记录全部经济业务。

①现金日记账。现金日记账是逐日逐笔登记现金收入、付出和结存情况的一种序时账簿，可以及时反映现金的收、付、存，有利于企业加强对现金使用情况的控制和监督。

②银行存款日记账。银行存款日记账是逐日逐笔登记银行存款的收入、支出和结存情况的一种序时账簿，可以及时反映银行存款的增减变化，有利于企业加强对银行存款的控制、使用和监督。

（2）分类账簿。分类账簿是按照总分类账户和明细分类账户登记经济业务的账簿，按指标的详细程度分为总账和明细账，能分类反映和监督全部经济业务的增减变动情况。

①总账。总账是按照一级会计科目开设账户，分类、连续反映各种资金占用、资金来源、费用成本、收入成果等情况的账簿。企业设置总账，能够全面、总括地反映企业经济活动情况。

②明细账。明细账是按照一级会计科目所属的二级科目或明细科目开设账户，分类、连续地记录和反映某一类经济业务详细情况的账簿。

2. 检查的意义

（1）检查会计账簿可以防止个别人员通过直接篡改会计账簿的方式，达到舞弊和欺诈的目的。会计报表中的数目是会计账簿中各账户期末余额的数额加总或直接填列，如果直接修改账簿，将影响会计报表的结果。

（2）检查会计账簿是做到账账相符、账证相符、账表相符的中间环节。在会计工作流程中，会计账簿这一环节处于凭证和会计报表之间，是凭证和会计报表之间信息的中枢，它的真实性和完整性将直接影响到会计报表的真实性。

3. 检查的方法

（1）与有关凭证进行核对：检查内容是作为账簿记录来源的有关记账凭证和原始凭证。

（2）账账核查：对各种账簿之间有关的指标进行核对。

①总账之间的核对，通过编制总分类账户发生额和余额对照表进行试算平衡，以检查总账的登记有无差错。

②总账与明细账之间的核对，看两者是否相等。

③明细账与保管账之间的核对，对明细账的数量与保管账的数量进行核对，检查两者是否相符。

（3）账实核查：对账存数与实存数进行核对，看其是否相符。

（4）账表核查：对会计报表中的项目数与相关序时账簿、分类账簿或备查账簿进行核对，看其会计报表项目所反映的数据是否与相关账簿记载的数据一致。

检查会计账簿时，要进行账证、账账、账实和账表核查。

关键点提示

进行会计账簿的检查时，企业应该把握：

1.账簿的分类；2.检查的意义；3.检查的方法。

3.11 如何清查现金

工作场景描述

当要进行现金清查时，可查看。

解读与分析

现金具有很强的流动性，出纳人员每天都要对其进行盘点，并登记现金日记账。企业必须重视对现金的监督和管理。

1. 了解现金差错

在经营过程中，现金及现金账户有以下常见差错。

（1）现金长、短款。

现金的实际数额和账面的登记额不相符，出现现金短款或者现金长款的现象。究其原因，可能有以下两点。

①会计差错所引起的核算错误。

②出纳人员在收付现金时疏忽大意，多付或者少付。

（2）收入不及时入账。现金收入不及时入账是企业现金舞弊的常见形式，主要有下面几种情况：收到现金后不给购买方出具发票；未及时将现金入账，挪用企业现金；利用假复写纸贪污企业资金：销毁现金收据，贪污现金。

（3）支出有误。如将应以银行转账方式结算的业务用现金支付，将用其他方式结算的业务记入现金账户等。

2. 进行现金清查

（1）盘点库存现金。所有的现金，包括备用金，无论存放在任何部门、任何人手中，都必须对其进行全面清点，不能遗漏。而且，企业应在同一时间进行突击性查点，以防有关人员拆东墙补西墙。

（2）检查现金账户。

①确认真实性。现金是流动性最强的资产，最易被窃取或被侵占。贪污现金的手法不一，相关人员往往是在现金收付业务过程中，通过伪造、涂改单据、账目等手段来达到目的。

②确认正确性。现金的正确性包含两层意思：一是指现金日记账的记载和会计报表反映的数额是否正确，二是指库存现金是否正确。

（3）审查收付业务。

①审查金额栏，看现金收付金额是否超过了国家规定；审查摘要栏，看现金收付业务是否符合规定；审查现金支票使用情况，现金支票只能用来支取现金，不能用来转账。

②审查合法性。应将重点放在审查现金收付原始凭证的经济业务内容和金额是否符合有关法律法规的规定。

③审查真实性。应将重点放在审查原始单据的构成要素是否真实上，包括：购货发票或收据的图章，发票或收据抬头，现金收付凭证的字迹，作废的发票和收据，本单位发票和收据存根是否连号，现金日记账的合计数等。

④审查收付业务的正确截止日期。现金收付业务的截止日期不一样，对现金账户的金额有着不同的影响，因此，相关人员必须审查现金收付业务的截止日期是否正确。

现金是维持企业正常运转的重要资源，企业要加强对现金的管理。

关键点提示

现金清查的内容包括：

1.盘点库存现金；2.检查现金账户；3.审查收付业务。

3.12 如何清查银行存款

工作场景描述

当要开展银行存款清查，加强银行存款管理时，可查看。

解读与分析

银行存款的流动性很强，而且银行存款很容易转化为现金，因此，企业中经常发生银行存款被人冒领、私自转存等现象。企业必须加强对银行存款的监督和检查，以有效预防利用银行存款账户进行欺诈的现象发生。

1. 熟悉银行存款舞弊

（1）公款私存，将企业的款项私自存在个人名下，并且贪污款项带来的利息收入。

（2）未及时将款项送存银行，挪用企业资金。

（3）为掩饰会计舞弊行为，对银行存款进行假存款或者“存得少，记得多”。

（4）签发空头支票或者空白支票。

2. 采取防范措施

（1）贯彻企业内部控制制度，坚持账钱分管的原则。

（2）出纳人员必须逐笔登账，及时登账，并经常核对。

（3）加强结算凭证和企业印鉴的保管。

（4）定期让有关人员汇报工作，督促员工认真完成本职工作。

3. 清查银行存款的要点

如果企业内部控制制度值得信赖，企业可复核自编的银行存款调节表；反之，则必须向银行索取截至审核日的银行存款对账单，独立编制调节表。

（1）审查收付凭证。相关人员应审查银行结算凭证、票据是否有专人保管、登记、使用；票据是否按顺序签发，作废的支票等是否在作废注销后进行了妥善保管；是否签发了空头支票或与银行预留印鉴不符的支票；是否违反规定开户和使用账户；是否签发、取得、转让没有真实交易和债权、债务的票据，套取银行和他人资金。

（2）审查银行存款日记账。银行存款日记账应由出纳人员根据审核无误的收款、付款凭证及所属的原始凭证，按经济业务发生的先后顺序逐日逐笔登记，逐日结计余额。审查中，相关人员首先应检查是否将有关凭证按顺序逐笔登记，据以记账的凭证是否真实、合法；其次，应检查账簿记录和月末结账时借贷方发生额合计及余额是否正确；最后，为防止发生记账错误，保证账款相符，企业与银行之间要对所有收付款进行核对，即将银行存款日记账的记录与从银行处取得的对账单逐一进行核对。

（3）审查有关合同、协议。相关人员应检查有无物资保证和商业信誉，以往有无不及时付款、供货或不提供服务的情况，以此查证有无开展不合理、不正当的业务。

（4）审查提取现金摘要。

①审查“现金日记账”收方或“银行存款日记账”付方记录的关于提取现金的摘要上的说明。

②根据“现金日记账”和付款凭证上反映的业务内容，结合“现金”科目的对方科目，来分析该笔现金的去向是否明确，是否合理、合法。

在进行财务清查时，企业必须加强对银行存款的清查。

关键点提示

清查银行存款的要点有：

1.审查收付凭证；2.审查银行存款日记账；3.审查有关合同、协议；4.审查提取现金摘要。

3.13 如何清查短期投资

工作场景描述

当要进行短期投资清查时，可查看。

解读与分析

短期投资是指能够随时变现并且预计持有时间不超过1年的投资。在企业当中，短期投资是重要的资产，应该加强对其的管理。

1. 审核原始凭证

现行制度规定，购买股票支付的价款中包含的已宣告但未领取的现金股利，应作为应收股利处理，不得计入投资成本；购入的债券，是到期还本付息型的，则支付的全部价款中包含的自发行日至购买日的利息，包含在投资成本中。相关人员应按规定审查有无记账错误，购入时的处理是否正确，同时，还应检查投资时审批手续是否完备，证券交易是否合法，金额记录是否正确，账务处理是否及时。

2. 检查短期投资的真实性

首先，检查短期投资的资金是否符合确认条件，能否被确认为短期投资；其次，核对短期投资总账与其明细账余额是否一致；然后对企业自行保管的有价证券进行盘存，按有价证券的种类、数量、面值填写盘存清单，在盘存清单中确认；最后，对短期投资的数额与账面余额进行核对。

3. 检查短期投资的合法性

短期投资不合法主要表现在：不是将企业闲置的资金用于对外投资，而是用企业正常经营资金进行投资。在检查短期投资的合法性时，相关人员应该对短期借款、应付债券等有关明细账加以核实，检查有无将银行规定的资金用于短期投资或将一些特殊的物资储备用于短期投资的现象。

4. 检查收益处理情况

（1）短期投资收益处理不合理的形式如下。

①将用企业资金购买的有价证券分给员工，不计入短期投资。

②在证券存续期间多次买卖，将收益挪作他用，而只将最后一次卖出证券的差价记账，截留投资收益。

（2）检查的具体方法。审阅有关购入、售出证券授权批准的原始凭证与投资物资，核对短期投资明细账，如有疑点应进一步追查有关人员和凭证。

在短期投资清查过程中，相关人员要检查短期投资的真实性和合法性。

关键点提示

进行短期投资清查时，企业应该：

1.审核原始凭证；2.检查短期投资的真实性；3.检查短期投资的合法性；4.检查收益处理情况。

3.14　如何清查应收账款

工作场景描述

当要加强对应收账款的管理和控制时，可查看。

解读与分析

企业的销货款长期被购货单位占用，不仅会影响企业生产经营活动的顺利进行，还会造成企业资金紧张。因此，企业要加强对应收账款的管理。

应收账款是指企业因销售商品、使用权而形成的债权。具体来说，提供劳务或让渡资产的应收账款是指企业因销售商品或提供劳务等，应向购货客户或接受劳务的客户收取的款项。

1. 应收账款常见错弊类型

（1）账目设置不合理，核算不详细、不清楚。

（2）审核不严。对应收账款发生的原因审核不严，给作弊人员以可乘之机。

（3）入账金额不正确。一般情况下，企业应以买卖交易双方成交时的实际发生额为“应收账款”账户的入账金额，但销货往往附有折扣与折让，企业可能需要将折扣部分按净价法入账，以达到推迟纳税，或将正常的销售收入转为营业外收入的目的。

（4）核算内容不正确。企业的分支机构故意不设置明细账户，将“应收账款”各明细账户混淆在一起，以达到掩盖各种不正常经营活动的目的；将“应收账款”账户作为调节收入、成本的手段；将已经发生的各种费用挂在“应收账款”账户上，不计入当期损益。

（5）长期挂账。应收账款长期收不回时，可能存在以下情况：有关责任人怕被追究责任而长期不处理；应收账款已经收回，被有关人员挪用或侵吞，准备日后做坏账处理；应收账款发生伊始就是虚列的应收账款项目，被有关人员作为调节收入、费用的手段；有关人员假公济私，为收取对方企业回扣，而长期不催收应收账款。

2. 清查内容及方法

（1）清查内容。

①核对余额。核对应收及预收款项明细账与总账余额是否相符，并与资产负债表上的应收款项目金额进行核对，确认余额的正确性。如不相符，则应查明原因。

②查询核对。在已确定账账、账表相符的基础上，根据各明细账户余额填制“应收款项查询函”，对应收款项做进一步的函证。通过函证，确认其真实性、正确性，及时发现、制止在销售过程中发生的差错及营私舞弊行为。

③账龄分析。确认应收款项的实有数额后，分析账龄，判断应收款项回收的可能性与可能产生的坏账损失。

④坏账处理。债务人破产或死亡，以其破产财产或遗产清偿后仍不能收回应收账款的，或债务人逾期未履行偿债义务，超过3年仍不能收回的，或有确凿证据证明应收账款无法收回的，可确认为坏账。

（2）清查方法。

①核对法。可以对“应收账款”账户的有关书面资料，即账、表、证，在其相关范围内进行核对，以检验其是否相符。对于“应收账款”账户入账金额的检查，在认为必要时应审核销售发票，看其与“应收账款”“主营业务收入”等账户记录是否一致，以此确定其入账金额是否按规定采用总额法计算得出。

②账龄分析法。可以委派有关人员编制或亲自索取应收账款账龄分析表来分析应收

账款的账龄，从而分析收回应收账款的可能性。对于数额大的、久欠不还或者催收情况不明的应收账款，应进行重点审查。

③函证法。可以直接致函欠款单位，根据对方回函情况来验证应收账款数据的真实性。在有对方电话或者传真的情况下，相关人员可以直接与欠款单位取得联系，证实欠款的真实性。

3. 完善控制制度

（1）推断赊销规模。企业可根据往年资金的需要量来确定需要保持多少资金流动量。企业必须首先确定一个合理的资金需要量，然后根据销售记录来推断可以进行赊销的规模。

（2）信用控制。企业必须对购货商评定信用等级，信用最好且和本企业关系最为密切的企业才可以动用信用额度。

（3）适时监督。在执行完赊销程序之后，企业必须对赊销产生的账款进行监督，如果发现对方公司财务状况有恶化的趋势，应通知该公司提前偿还。

（4）内控制度。

①严格的职责分工。销售、会计、出纳各岗位职权明确、责任清楚，做到有关人员相互制约，以将失误、舞弊问题控制到最低限度。

②建立严格的应收款项审批制度。企业应根据规定程序，审查客户的信用状况，在确认符合要求后批准赊销。如发生销售折扣，折让，坏账损失，预付款项，票据贴现等情况，在进行账务处理之前应经过有关领导审核批准。

③健全核对制度。企业应对应收账款进行定期核对，保证账账、账证相符，同时定期、不定期地与客户进行核对，以确定有无弄虚作假的情况。

④定期对应收款项进行分析。企业应定期组织人力，采取措施，清查应收账款，及时进行结算分析，保证能按时收回账款。

（5）外部防范措施。

①结合实际情况制定相应的制度，进一步约束相关人员的行为。

②不但应建立国家综合管理部门和社会有关监督部门相结合的定期专项检查制度，如审计、监察、财税、注册会计师等联合起来进行应收款项的专项检查，以不断制约企业行为，还应在企业内部加强这方面的宣传力度。

③对造假、舞弊者加大打击力度，扩大打击不法行为的影响和声势，给违法违纪者造成巨大的心理压力，使其不敢以身试法。

关键点提示

清查应收账款时，企业应该注意：

1.应收账款常见错弊类型；2.清查内容及方法；3.完善控制制度。

3.15 如何检查应收票据

工作场景描述

当要检查应收票据时，可查看。

解读与分析

为了提高购货方付款的可靠性，企业可以要求对方利用商业汇票进行结算。但是，企业如果运用票据这种结算方式，有时会无从判断对方开具的票据是否有效，票据的使用使新形式的欺诈活动成为可能。因此，企业应该加强对应收票据的管理。

1. 熟悉常见错弊

（1）核算内容不正确。

①由于会计差错，将企业收到的银行汇票、银行本票同银行承兑汇票相混淆，也作为“应收票据”账户的核算内容。

②按规定，如贴现票据到期，承兑人的银行存款账户无款支付，贴现银行应从企业账上扣回的款项转入“应收账款”账户核算，但企业仍然在“应收票据”账户上核算。

（2）记录内容不真实。

①将不属于应收票据的经济业务列作应收票据业务处理，如将一般赊销业务列作应收票据业务。

②虚构应收票据业务，虚增利润，粉饰经营业绩。

③在取得商品销售货款后，仍然将其列作应收票据业务，将货款贪污挪用。

（3）回收不及时。

①企业经办会计或业务人员的业务素质差，没有及时将款项转入“应收账款”账户，造成“应收票据”长期挂账。

②经办人谋取私利，收取对方好处，故意到期不回收，长期挂账。

③收到无效的票据。近年来利用商业票据进行欺诈的案件越来越多，很多商业票据经过背书、再背书等环节，字迹已经很模糊，这种商业汇票企业要拒绝接收。有的票据本身是对方通过欺诈、偷窃等手段得到的，接收这样的票据会卷入麻烦。

2. 清查技巧

（1）查账人员应将“应收票据”及对应账户记录与明细账进行核对，必要时查阅有关记账凭证和原始凭证，看账证、证证是否相符。

（2）检查应收票据明细账及应收票据备查簿，审阅、复核其登记内容和金额。

（3）审查应收票据明细账及应收票据备查簿，确定有无长期挂账问题，必要时查阅有关会计凭证，询问当事人、承兑人、付款人，以进一步查证货款是无法收回还是收回后被挪用贪污。

（4）清查方法。

①盘存法。相关人员可以全面盘点应收票据，逐项与应收票据备查簿上结存的各种应收票据的余额进行核对；将应收票据期末余额汇总与应收票据总账余额进行核对；按照应收票据的发生额，分析其对应账户，并追查应收票据的原始凭证。

②核对法。应将“应收票据”及对应账户的总账记录与明细账进行核对。如果存在虚构应收票据业务、利用“应收票据”账户调节收入的情况，往往没有相应的明细账记录。必要时，相关人员可以核对有关记账凭证和原始凭证，看账证、证证是否相符。

③调查了解法。调查了解应收票据是否以合法的商品交易为基础，有无非商品交易的应收票据，看看有无到期或过期而未及时办理收款的票据，必要时应查阅有关会计凭证，询问相关当事人和承兑人、付款人，以查清事实真相。

在票据贴现和背书转让环节上很容易发生错弊。因此，企业要加强对应收票据的管理和控制。

关键点提示

1. 应收票据的常见错弊有：

（1）核算内容不正确；（2）记录内容不真实；（3）回收不及时。

2. 对应收票据错弊清查的方法有：

（1）盘存法；（2）核对法；（3）调查了解法。

3.16 如何清盘原材料

工作场景描述

当要加强对原材料的管理时，可查看。

解读与分析

原材料种类繁多，而且易在入库、出库、运输过程中发生短缺，因此，企业要加强对原材料的控制，定期或不定期对原材料进行清盘。

1. 防范各环节错弊

（1）采购环节。

①采购人员私自收取现金回扣不入账。

②原材料附带成本不入账。原材料的附带成本指的是在原材料购买过程中发生的包装费、运输费、保险费等。

（2）储存环节。

①在储存环节，原材料容易发生短缺现象，使得购入单据上标明的数量和实际入库数量不一致。

②原材料账实不符。原材料的账目记录和实际数量不一致，这可能是因为有员工利用职务之便，将账目故意记错，以便今后对原材料进行转移。

③发生盘盈、盘亏的原材料，未按规定的程序和方法及时处理。

④原材料长期压库，占用资金数额大，结构不合理。由于某些采购员的原因，可能购进了质次价高、假冒伪劣的原材料。

（3）计价环节。

①采用计划成本核算时发生的错弊有：材料成本差异率计算不正确，领用材料应负担的成本差异不正确，发出材料的价值被人为错计。

②采用实际成本核算时发生的错弊有：材料计价方法的选用不适合企业具体情况；计价方法的变更没有遵循一贯性原则；材料价值计算不正确；对外投资和捐赠、出售材料的账务处理不正确，不按规定交纳增值税。

③对本期领用未消耗材料没有办理假退库手续，导致生产成本不实。

④人为多计或少计存货发出的成本，以达到调节利润的目的。

（4）领用环节。

①领用过程中计价不准：计价不准将直接影响到企业的成本和利润，这种情况往往是会计人员疏忽大意或者业务不熟造成的。

②私自将原材料运出厂，而账面上没有反映。这种情况下很可能存在会计舞弊现象。

③领用手续不全，不符合审批手续。由于业务繁忙，存在先领料后补手续的情况，可能有人利用内部控制的弱点，将材料偷盗出去。

2. 熟悉清盘原材料的方法

（1）核对法。相关人员可以对原材料的实存数与账存数进行核对，查看是否有误差；核对原材料入库单和购货单，检查入库环节是否发生原材料短缺；核对出库单和领料单，检查原材料出库日期和手续办理日期之间是否存在时间差；进行账账核对、账表核对，检查会计记录上是否存在问题。

（2）盘存法。会计人员应在所有经济业务登记入账的基础上，将原材料的明细账与总账进行核对，在账账相符的情况下编制原材料账存清单；成立由经营管理人员、内部审计人员、会计人员组成的盘点小组，采取科学、合理的方式、方法对原材料进行实地盘点，对原材料的账存清单和实存清单所列内容进行核对，以确定账实是否相符。

3. 注意非货币性交易

（1）检查企业中是否存在非货币性交易换入原材料的情况，如以材料、产品、固定资产、无形资产换入原材料。

（2）检查非货币性交易换入材料的入账价值，看入账人员是否将换出资产的账面价值减去可抵扣的增值税进项税额后的差额，加上应支付的相关税费，作为实际成本。涉及补价的，检查材料的入账价值是否正确：收到补价的企业，将换出资产的账面价值减去可抵扣的增值税进项税额后的差额，加上应确认的收益和应支付的相关税费，减去补价，作为换入材料的实际成本；支付补价的企业，将换出资产的账面价值减去可抵扣增值税进项税额后的差额，加上应支付的相关税费和补价，作为换入材料的实际成本。

总之，原材料是容易发生错弊的资产之一，企业要定期对原材料进行盘点，防范原材料出现非正常损失。

关键点提示

防范原材料错弊的环节涉及：

1.采购环节；2.储存环节；3.计价环节；4.领用环节。

3.17 如何检查待摊费用

工作场景描述

当要加强对待摊费用的检查与控制时，可查看。

解读与分析

待摊费用是指在权责发生制的要求下，企业已经支付但应由本期和以后各期分期摊销，且摊销期在1年以内的有关费用。待摊费用属于企业的重要资产，在财务清查过程中，要加强对待摊费用的检查。

1. 熟悉待摊费用错弊

（1）列作待摊费用的内容不真实、不正确、不合法。

可列作待摊费用的项目主要如下。

①低值易耗品摊销，出租出借包装物价值摊销。

②预付保险费、报纸杂志费、固定资产租金。

③固定资产修理费，其摊销期在1年以内的费用。

④一次购入印花税票或缴纳印花税数额较大时对应的印花税。

（2）待摊费用计算有误，故意多摊或少摊待摊费用，人为增减待摊费用，以达到调节当期利润的目的。

（3）将属于待摊费用的项目，列作其他费用。

（4）将本属于“长期待摊费用”账户核算的内容列入“待摊费用”账户核算。有的企业利用这种手法，达到调节有关会计期间经营成果的目的。

（5）冒领低值易耗品，加大企业的待摊费用。

2. 运用检查法

（1）检查待摊费用内控制度。检查内部控制制度，主要是检查企业是否建立了职责明确的分工制度，还要注意检查待摊费用的归集、分配是否严格按照会计制度的规定，以及摊销期限等问题。

（2）检查是否有超过1年的待摊费用。待摊费用的账户余额较小，容易被人忽视，有的员工故意将不合理的支出项目记在待摊费用下，以逃避管理者的监督。为了避免发生这种行为，相关人员需要检查待摊费用的合理性，确定其受益期限，判断其是否超过1年，如果超过1年，就不应在此账户下对其进行核算。

（3）进行核对。根据明细账中的记录，核对记账凭证，根据原始凭证中的有关资料，重新计算检查当期应摊销的待摊费用金额，将其与“待摊费用”账户反映的实际摊销数额进行核对。将资产负债表中的“待摊费用”“预提费用”等项目金额与其账户所对应的期末余额进行核对。

3. 掌握实用技巧

（1）查阅待摊费用明细账，确认待摊费用发生的具体业务内容，确定其受益对象，确定应摊入的科目，看是否存在摊销对象不正确的问题。

（2）查证企业待摊费用计算有无错误，验证是否存在计算差错或人为舞弊行为。

（3）查阅“管理费用”“营业费用”等明细账，看是否存在将所付费用一次计入的情况。

（4）查证并对比“待摊费用”明细账某项目前后几期的贷方记录金额，分析有无不相等的情况。

由于“待摊费用”科目核算的事项较多，而且不存在一定的规律，故管理者要加强对待摊费用的管理。

关键点提示

检查待摊费用的方法有：

1.检查待摊费用内控制度；2.检查是否有超过1年的待摊费用；3.进行核对。

3.18 如何检查固定资产的减少

工作场景描述

当要对减少的固定资产进行检查时，可查看。

解读与分析

固定资产的减少通常是由以下原因引起的：固定资产报废、固定资产毁损、固定资产投资或捐赠减少、固定资产盘亏等。对固定资产的减少，企业要有足够的重视。

1. 分类检查

（1）固定资产报废检查。检查审批手续是否健全，报废原因是否正常，清理报废的出售作价是否合理，以及有关报废清理的账务处理是否正确。

（2）对投出、捐出、售出的固定资产进行检查。检查投出、捐出、售出的原因是否合理，手续是否齐全，作价是否合理，账务处理是否正确。

（3）对盘亏、毁损的固定资产进行检查。对盘亏的固定资产要查明盘亏的原因，看盘亏是否经有关部门批准；对毁损的固定资产，要检查毁损报告、毁损证据，核实毁损的原因，据以确认毁损的合理性，同时要审查毁损残值处理是否合理、合法。

2. 错弊及应对措施

（1）固定资产业务纪录不真实，主要表现为：虚列固定资产盘亏、毁损报废、投出等，实则将固定资产私自出售、隐瞒收入。

相关人员应仔细核对固定资产减少的业务记录，查证有关资产的去向。

（2）固定资产出售错弊。

①固定资产出售时的作价不合理。

②对出售固定资产所得价款的处理不正确。

③对固定资产出售过程中发生的费用处理不正确。

④固定资产净损益转入账户有误，没有依筹建期间的净损益增加或减少长期待摊费用，并将正常生产经营期间的净损益转入营业外项目。

相关人员在审阅“固定资产”明细账时，若发现被查单位存在出售固定资产的情况，应将所出售资产的账面价值与实际售出价进行核对，如从中发现疑点及问题，应进一步予以查证。

（3）固定资产报废、毁损业务处理错弊。

①对固定资产清理报废的残值收入处理不正确，将其计入结算类账户，以用于日后非法支出。

②将发生的清理费计入生产或经营费用。

③将本已清理完毕的固定资产清理净损失或净收益长期挂账不结转。

检查到“固定资产”明细账中减少业务中有报废毁损的，相关人员应仔细查找其相关凭证，确定账务处理是否正确。

（4）固定资产盘点的错弊。未经审批，将待处理固定资产损益直接转入当期损益，使企业无法控制流失资产。

遇到这种情况，企业需要进行实地盘点，对盘亏固定资产处理进行审批手续和账务处理的检查。

企业要加强固定资产管理，要特别注意固定资产的减少，尤其是非正常原因的减少。

关键点提示

固定资产减少的错弊有：

1.固定资产业务纪录不真实；2.固定资产出售错弊；3.固定资产报废、毁损业务处理错弊；4.固定资产盘点的错弊。

3.19 如何检查固定资产的增加

工作场景描述

当要准确了解固定资产的增加情况时，可查看。

解读与分析

与流动资产相比，固定资产虽然交易频率低，变现能力弱，但其占企业总资产的比例较高，是企业正常生产经营必不可少的要素，也是企业生产能力和生产实力的反映。因此，企业要加强对固定资产的控制。

1. 检查合法性

（1）购进的固定资产。

①审查购进业务有无计划及审批手续。

②购进数量和质量是否符合计划，主要通过审查有关固定资产的验收记录手续及检验证明来验证。

③购进固定资产的计价是否正确，主要通过审核有关固定资产购进的原始发票、运杂费支出证明及安装费支出凭证来判断计价是否正确。

（2）建造的固定资产。

①对处于建造前期的固定资产，重点检查其可行性研究报告及有无建造审批计划，有关手续是否完备。

②对处于施工阶段的工程，重点检查工程的作业进度与工程成本、费用是否相符，对成本是否进行了必要控制，是否造成工程成本与预算脱节。

③对建造完工交付使用的固定资产，检查其是否已被交付使用，但未转“固定资产”账；对已交付使用但未办理竣工决算手续的，可先按暂估价转入“固定资产”账，待决算出来后再予以调账。

④对出包工程，应重点检查出包合同、实际与承包企业办理工程价款结算的凭证。

（3）接受投入的固定资产。重点检查其投资合同，双方协商评估价是否合理，如有明显不合理，是否经资产评估机构评价，有无以次充好以骗取投资收益的投入资产。

（4）盘盈的固定资产。重点检查其是否被确定为未曾入账和超过账面数量的固定资产，账务处理是否正确。

2. 核查入账价值

（1）购置的固定资产：实际支付的买价、包装费、运输费、安装成本、缴纳的增值税等。

（2）自行建造的固定资产：该项资产达到预计可使用状态前发生的全部支出。

（3）出包建造的固定资产：工程结算价款。

（4）接受投入的固定资产：投资双方确认的价值。

（5）融资租入的固定资产：按租赁开始日租赁资产的原账面价值与最低租赁付款额的现值中较低者计入；如果融资租赁资产占企业资产总额比例小于或等于30%，在租赁开始日，企业也可将最低租赁付款额作为固定资产的入账价值。

（6）接受捐赠的固定资产。

①如果捐赠方提供了有关凭据，则将凭据上标明的金额加上应支付的相关税费，作为入账价值。

②捐赠方没有提供有关凭据的同类或类似固定资产，如有活跃市场，则将同类或类似固定资产市场价格加上应支付的相关税费作为入账价值；如不存在活跃市场，则将预计未来现金流量的现值作为入账价值。

3. 实用技巧

（1）固定资产增加业务不真实、不合法。相关人员可通过查阅、核对、复核反映固定资产增加业务的会计资料，分析有关情况并查证问题。

（2）固定资产增加计价不正确。相关人员检查“固定资产”明细账或反映固定资产增加业务内容的会计凭证，并与相应的会计资料进行对照，如发现疑点，应进一步查证。

（3）固定资产增加账务处理不正确。相关人员可检查固定资产明细账或检查、核对反映固定资产增加业务的会计凭证及其所附原始凭证。

固定资产增加时，管理者对其入账价值真实性的检查是固定资产清查的关键。

关键点提示

1. 检查固定资产增加的合法性的内容包括：

（1）检查购进的固定资产；（2）检查建造的固定资产；（3）检查接受投入的固定资产；（4）检查盘盈的固定资产。

2. 核查固定资产的入账价值的内容包括：

（1）购置的固定资产；（2）自行建造的固定资产；（3）出包建造的固定资产；（4）接受投入的固定资产；（5）融资租入的固定资产；（6）接受捐赠的固定资产。

3.20 如何检查无形资产

工作场景描述

当要加强对无形资产的控制时，可查看。

解读与分析

无形资产是企业为生产商品或者提供劳务，出租给他人或为管理目的而持有的，没有实物形态的非货币性长期资产，包括专利权、非专利技术、商标权、著作权、土地使用权、商誉等。由于无形资产在形式上具有无形的特点，故企业在管理中应当特别重视。

1. 了解常见错弊形式

（1）没有合法证书，或者没有经过法定程序确认而增加无形资产账面记录。

（2）没有取得法定依据，或不经过法定程序而故意多计或少计无形资产价值。

（3）转让、出售行为没有得到必要的授权，无形资产的售价确定没有合法依据，对转让、出售无形资产带来损益的会计处理不恰当。

（4）换入的无形资产入账价值确认偏低或偏高，对收到补价的收益确认不正确。

（5）摊销期限确定不合理，任意多摊或少摊无形资产成本，没有将无形资产成本摊入管理费用，而是计入生产成本或销售费用。

2. 无形资产检查的主要内容

（1）检查入账价值。企业对无形资产进行确认必须满足一定的条件。只有当该项资产产生的经济利益很可能流入企业，其成本能够可靠计量时，企业才能对其加以确认。比如，企业增加无形资产时没有合法的证明文件，或者没有经过法定程序确认；无形资产已经超出法定有效期，企业没有及时做出会计处理；在没有发生企业合并或接受其他单位商誉投资的情况下，对商誉确认入账等。这些行为和事项都可能致使企业对无形资产做出不正确的确认。

在检查无形资产业务时，相关人员应检查企业的无形资产增加是否有合法的证明文件，比如专利权证书；检查是否为各种形式增加的无形资产办理了必要的产权转让手续；通过检查无形资产账户，检查企业商誉的作价入账是否只是在企业合并情况下发生。

（2）检查计价。

①对于购入的无形资产，将实际支付的价款作为实际成本。

②对于投资者投入的无形资产，将投资各方确认的价值作为实际成本。

③对于企业通过债务人以非现金资产抵偿债务方式取得的无形资产，或以应收债权换入的无形资产，将应收债权的账面价值加上应支付的相关税费作为实际成本。

④对于以非货币性交易换入的无形资产，将换出资产的账面价值加上应支付的相关税费作为实际成本。涉及补价的，按以下规定确定换入无形资产的实际成本：收到补价的，将换出资产的账面价值，加上应确认的收益和应支付的相关税费，减去补价后的余额作为实际成本；支付补价的，将换出资产的账面价值加上应支付的相关税费和补价作为实际成本。

（3）对于接受捐赠的无形资产，应按以下规定确定其实际成本。

①捐赠方提供了有关凭据的，将凭据上标明的金额加上应支付的相关税费，作为实际成本。

②捐赠方没有提供有关凭据的，按如下顺序确定其实际成本：如同类或类似无形资产存在活跃市场，则将同类或类似无形资产的市场价格估计金额，加上应支付的相关税

费作为其实际成本；如同类或类似无形资产不存在活跃市场，则将接受捐赠的无形资产的预计未来现金流量现值作为其实际成本。

（4）自行开发并按法律程序申请取得的无形资产，将依法取得时发生的注册费、聘请律师费等费用，作为无形资产的实际成本。

3. 检查摊销处理

无形资产的摊销年限按如下原则确定：合同规定受益年限但法律没有规定有效年限的，摊销年限不应超过合同规定的受益年限；合同没有规定受益年限但法律规定了有效年限的，摊销年限不应超过法律规定的有效年限；经营期短于有效年限的，按不超过经营期的年限推销；合同规定了受益年限，法律也规定了有效年限的，摊销年限不应超过受益年限和有效年限两者之中的较短者；合同没有规定受益年限，法律也没有规定有效年限，则摊销年限不应超过10年。

在实际工作中，无形资产摊销的错弊主要表现为摊销期限不合规、摊销金额不正确、摊销费用的列支不正确。在检查该项目时，相关人员首先要收集企业有关证书，如专利权证书、商标注册证等，了解被检查的无形资产有无法定使用期限；然后根据有关无形资产的法规，判断企业无形资产有效期限的确定是否正确、合规；最后，通过审阅会计凭证、相关账簿，查证企业无形资产摊销是否按规定计入了管理费用。

无形资产对企业的发展有重要影响，企业要加强对其的控制。

关键点提示

检查无形资产时，企业应该：

1.了解常见错弊形式；2.检查入账价值；3.检查计价；4.检查摊销处理。

3.21 如何审查主营业务收入

工作场景描述

当要对主营业务收入进行审查时，可查看。

解读与分析

主营业务收入是指企业销售商品、提供劳务等日常经营活动中所产生的收入，它是企业最主要和最稳定的收入来源。因此，管理者要加强对主营业务收入的管理。

1. 确认主营业务收入

确认主营业务收入有以下几个原则。

（1）在现收现付的情况下，如果货款已经收到，发票和提货单一并交给买方，无论商品是否已经发出，都确认收入的实现。

（2）采用预收账款方式销售商品时，在产品或者商品发出时确认收入的实现。

（3）委托其他企业代销的商品，收到代销单位的代销清单后确认收入的实现。

（4）采用分期付款结算方式销售商品时，按合同约定的收款日确认收入的实现。

2. 审查内控制度

内部控制制度审查的主要内容如下。

（1）审查是否对所有销货业务都建立了订货合同制度。

（2）审查是否建立了开票和结算制度。

（3）审查是否建立并完善了退货及折扣制度。

（4）审查是否建立了销售价格审批制度和仓库发货制度。

3. 防范常见错弊

（1）对销售发票管理不严而出现的错弊。

①涂改或撕毁产品销售发票。

②以收据代替发票或不开发票。

③发票内容虚假，如将大额销售填为小额销售。

④年底开出虚假发票作为应收账款，下年初进行红字冲销做退货处理，以增加业绩。

（2）销售收入的入账时间不正确。

①将预收的销货款提前转作销售收入虚增利润，或已向预付款方发出商品但不做销售收入，隐匿利润。

②采用托收承付结算方式时，为调减当期利润，延期办理托收手续，或为调增利

润，尚未办妥发出商品托收手续即做销售收入。

③采用交款提货销售方式时，在款已收到，提货单和发票已交给买方，但买方尚未提货情况下，未做销售收入。

④委托收款结算方式下，在未收到代销方清单时提前做销售收入，以虚增利润，或收到代销方好处且为虚减利润推迟交税而故意推迟代销产品结算。

（3）销售收入的入账金额不真实。

①在直接销售交款提货方式下，为隐匿收入，将销售收入挂至“应付账款”或“其他应付款”下。

②税法规定，在建工程领用产成品或为企业职工发放福利领用产成品，视同销售，即应交纳增值税，会计不应做销售收入。在此情况下，会计可能为虚增利润而做销售收入。

③将产成品作为利润分配时，按规定应做销售收入，相关人员可能会为虚减利润和少交税而不做销售收入。

④采用以旧换新方式销售产品时，只将差价列作销售收入。

⑤利用关联方交易的销售价格人为调节当期利润。

⑥销售自制半成品时未做销售收入而直接冲减生产成本。

（4）销售折扣与折让错弊。

①折扣与折让事项未经审批。

②虚设折扣与折让事项，冲减销售收入。

③随意变更折扣率和折让率，给违法违纪行为以可乘之机。

（5）销售退回错弊。

①对退回的商品不入账，形成账外物资。

②退回商品时不冲减营业收入，而是挂往来账。

③为调节当期利润，对于退回的商品，只冲减主营业务收入，而不冲减相应的主营业务成本。

④利用虚拟退货达到舞弊目的。

4. 审核要点及方法

（1）检查销售发票。

①检查销售发票是否装订成册，并编有连续号码。

②检查空白发票是否被妥善保管。

③检查未使用的发票和正在使用的发票的本数和号码是否连续。

④检查销售发票上的要素填列是否齐全，要特别注意有无经办人和收款人的签章。

⑤检查销售发票上开列的价格是否合规合理。

⑥将销售发票与发货记录进行核对，检查有无销售产品而未开发票的情况。

（2）审阅“主营业务收入”“预收账款”“应收账款”“应付账款”“产成品”“分期发出商品”等明细账摘要栏，看其列入和转入的销售收入的时间是否存在疑点。如有疑点，应进一步追查销售合同、发运证明、托收回单与有关凭证，要特别注意查证期末前几天的销售账，审查有无开发票后不入销售收入账的情况。

（3）审查银行存款日记账，主营业务收入、主营业务成本等明细账和有关记账凭证、原始凭证，并进行核对，看是否相符。如银行存款账户有付出退货款记录，而主营业务收入、产成品中无相应冲减记录，则表明销售退回未入账或可能存在虚假退货；如主营业务收入账户中有退回记录，则说明销售退回只冲减销售收入，未冲减销售成本，虚减利润。应特别注意审查期初期末结账时的退货，防止年终虚列销售，次年初做假退货以红字发票冲销。

（4）审查企业是否以前收到了预收货款，商品是否确已发出，有无将已收到的货款不入账，转为下年度收入，或开具假出库凭证、虚增收入等现象；审查企业是否已收到货款或取得收取货款的权利，发票账单和提货单是否已交给对方，有无扣压结算凭证转为下年度收入，或开假发票虚增收入到下年度再冲销的情况；审查企业是否发货，托收手续是否办妥，入账是否及时，注意发货运单是否真实，托收承付结算回单是否正确；审查企业是否在合同约定日即确认销售收入实现，而不论款项是否收到，有无产品发出时即确认全部销售收入或推迟入账，以虚增、虚减当期收入的现象。

主营业务收入是企业利润最主要的来源，在进行财务清查时应该重视审查主营业务收入，防范主营业务收入出现错弊现象。

关键点提示

审核主营业务收入时，企业应该：

1.确认主营业务收入；2.审查内控制度；3.防范常见错弊；4.掌握审核要点与方法。

3.22 如何检查生产成本

工作场景描述

当要检查生产成本时，可查看。

解读与分析

在激烈的市场竞争中，产品成本决定企业命运。产品成本要如实反映财务状况、经营成果，企业需要真实的成本信息作为决策依据。因此，企业对生产成本进行审查控制是十分必要的。

1. 防范常见错弊

（1）乱列成本。

①通过销售部门开具假发票等各种手段，将购置的固定资产列入生产成本。

②将自建工程中使用的动力费及人工费，列入直接材料费。

③利用职务之便，将购买的消费品，如冰箱、彩电等列入生产成本。

（2）偷换时期。

①对原材料进行核算时以领代耗，将投入产品及应由本期和以后各期分别负担的材料全部计入本期产品成本。

②应将由以前各期预提列入生产成本的外购燃料动力费用，全部列入本期直接材料。

（3）利用职权虚增、虚减成本

①利用材料假出库，虚列产品生产成本。

②多计生产工人人数，虚增直接人工费。

③将非定额内的损失计入成本，提高材料单价，从而使产品成本中的直接材料费增加，导致企业生产成本虚增。

④直接提高材料单价，增加产品直接材料费用项目的成本。

⑤虚减成本费用，调节当期损益。

2. 熟悉检查内容

（1）检查企业的成本控制制度和产品成本计算方法。

（2）检查辅助生产的生产成本。

（3）检查基本生产车间制造费用及其分配的真实性、合规性及正确性。

（4）检查基本生产车间各种产品的各项直接费用是否真实、正确。

①检查基本生产总成本在完工产品与在产品之间的分配是否真实、正确。

②检查产品成本结转情况。

③检查生产成本总账与明细账是否相符；检查基本生产明细账是否与各种产品成本的总和相符；检查生产成本总账是否等于基本生产成本与辅助生产成本外销部分之和。

3. 运用检查方法

（1）检查基本生产和辅助生产明细账记录的各项费用内容和数额是否有异常现象。检查企业“在建工程”“应付福利费”“固定资产”等明细账，根据记录，结合实物资产进行分析，从支出内容和支出水平的波动大小上找疑点，进一步查证成本明细账，调阅会计凭证和原始资料，查出问题。

（2）检查生产成本明细账，看记录的材料费用是否有数额过大或过小的不正常现象，对超定额的业务，进一步追查多领用的原因。检查预提费用明细账，看预提对象和计算是否真实、正确，并与生产成本明细账进行核对。

（3）检查企业对生产费用在完工产品和在产品之间的分配是否合适，确定是否被任意变更，如有变更，检查企业是否计算了其对利润的影响数。检查在产品明细表，复核计算在产品完工程度是否正确，并与在产品期末数进行核实。

（4）根据核算直接材料费、直接人工费的各种基础资料，如领退料，退料单、材料分配表，工资计算表，工资分配表等，对“生产成本”明细账进行审查，并与有关明细分类账进行核对，找出虚增、虚减生产成本的疑点，结合库存盘点、生产工人的清点、核实不同成本价值定额的方法，进一步核实和确认虚增、虚减生产成本的舞弊问题。

生产成本是影响企业在市场竞争中成败的关键因素。因此，企业一方面要采取各种措施，降低生产成本；另一方面，要防范人为抬高或压低生产成本。

关键点提示

检查生产成本时，企业应该：

1.防范常见错弊；2.熟悉检查内容；3.运用检查方法。

3.23 如何实施会计报表审核

工作场景描述

当想掌握会计报表审核方法时，可查看。

解读与分析

会计报表审核有许多种方法，掌握一些常用的方法是进行会计报表审核的基础。以下是一些常见的方法。

1. 审阅法

审阅法就是对报表进行仔细阅读和审视性检查，看其是否存在问题，如各项目是否齐全，内容是否被充分反映，各种钩稽关系是否存在，各项目数据是否正常，文字说明是否准确等，如发现异常之处，则应进一步审查有关资料。

2. 复核法

对报表中所列有关计算结果进行重新计算检验，看是否存在计算错误，尤其是对报表中的小计、合计和总计进行复核，对其应有的平衡关系进行复核，如发现错误，判断其产生原因及性质，并及时纠正。

3. 核对法

对会计报表有关数据与账簿资料以及报表之间有关数据进行账表核对，如不符，查明原因。

4. 分析性复核法

分析被查项目重要的比率或趋势，包括调查这些比率或趋势的异常变动，及其与预期数据和相关信息的差异。分析性复核法主要包括简单比较法和比率分析法：简单比较法是指对比本期与上期有关指标的绝对数，以确定是否存在异常；比率分析法是将本期相对数指标与企业各期进行纵向比较，或与同行业其他企业进行横向比较，以确定是否存在异常。

管理者在审查报表时，要选择恰当的审核方法，以提高效率。

关键点提示

会计报表审核的方法有：

1.审阅法；2.复核法；3.核对法；4.分析性复核法。

3.24 如何加强会计报表审核

工作场景描述

当要加强对会计报表的审核时，可查看。

解读与分析

在无法证明企业所编制的会计报表公正、客观的情况下，为了纠错防弊，企业就必须加强对会计报表的审核，提高会计报表的可信度。

1. 明确审核目的

一般来说，审核会计报表的目的是增强会计报表的公允性、合法性、一贯性。

（1）公允性。检查会计报表在所有重大方面是否真实、完整地反映了企业的财务状况、经营成果及现金流量，有无夸大利润、资产，隐瞒亏损、负债等情况。

（2）合法性。检查会计报表的编制及其会计处理是否遵循了会计准则和有关财务会计法规制度的规定，披露的内容是否真实、有无误导。

（3）一贯性。检查被查企业采用的会计处理方法是否前后一致。若发生会计处理方法变更，审查该变更是否必要、合理，以及是否在会计报表附注中进行了披露。

2. 检查重点项目

（1）常规性检查。

①报表编制是否符合规定的手续、程序；各种报表的编制内容是否齐全。

②报表截止日期是否适当。

③资料来源是否可靠。

④内容是否完整。

⑤各项目数据是否正确。

（2）钩稽关系审查。

①前期报表与本期报表的关系，即本期报表中有关项目的期初数是否等于上期报表的期末数，本期报表中的有关累计数是否为上期报表的累计数加本期发生数。

②本期报表内部各项目之间的钩稽关系。

③各类报表之间的钩稽关系，如资产负债表中的“未分配利润”是否等于利润分配表中的“未分配利润”。

④主表与附表之间的钩稽关系，如现金流量表正表中的“现金及现金等价物净增加额”是否等于补充资料中的“现金及现金等价物净变动情况”，现金流量表正表中的“经营活动产生的现金流量净额”是否等于补充资料中的“将净利润调节为经营活动产生的现金流量”。

（3）对具体内容的检查：对报表中的有关数据进行审查分析，验证报表中的数据是否真实、正确地反映了企业的财务状况、经营成果和现金流量。

加强会计报表审核是提高会计报表真实度和可信度的重要举措。

关键点提示

会计报表重点项目审核的内容包括：

1.常规性检查；2.钩稽关系审查；3.对具体内容的检查。

3.25 如何审核资产负债表

工作场景描述

当要进行资产负债表审核时，可查看。

解读与分析

资产负债表可表明企业在某一特定时点所拥有或控制的经济资源、所承担的现有债务和所有者对净资产的要求权。企业应该加强对资产负债表的审核，以达到真正了解企业经济资源和承担负债的目的。

资产负债表是反映企业某一特定时期财务状况的会计报表，它是根据资产、负债和所有者权益之间的相互关系，按照一定的分类标准和一定的顺序，将企业一定时期的资产、负债和所有者权益各项目适当排列，并对日常工作中形成的大量数据进行高度浓缩整理后编制而成的。

1. 明确审核目的

审核资产负债表主要是为了明确以下内容。

（1）各项资产是否实际存在，资产的余额是否正确，有无账外资产；各项负债是否真实，有无账外负债；所列各项所有者权益是否正确。

（2）资金结构是否正常、合理，所反映的经济实力高低是否真实。

（3）盈亏的真实性，财务状况是否良好。

2. 审核结构形式

资产负债表采用左右平行的账户式结构：左方为资产，全部项目按资产的流动性强弱排列；右方为负债、所有者权益，全部项目按求偿权先后顺序排列。这些项目的排列方式是由会计制度规定的。填报时，不得有漏填，以保证报表的完整性，应检查各项目是否填列齐全，报表的结构、形式、内容是否与会计制度相一致，同时应检查编制单位、填报日期、有关签章是否已按要求填写齐全。

3. 审核平衡关系

资产负债表的平衡关系包括如下内容。

（1）资产总计=负债和所有者权益总计

（2）资产总计=流动资产合计+长期投资净额+固定资产合计+无形资产及递延资产+其他资产。

（3）流动资产合计=货币资金+交易性金融资产+应收账款+应收票据+应收股利+应收利息+预付账款+其他应收款+存货+其他应收款+一年内到期的非流动资产+其他流动资产

（4）固定资产合计=固定资产净值+工程物资+在建工程+固定资产清理+待处理固定资产净损失

（5）流动负债合计=短期借款+应付票据+预收款项+应付账款+应付工资+应交税费+应付利息+应付股利+其他应交款+其他应付款+预计流动负债+其他流动负债

（6）负债合计=流动负债合计+长期负债合计。

（7）长期负债合计=长期借款+长期应付款+应付债券+其他长期负债。

（8）所有者权益合计=实收资本+资本公积+盈余公积+未分配利润。

4. 审核真实性

资产负债表项目的真实性，是指资产负债表项目数字填制来源正确。

（1）对根据各有关总账科目的期末余额填列的项目，应将其与各有关总账科目的期末余额相核对，如流动资产项下的短期投资、应收票据、坏账准备、其他应收款、待摊费用；固定资产项下的固定资产原价、累计折旧；无形资产项下的无形资产、递延资产；流动负债项下的短期借款、应付票据、未交税金、未付利润、其他未交款、预提费用、待扣税金等。

（2）对需要汇总、抵消或分析才能填列的项目，应将其与各有关总账科目余额相加或相抵及分析的数额相核对。如“货币资金”项目，应与“现金”“银行存款”“其他货币资金”各科目的期末余额合计相核对；“未分配利润”项目应与“本年利润”科目和“利润分配”科目的余额计算对比结果相核对。

（3）对需要根据明细科目期末余额或其合计填列的项目，应将其与各有关明细科目期末余额及其合计进行核对。如“应付账款”项目，应与“应付账款”科目所属有关明细科目的贷方期末余额合计相核对。

（4）对资产负债表“年初数”栏内的各项数字，应将其与上年末资产负债表“期末数”栏内所列数字相核对。如果本年度资产负债表规定的各个项目的名称和内容同上年度不一致，应查明被审查单位对上年年末资产负债表各项目的名称和数字是否按照本年的规定进行调整后，填入本表“年初数”栏内的。

资产负债表有“企业财务第一会计报表”之称，企业管理者要保证其真实性。

关键点提示

审核资产负债表时，相关人员应该：

1.明确审核目的；2.审核结构形式；3.审核平衡关系；4.审核真实性。

3.26　如何审核利润表

工作场景描述

当要进行利润表审核时，可查看。

解读与分析

管理者进行利润表审核能够明确如下内容：利润表各项目数字是否真实、正确；形成利润的各种因素是否合法、合理，有无弄虚作假、违反国家规定的行为；实现利润在各时期的增减变化情况是否正常，以揭示存在的问题；利润分配是否正确，以查明利润的去向。

利润表是反映企业一定期间生产经营成果的会计报表。对一定期间的收入与其同一会计期间相关的费用进行配比，可以计算企业一定期间的净利润。通过利润表，企业可以从总体上了解企业收入、成本、费用及净利润（或亏损）的情况。

1. 审核结构形式

（1）利润表的结构。利润表采用的是多步式结构，计算填列步骤如下。

①以主营业务收入为基础减去主营业务成本、主营业务税金及附加，计算出主营业务利润。

②以主营业务利润为基础，加其他业务利润，减营业费用、管理费用、财务费用，计算出营业利润。

③以营业利润为基础，加投资收益、补贴收入、营业外收入，减营业外支出，计算出利润总额。

④以利润总额为基础，减所得税，计算出净利润。

（2）利润分配表的结构。利润分配表采用多步式结构，计算填列步骤如下。

①以净利润为基础，加上年初未分配利润以及盈余公积转入数，计算出可供分配的利润。

②以可供分配利润为基础，减去提取的盈余公积，计算出可供投资者分配的利润。

③以可供投资者分配的利润为基础减去应付利润，得出年末结余的未分配利润。

2. 审核真实性

（1）审核利润表。

①将各项目的数据与对应账户的本期发生额相核对，其中“主营业务收入”应根据该科目的发生额填列，如果该科目贷方发生额登记有销售退回等事项，应抵减借方发生额，按已销产品的实际成本填列。“其他业务利润”“投资收益”“利润总额”等项目，若为亏损应以“ - ”填列。检查各项目数据的真实性，确认其可靠性，检查各项收入、利润的合法性。

②检查各项目数字的正确性，对报表数字与账户发生额进行核对后，进一步检查收入的计算是否符合会计准则的规定；检查成本、费用的计算、归集是否符合会计制度的要求，有无乱摊成本、费用，少记或不记收入的问题，检查销售收入的变动有无异常。

③检查年报中的“上年数”是否根据上年利润表中的“本年累计数”填列，如上年度报表与本年度报表中的项目名称一称、内容不一致，应对上年报表项目的名称、数额按本年度规定进行调整，并将其与上年数额相核对，检查其编制的正确性。

（2）审核利润分配表。

①应检查数额是否正确。“净利润”项目的数额应与“利润表”中的净利润一致，“未分配利润”应与“利润分配”账户的年终结账后的余额相符。

②检查表内数字间的钩稽关系是否正确，各项目的内容是否合法、真实，是否按规定方法计算、取得。

3. 综合审查利润表

（1）审查年度利润表的编制结构和形式是否合理、合法，利润表中的各个项目、指标的填列是否正确，有无遗漏、错填等现象，指标与指标之间的计算是否正确，净利润是否有误等。

（2）追本溯源，依据账表、账账、账证的关系，审查利润表中的各项目资料与账簿记录的内容是否相符，审查账簿登记的内容与有关的原始凭证、账簿凭证是否相符。

（3）审查与其他报表之间的钩稽关系，即审查利润表中的有关项目资料，看其与资产负债表、财务状况变动表中的有关项目资料是否一致，互相衔接。

管理者在审核利润表时，一方面要审核利润表和利润分配表的结构形式，另一方面要审核报表的真实性。

关键点提示

审核利润表时，应该：

1.审核结构形式；2.审核真实性；3.综合审查利润表。

3.27　如何审核现金流量表

工作场景描述

当要进行现金流量表的审核时，可查看。

解读与分析

现金可以说是一个企业的血液，任何一个财务状况好、利润丰厚的企业，如没有足额的现金支付生产经营的各项开支，同样会出现财务危机。关注现金流量情况是了解企业财务信息的最重要的窗口。因此，加强对现金流量表的检查是企业重要的职责。

1. 审核内容

（1）审核现金流量表有关数据的计算是否准确。现金流量表主要反映现金各项目与非现金各项目之间的增减变动情况对现金流量净额的影响。现金流量净额要与当期的库存现金、银行存款、其他货币资金以及现金等价物的期初期末差额相等。

（2）审核各项目的内容是否填列完整、齐全。经营活动产生的现金流量涉及销售商品或提供劳务、经营性租赁、购买货物、制造产品、广告宣传、推销产品、缴纳税款等；投资活动产生的现金流量涉及取得或收回投资、购建和处置固定资产、无形资产和其他长期资产等；筹资活动产生的现金流量涉及吸收投资、发行股票、分配利润等。

（3）审核各项数据来源是否可靠。

2. 审核编制的合规性

（1）采用工作底稿法编制现金流量表时，应审核其是否按下列步骤进行。

①将资产负债表的期初数和期末数过入工作底稿的期初数栏和期末数栏。

②对当期业务进行分析并编制调整分录。

③将调整分录过入工作底稿中的相应部分。

④核对调整分录。

⑤根据工作底稿中的现金流量表项目部分编制正式的现金流量表，审核企业是否按以上程序进行编制。

（2）采用T形账户法时，应审核其是否按如下编制程序编制。

①为所有的非现金项目分别开设T形账户，并将各自的期末期初变动数过入各账户。

②开设一个大的“现金及现金等价物”T形账户，每边均分为经营活动、投资活动和筹资活动三个部分，左边记现金流入，右边记现金流出，过入期末期初变动数。

③以利润表项目为基础，结合资产负债表，分析每一个非现金项目的增减变动并据此编制调整分录。

④将调整分录过入各T形账户，并进行核对，该账户借贷相抵后的余额与原先过入的期末期初变动数应当一致。

⑤根据大的“现金及现金等价物”T形账户编制正式的现金流量表。

3. 审核钩稽关系

（1）审核报表，计算、复核经营活动产生的现金流量、投资活动产生的现金流量、筹资活动产生的现金流量，看各自的现金收入小计和现金支出小计是否正确无误。

（2）审核三类现金流量净额的计算是否准确，看现金流量净额是否等于各自的现金流入小计与现金流出小计的差额。

（3）审核现金及现金等价物净增加额，看其是否等于经营活动产生的现金流量净额、投资活动产生的现金流量净额及筹资活动产生的现金流量净额之和。

（4）审核附注中的“现金及现金等价物净增加额”，看其与现金流量表中最后一项“现金及现金等价物净增加额”是否金额相等。

（5）查阅固定资产及累计折旧表、固定资产、长短期投资、负债股本等账表资料，分析不涉及现金收支的投资和筹资活动，并与现金流量表中的有关项目进行核对。

（6）对经营活动产生的现金净额进行审查。

①将现金流量表中列示的净利润与利润表中的有关项目进行核对。

②根据资产负债表期末、期初数，分别计算计提的固定资产累计折旧额、待摊费用减少额、无形及递延资产减少额、应收票据减少额、应收款项净额的减少额、存货减少额、应付账款增加额、应付票据增加额、预提费用增加额，并与现金流量表中的有关项目进行核对。

③查阅固定资产及累计折旧表、营业外收入、营业外支出、长期借款、财务费用等账表资料，分析固定资产报废损失、出售固定资产收益、计入损益的长期借款利息，并与现金流量表中的有关项目进行核对。

④将现金流量表中列示的净利润加计提的固定资产累计折旧、待摊费用减少额、存货减少额、应付账款增加额、应付票据增加额、预提费用增加额、计入损益的长期借款利息、固定资产报废损失、出售固定资产收益，与现金流量表中列示的调整后经营活动产生现金增加额进行核对。

⑤根据应交增值税明细表和应交增值税明细账，计算增值税实际收缴净额，并与调整后的经营活动产生的现金增加额汇总，验证其正确性。

4. 分类审核

（1）审核经营活动产生的现金流量。对于报表中经营活动产生的现金流量，重点审核现金流入和流出范围的正确性。审核中，相关人员应以企业本期营业收入和支出为基础，结合检查“银行存款”和“其他货币资金”等账户的记载，确认其范围的正确性。

（2）审核投资活动产生的现金流量。应审核投资活动产生的现金流量确定的范围是否正确，尤应注意投资活动产生的现金流量中不能包括作为现金等价物的投资。通过审核现金流量表，检查表中反映的投资活动产生的现金流量，相关人员可分析企业通过投资获取现金流量的能力，以及投资产生的现金流量对企业现金流量净额的影响程度。

（3）审核筹资活动产生的现金流量。审核中，应将本期现金流量与上期现金流量进行比较，分析企业筹资能力，以及筹资产生的现金流量对企业现金流量净额的影响程度。

企业要想加强对现金流量表的审核，就必须审核其合规性和钩稽关系，并且要分类进行审核。

关键点提示

审核现金流量表时，企业应该：

1.熟悉审核内容；2.审核编制的合规性；3.审核钩稽关系；4.进行分类审核。

3.28 如何审核会计报表附注

工作场景描述

当要审核会计报表附注的真实性时，可查看。

解读与分析

随着企业经济业务的复杂化，为了更好地理解会计报表的有关内容，会计报表附注已不再是会计报表不起眼的附属物，其重要性日益突出。所以，对会计报表附注的审核是非常必要的。

1. 审核会计政策、会计估计变更和会计差错更正

（1）获取被查单位提供的会计政策、会计估计说明，将其与前期采用的会计政策和会计估计进行比较，以识别会计政策、会计估计的变更。

（2）审核被查单位董事会、股东大会、管理部门有关会议记录及会计准则法规，判断会计政策变更的合法性和合规性。

（3）审核与会计估计变更和会计差错更正相关的资料，判断会计估计变更和会计差错更正的合理性。

（4）审核与会计政策、会计估计变更和会计差错更正相关的会计记录，确定其会计处理是否正确。

2. 审核或有事项

（1）可以向被查单位管理部门询问其确定、评价与控制或有事项的方针政策。

（2）向法律顾问或律师函证有关未决诉讼或未决税款估价方面的资料。

（3）索取被查单位与银行间的往来函件，以查找有关应收账款抵借和对其他债务的担保事项。

3. 审核资产负债表日后事项

（1）审核资产负债表日后编制的内部报表及其他相关管理报告。

（2）审核资产负债表日后编制的会计记录和有关会计凭证。

4. 审核关联方关系及其交易

（1）对关联方关系的审核。获取、复核被查单位提供的关联方清单，并采用有关程序，以识别关联方，确定关联方关系的性质。

（2）对关联方交易的审核。

①查阅有关会计记录，询问有关重大交易的授权情况。

②了解与其主要客户、供应商和债权人、债务人的交易性质与范围。

③了解是否存在已发生但未进行会计处理的交易。

④审阅有关存款、借款的询征函和贷款函，检查是否存在名为存款实为关联方购销交易的事项。

（3）审核关联方及其交易的披露是否恰当。

①在存在控制关系的情况下，关联方若为企业，则不论它们之间有无交易，都应披露关联方情况。

②在发生关联方交易时，企业应说明关联方性质、交易类型及其交易要素。交易要素包括交易的金额或相应比例、未结算项目的金额或相应比例、定价政策。

会计报表附注是会计报表的重要补充，管理者要重视对企业会计报表附注的审核。

关键点提示

会计报表附注的审核内容包括：

1.审核会计政策、会计估计变更和会计差错更正；2.审核或有事项；3.审核资产负债表日后事项；4.审核关联方关系及其交易。

第4章

企业纳税筹划常见问题

税收征管法包括《中华人民共和国税收征收管理法》及其实施细则、《中华人民共和国发票管理办法》及其实施细则、《中华人民共和国刑法》中对危害税收征管罪的有关规定。

合法是指纳税筹划不仅符合税法的规定，还应符合政府的政策导向。纳税筹划的合法性，是纳税筹划区别于其他税务行为的一个最典型的特点。

4.1 如何运用税收征管法

工作场景描述

当要了解征纳税的基本行为规范时，可查看。

解读与分析

税收征管法包括《中华人民共和国税收征收管理法》（下简称《税收征管法》）及其实施细则、《中华人民共和国发票管理办法》及其实施细则、《中华人民共和国刑法》中对危害税收征管罪的有关规定。

合法是指纳税筹划不仅符合税法的规定，还应符合政府的政策导向。纳税筹划的合法性，是纳税筹划区别于其他税务行为的一个最典型的特点。

税收征管法是对有关税收征收管理法律规范的总称，内容包含税务管理、税收征收、税务检查和法律责任等税收征管活动各个方面的权利和义务。纳税人只有充分了解税收征管法，才能够更好地维护自己的权益。

1. 税务管理的运用

税务管理是税务机关在税收征管中对纳税过程实施的基础性管理，涉及管理制度和管理行为，是整个税收征管工作的基础环节。

税务管理的内容主要包括税务登记，账簿、凭证管理，纳税申报及发票的管理和使用。对于纳税人而言，必须严格按照税务管理的要求到税务机关进行纳税登记，记录、保存账簿和凭证，按期到税务机关申报纳税，依法使用和保管发票。纳税人在严格遵守税务管理规定的同时，也可以在法律允许的情况下进行有利于自身的筹划。例如，企业可以利用特殊情况下可延期申报的规定实现延期纳税。总的来说，企业只有守法，才能更好地实现自身利益，达到涉税零风险。

2. 税款征收的运用

税款征收的内容主要包括税款征收方式、程序，减免税的核报，核定税额的几种情况，税收保全措施以及税收强制执行措施的运用等。纳税人必须熟悉税款征收法律，以防止税务机关执法错误，导致自身权益受到损害。例如，在税务机关采取不当税收保全措施，或纳税人已在限期内缴纳税款，税务机关未能及时解除保全措施而对纳税人造成一定经济损失时，纳税人可要求税务机关予以赔偿。另外，对减免税的核报和核定税额的规定的了解，可以使纳税人及时、充分地享受减免税的税收优惠。

3. 税务检查的运用

税务检查的内容包括检查纳税人履行纳税义务的情况，检查纳税人遵守财务、会计制度的情况，检查税务人员执行税收征管制度的情况。税务检查相对人享有监督税务机关依法检查的权利，对于税务机关超出范围或违反法定程序的检查，可以拒绝接受。同时，税务机关对检查内容有保密义务。检查相对人应该充分了解自身的权利和义务，使自己的合法权益不受侵犯。

4. 税收征管法律责任的运用

在税收征管活动中，纳税人、扣缴义务人因其违法行为所承担的法律责任主要是行政责任、民事责任和刑事责任。需要承担税收征管法律责任的行为主要有：违反税收管理行为、偷税行为、骗税行为、抗税行为、逃避追缴欠税行为、税务人员职务犯罪行为等。了解税收征管法律责任有利于纳税人、扣缴义务人和管理相对人充分认识法律的严肃性和不可违抗性，促使涉税人员严格遵守税收征管法律，维护法律的威严。

税收征管法是规范税收征收和缴纳行为的法律规范。熟练掌握税收征管法，相关人员可以在法律规范许可范围内进行纳税筹划，并利用相应的法规维护自身的合法利益。

关键点提示

税收征管法的运用主要包括：

1.税务管理的运用；2.税款征收的运用；3.税务检查的运用；4.税务征管法律责任的运用。

4.2　如何申请税务行政复议

工作场景描述

当认为税务机关的具体行政行为违法或不当侵犯其合法权益时，可查看。

解读与分析

税务行政复议是指税务机关依照法律、行政法规的规定，根据税务争议当事人的申请，对发生争议的具体行政行为进行复查，判明其是否合法、适当以及责任的归属，而决定是否给申请人以补救的法律制度。

《中华人民共和国宪法》第13条规定："公民合法的私有财产不受侵犯。"当纳税人认为税务机关和税务具体行政行为侵犯了其合法权益，可以依法向上级税务机关申请行政复议，保护自身的权益。

1. 纳税人申请行政复议的条件

纳税人向复议机关申请税务行政复议时，必须符合下列法定条件，否则复议机关不予受理。

（1）申请人是合法权益被直接侵犯的公民、法人和其他组织，以及外国人、无国籍人、外资企业等。

（2）被申请人必须是税务机关。如果做出具体行政行为的税务机关被撤销、合并，则继续行使其职权的税务机关是被申请人。对法律、法规规定必须上报各级税务机关批准的具体行政行为申请的复议，最初报请批准的税务机关为被申请人。

（3）有具体的复议请求和事实依据。

2. 申请行政复议的期限

为了保障税务机关的正常工作秩序，法律对当事人依法提起复议的权利在时效上做了限制性的规定，若当事人超过一定的时间，未对行政机关的决定做出复议请求的（等于放弃了复议的权利），就必须履行行政机关的决定。否则，行政机关就可以强制执行。

（1）纳税人、扣缴义务人、纳税担保人和税务机关在纳税事宜上发生争议时，必须先缴纳税款或滞纳金，然后可以在收到税务机关填发的缴款凭证之日起60日内向上一级税务机关申请复议。

（2）当事人对税务机关的处罚决定、强制执行措施或者税收保全措施不服的，可以在接到处罚通知之日起15日内向上级机关提出复议申请。

（3）复议申请人由于不可抗力或者其他特殊情况耽误法定申请期限的，可以在障碍消除后的10日内申请延长期限，是否准许由复议机关决定。

3. 纳税人税务行政复议的基本技巧

（1）先缴税后复议。纳税人对税务机关的行政行为不服时，必须先按照规定缴纳税额、滞纳金，然后才可以向上级税务机关申请行政复议。

（2）先执行后复议。纳税人对税务机关的税收保全措施、税收强制执行措施、行政处罚不服时，可以在接到处罚通知之日起或者税务机关采取强制执行措施、税收保全措施之日起15日内提出复议申请。

（3）延长复议申请。复议申请人由于不可抗力或者其他特殊情况耽误法定复议申请期限的，依据《税务行政复议规则》第13条和第14条的规定，可以在障碍消除后10日内申请延长期限，经税务机关批准后，仍具有申请复议的权利。申请延长复议期限时，复议申请人必须提供书面报告。

（4）撤回复议申请。复议申请人如果改变主意，可以撤销申请，但必须符合3个条件，申请人撤回行政复议申请完全出于自愿；申请人撤回行政复议必须是在复议决定作出之前；申请人撤回行政复议申请必须经过专利局行政复议处批准。申请人撤回复议申请后，不得以同样的事实和理由再次申请复议。

（5）注意复议前置程序。根据《税收征管法》及其实施细则的规定，如纳税人、扣缴义务人、纳税担保人对税务机关确定纳税主体、征税对象、征税范围、减税、免税及退税、适用税率、计税依据、纳税环节、纳税期限、纳税地点，以及税款征收方式等具体行政行为有异议而发生争议，在提起诉讼时，必须经过复议前置程序。纳税人在维权时应该对此高度注意。

关键点提示

纳税人进行税务行政复议的基本技巧：

1.先缴税后复议；2.先执行后复议；3.延长复议申请；4.撤回复议申请；5.注意复议前置程序。

4.3 如何开展税务行政诉讼

工作场景描述

当认为税务机关的具体行政行为违法或不当时，可查看。

解读与分析

税务行政诉讼是用以保护纳税人、扣缴义务人等税务当事人和其他行政相对人利益，监督税务机关依法行政的工具。

税务行政诉讼是指公民、法人或其他组织认为税务机关及其工作人员的具体税务行政行为违法或者不当，侵犯了其合法权益，而依法向人民法院提起行政诉讼，由人民法院对具体税务行政行为的合法性和适当性进行审理并做出裁决的司法活动。

1. 税务行政诉讼的条件

纳税人提起税务行政诉讼必须具备以下条件。

（1）原告是认为其合法权益受到税务机关侵害的公民、法人或其他组织。

（2）被告明确、有组织。

（3）有具体的诉讼请求和事实依据。

（4）在人民法院受案范围和管辖权限内。

2. 税务行政诉讼的受案范围

在现实生活中，税务行政争议的种类很多，范围很广，不可能所有的争议都通过诉讼解决。明确税务行政诉讼的受案范围是非常必要的。税务行政诉讼的受案范围如下。

（1）税务机关做出的征税行为，包括：征收税款，加收滞纳金，审批减免税和出口退税，税务机关委托扣缴义务人做出的代收代扣税款行为。

（2）税务机关做出的责令纳税人提交纳税保证金或者纳税担保的行为。

（3）税务机关做出的行政处罚行为，包括：罚款，没收违法所得，停止出口退税权。

（4）税务机关做出的税收保全措施。

（5）税务机关做出的税收强制执行措施。

（6）税务机关做出的通知出境管理机关阻止出境的行为。

（7）税务机关拒绝向申请人颁发税务登记证、发售发票或者不予答复的行为。

（8）税务机关的复议行为，包括改变了原具体行政行为和复议期满税务机关不予答复。

3. 税务行政诉讼的基本技巧

（1）在有效期内提起诉讼。纳税人必须在有效期内（一般是接到通知或决定的15日内）提起诉讼，若存在不可抗力或其他特殊情况耽搁了法定限期，可在障碍消除后10日内申请延长诉讼期限。

（2）依期上诉。《中华人民共和国行政诉讼法》规定，诉讼人对一审判决有疑义的，可在判决书送达之日起15日内向上级人民法院提起上诉；诉讼人对一审裁定有疑义的，可在裁定书送达之日起10日内向上级人民法院提起上诉。对诉讼结果不服的诉讼人必须在严格的期限内向上级法院提起上诉，任何超过诉讼时效的行为都会给诉讼人带来损失。

（3）上诉状的写作要求。标准格式如图4-1所示。

（4）申请证据保全。起诉人在认为证据可能会灭失或以后难以取得的情况下，可申请人民法院进行证据保全，以维护自身的权益。

自身的合法权益被税务机关侵犯后，纳税人可以选择申请行政复议，也可以直接向人民法院提起行政诉讼。我国的法律对行政诉讼的条件及受理范围有详细的规定。清楚这些规定，掌握一定的技巧，当遇到问题时，纳税人就能依法办事，保护自己的合法权益。

关键点提示

税务行政诉讼的基本技巧有：

1.在有效期内提起诉讼；2.依期上诉；3.按规定书写上诉状；4.申请证据保全。

上诉状

上诉方：________（单位、地址）

法定代表人：________（姓名、性别、年龄、单位、职务）

因____案，不服人民法院________年__月__日__字号判决，现提出上诉。

上诉理由和根据：

为此，特提出上诉，要求撤销原判决，以维持本________（机关）的合法权益。

________人民法院

答辩人：

法定代表人：

委托代理人：

__年__月__日

图 4-1　上诉状标准格式

4.4　如何请求税务行政赔偿

工作场景描述

当税务机关的违法行为给企业合法权益造成损害时，可查看。

解读与分析

税务机关在进行税收征管过程中，因违法或行为不当，有可能会对纳税人的合法权益造成损害。遇到这种情况，我们要通过法律手段，运用税务行政赔偿制度，保护自身的利益。

1. 税务行政赔偿的特征

（1）侵权行为的责任主体是税务机关，其他任何个人或机关都不能成为赔偿主体。侵权行为的发生在机关工作人员执行公务的范围之内。

（2）侵权赔偿责任的对象是税务机关或其工作人员。

（3）侵权赔偿责任的承担者应是税务机关。税务人员代表税务机关行使职权，其公务行为产生的后果应由税务机关承担。

2. 税务行政赔偿的范围

税务机关及其工作人员的具体行政行为有下列情形之一的，纳税人有取得赔偿的权利。

（1）违反税收法律、法规征收税款及滞纳金的。

（2）违法实施税务行政处罚行为的。

（3）违法实施税收保全措施和强制执行措施的。

但是，非税务机关工作人员职权范围内的行为，因纳税人和其他纳税当事人自己的行为致使损害发生的行为，都不在税务行政赔偿范围之内。

3. 税务行政赔偿的时效

时效中止是指在时效进行中，因发生一定的法定事由使权利人不能行使请求权，而暂时停止计算时效期间。已经过的时效期间依然有效，待障碍消除后，时效继续进行。

赔偿请求人请求税务机关行政赔偿的时效为2年。赔偿请求人在赔偿请求的最后6个月，因不可抗力或者其他障碍不能行使请求权的，时效中止。自中止时效的原因消除之日起，继续计算赔偿请求时效期间。

4. 赔偿方式及计算标准

（1）税务人员违反法律法规征收税款及加收滞纳金的，应当返还已征收的税款及滞纳金。

（2）对应出口退税而未予以退税的，应予以退税。

（3）税务人员违反法律法规，侵犯纳税人及其税务当事人的合法权益造成损害的，按照下列规定处理：处以罚款，没收财产的，返还财产；查封、扣押、冻结财产的，解除对财产的查封、扣押、冻结；造成财产损坏的，能够恢复原状的给予恢复，不能恢复原状的，按照损害的程度给予相应赔偿；已经拍卖的财产，给予拍卖所得；对造成的其他损害，赔偿直接损失。

（4）赔偿请求人无需对取得的赔偿金缴税。

5. 撰写行政赔偿申请书

赔偿请求人要求赔偿时应当递交申请书，申请书要载明下列事项：受害人的基本情况，事实经过，赔偿请求的具体内容、理由、根据及申请的时间。赔偿请求人书写申请确有困难的，可以委托他人代写，也可以口头申请，由赔偿义务机关笔录。

总之，税务机关在执行税收征管过程中，有可能会因违法或行为不当对管理相对人的合法权益造成伤害，对此我们要增强法律意识，依法保护自身的合法权益。

关键点提示

请求税务行政赔偿时需要注意：

1.了解税务行政赔偿的特征；2.了解税务行政赔偿的范围；3.了解税务行政赔偿的时效；4.熟悉赔偿方式和计算标准；5.正确撰写赔偿申请书。

4.5　如何通过改变税基进行纳税筹划

工作场景描述

当想通过改变税基进行纳税筹划时，可查看。

解读与分析

企业从改变税基的角度进行纳税筹划时，可采用以下三种筹划技术。

1. 起征点筹划技术

起征点是指对征税对象开始征税的数额，该数额通常由税法确定，存在着一定的地区差异。在进行起征点纳税筹划时，相关人员首先应该对各个地方的起征点标准有一定了解；其次，由于起征点具有全额累进性，即在起征点以下免税，起征点以上全额计税，因此在预计税基会超过或接近起征点时就应该将其控制在起征点以下，使纳税人获得更大的整体利益。

2. 分劈筹划技术

累进税率的存在，使收入或财产超过一定数额时，其适用的边际税率将会变得非常大。纳税人为了能在纳税时适用较低税率，可以考虑将获得的收入或财产在两个或更多的纳税人之间进行分配，这样的纳税筹划技术就是分劈技术。

但是在实际应用过程中，该纳税筹划技术往往会受到很多限制。为了防止企业将自身分割成小企业避税，税法中一般包含了反避税条款。所以该技术多适用于自然人纳税筹划，并且即便是自然人可以分劈的项目，条件也是比较苛刻的。

3. 扣除筹划技术

扣除就是指从计税金额中扣除各种扣除额、宽免额、冲抵额等，得到应纳税额。使用扣除筹划技术，企业一方面可以尽可能地增加扣除数额，减少税基，以达到绝对节税的目的；另一方面，可以合理分配费用和利润的扣除，安排企业的现金流量，以达到相对节税的目的。扣除筹划技术适用范围广，无论是自然人还是企业都可以使用，但是税法中对扣除、宽免、冲抵等的规定非常复杂，因此企业采用扣除筹划技术时往往需要相关人员精通税法，且对其有一定的技术要求。

改变税基是纳税筹划最基本的方法之一。纳税人在进行纳税筹划时，应充分考虑税基筹划可以带来的税收利益。

关键点提示

通过改变税基进行纳税筹划的技术有：

1.起征点筹划技术；2.分劈筹划技术；3.扣除筹划技术。

4.6 如何通过税率差异进行纳税筹划

工作场景描述

当想通过税率差异进行纳税筹划时，可查看。

解读与分析

尽管现代税收理论倡导税收中性，但在实际的税收制度中，税率差别仍然广泛存在。利用税率差异进行筹划，纳税人可通过使用合理、合法的方法使自己尽量按低税率纳税。

1. 税率差异分析

企业通过税率差异进行纳税筹划时，首先要对税制中各个税种税率的差异有详细的了解。我国税法对很多税种都规定有适用不同情况的税率，每个税种都能自成体系。下面以增值税税率差异为例进行介绍（表4–1）。另外，国家税率有时会有所调整，以当时的税率为准。

表 4–1　增值税税率表

税目	范围	税率
（1）交通运输业	陆路运输、水路运输、航空运输、管道运输和装卸搬运	9%
（2）建筑业	建筑、安装、修缮、装饰和其他工程作业	9%
（3）金融保险业	金融、保险	6%
（4）邮电通信业	邮政、电信	9%
（5）文化体育业	文化业和体育业	9%
（6）娱乐业	歌厅、舞厅、音乐茶座、台球厅、高尔夫球场、保龄球场、游艺场等娱乐场所	3%～6%
（7）服务业	代理业、酒店业、餐饮业、旅游业、租赁业、广告业和其他服务业	6%～13%
（8）转让无形资产	商标权、专利（非专利）权、著作权和商誉	6%
（9）销售不动产	销售建筑物或构筑物和销售其他土地附着物	6%

注：金融保险业增值税税率应参照当年国家固定税率。

2. 税率差异纳税筹划技术的特点

税率差异纳税筹划技术是利用税法规定的税率差异，在合法、合理的情况下对纳税人自身情况进行筹划，以适用较低的税率，从而达到绝对节税的目的。通常来说，税率差异纳税筹划技术可以通过以下三种方法进行筹划。

（1）价格转移。这主要针对一些大型集团公司，特别是跨国公司，可利用关联企业之间的业务往来使集团适用较低税率，以达到整个集团利益的最大化。集团公司具体可通过货物、劳务、资金、资产及管理费用的转让定价来实现利润在各个关联方之间的转移，使集团整体适用低税率。

（2）投资低税率行业。企业可以对所经营的行业进行选择，充分利用税法中对某些行业的税收优惠政策，以达到既适用低税率，又符合国家政策导向的目标。例如，在高新技术产业开发区对高新技术企业征收的企业所得税适用的税率为15%，从获利年度起免2年所得税，减半征税3年。

（3）投资低税率地区。不同国家和地区往往有不同的税率，同一国家的不同区域也有不同的税率。企业在设立地点的选择上应该充分考虑这些税收差异，使企业尽可能地适用低税率，以节省税负。例如，经济特区、沿海经济开发区、经济技术开发区、保税区等都有一定程度的税收优惠政策，企业可在这些地区设立机构，以获得低税率优势。

税法规定的税率具有相对稳定性，税率差异纳税筹划技术具有稳定性、长期性的优点。例如，A企业通过选择合伙企业组织形式，免去了企业所得税和个人所得税双重纳税，以适用低税率。A企业的这种纳税筹划可以一直适用于企业存续期间，具有长期适用性。同时由于税率差异普遍存在，法人和自然人都可以使用，因此税率差异纳税筹划技术是一种适用范围很广的筹划技术。但是采用该纳税筹划技术时，企业除了要对税率差异有详细的了解，还要和税基的大小协调考虑，这对纳税人的筹划技术要求很高。本节仅仅做一个概述，在以后章节中将对涉及具体税种的税率差异纳税筹划技术进行详细描述。

关键点提示

企业通过税率差异进行纳税筹划时需要进行：

1.税率差异分析；2.掌握税率差异纳税筹划技术的特点。

4.7 如何通过税额的变化进行纳税筹划

工作场景描述

当想通过改变应纳税额进行纳税筹划时，可查看。

解读与分析

改变应纳税额的纳税筹划方法就是利用税法规定的退税、减免税以及税收抵免等直接减少应纳税额的筹划方法。该筹划方法大致分为以下几种。

1. 退税筹划技术

所谓退税，就是税务机关按相关规定退还纳税人已经缴纳的税款。运用退税进行纳税筹划的关键就是使纳税人具备税法所规定的退税条件。常见的退税条件主要有如下几种。

（1）出口退税。出口退税是国家为了鼓励出口而对出口企业实行的先征税再退税的税收优惠政策。出口退税涉及增值税和消费税，不同的产品适用于不同的退税率。出口企业应该紧扣税法，根据实际情况选择适当的产品，以充分利用国家的税收优惠。

（2）再投资退税。我国税法规定外商企业若将从企业处获得的税后利润再在我国境内进行投资，税务机关将对其投资额视具体投资行业按一定比例退税。外商企业可以利用该规定，充分享受我国政府给予的税收优惠，同时可以对投资行业和方式进行选择，以获得更大的税收减免。

（3）其他退税。我国税法还对一些情况规定了即征即退、返还也可以归入退税的范畴。例如，一般纳税人销售自行开发的软件产品，实际税负超过3%的部分实行即征即退。这方面的规定还有很多，纳税人进行筹划时必须对税法中的相关规定加以总结归纳，在经营允许的情况下，尽量创造符合退税的条件，以享受退税优惠。

2. 减免税筹划技术

减免税是国家针对特定的行业、地区、企业及项目等，通过免征或减征税款而给予纳税人的税收优惠。减免税的情况可分为以下几种：为鼓励特定地区经济发展而制定的对地方倾斜的税收减免政策；因纳税人不同而享受不同的税收减免政策，例如外资企业可以享受“两免三减”的优惠政策；根据是否涉足高新技术产业而适用不同的减免税政策。纳税人应该根据自身具体情况，尽量满足税法规定的减免税条件，以达到减轻税负的目的。

3. 抵免税筹划技术

抵免额是指纳税人在汇算清缴时可以用其已缴纳的税款冲减应纳税额的数额。税收抵免是指按照税法规定，从纳税人的应纳税额中扣除一部分抵免额。税收抵免可以使纳税人避免双重纳税，在实际运用中税收抵免也可以是税收优惠或奖励的方法。抵免税筹划技术的关键就是利用税法规定的各种税收抵免优惠来达到减轻税负的目的。

抵免税项包括增值税进项税额和出口完税的抵免，境外所得已纳税以及税收饶让的抵免，外购或委托加工收回的已纳税的用于连续生产的消费品的消费税的抵免。纳税人应该视自身情况，紧密联系税法中针对税收抵免的规定，实现减轻税负的目的。

税收饶让是指在计缴所得税时，对于纳税人来源于境外所得在境外享受的减免税、纳税后得到补偿及由他人代为承担税款，可在合并纳税时认为在境外已缴纳税款而予以抵免。

对应纳税额进行纳税筹划往往涉及较烦琐的法律规定，纳税人在进行筹划时必须对税法有完整、详细的了解。本书在后面章节中会分税种对纳税筹划进行更深层次的探讨。

关键点提示

通过税额的变化进行纳税筹划的方法大致有：

1.退税筹划技术；2.减免税筹划技术；3.抵免税筹划技术。

4.8 如何通过纳税期限筹划进行纳税筹划

工作场景描述

当想通过对纳税期限进行筹划以达到延期纳税的目的时，可查看。

解读与分析

延期纳税是指纳税人利用税法的规定，对自己的纳税行为进行筹划，以延迟纳税时间，充分利用货币时间价值，达到相对节税的目的。延期纳税并不能减少应纳税的绝对额，只相当于为企业赢得了一笔无息贷款。延期纳税的方法主要有以下几种。

1. 选择适当的会计核算方法

纳税人可以通过选择有利于纳税的会计核算方法，达到延期纳税的目的。例如，企业在核算固定资产折旧时，可以选择加速折旧法，增加前期成本，减轻前期税负。此外，企业还可以通过合理确定存货计价方法或合理计提坏账准备等来达到延期纳税的目的。

2. 跨期结转

跨期结转就是将当期发生的应扣除项目或亏损，延迟至以后期间扣除，减轻后期税基的方法。企业主要可以进行增值税进项税额和以前年度亏损的跨期结转。从税收原理角度来说，增值税税负可以转嫁，进项税的跨期结转反而提前支付了税款。在现实中，虽然转嫁税负往往需要满足很多苛刻的条件，但跨期结转方法仍然是纳税人进行纳税筹划的常用方法之一。

3. 纳税人确实存在困难可延期纳税

我国税法为了帮助纳税人更好地经营，扶持经营困难的企业，规定纳税人在确实存在纳税困难时可以延期纳税，只要经县级以上税务局批准就可以获得最多3个月的延期，在此期间内不收滞纳金。当企业存在经营、财务困难时，可以向税务机关争取这笔“无息贷款”。另外，在不可抗力导致不能按时纳税时，纳税人也可以延期纳税。纳税人在遇到这种情况时，应该及时和税务机关沟通，以使延期纳税行为不会受到处罚。

延期纳税是进行纳税筹划的重要手段，特别是对于那些缴纳税款较多的纳税人来说，延期纳税更是具有重要的意义。因此，纳税人要充分利用好这种筹划手段，以实现自身利益最大化。

关键点提示

纳税期限筹划涉及的方法主要有：

1.选择适当的会计核算方法；2.跨期结转；3.纳税人确实存在困难可延期纳税。

4.9　如何进行增值税纳税人身份筹划

工作场景描述

当想通过纳税人身份的转变达到节税目的时，可查看。

解读与分析

税法对增值税一般纳税人和小规模纳税人实行差别待遇，这就为我们通过使用企业分立或合并、加强企业的会计核算等手段，为小规模纳税人与一般纳税人进行纳税筹划提供了可能性。我们知道，对纳税人身份进行纳税筹划的目的在于通过减少税负支出来降低现金流出量。当然，我们还要考虑成本效益原则，企业为了减轻税负，在暂时无法扩大经营规模的前提下实现小规模纳税人向一般纳税人的转换必然会增加企业的会计成本，例如，企业需增设会计账本，培养或聘请有能力的会计人员等。因此，如果小规模纳税人由税负减轻带来的收益尚不足以抵扣这些成本的增加，则最好仍然保持小规模纳税人身份。

那么，纳税人究竟在什么条件下被认定为一般纳税人或小规模纳税人才能降低税负呢？在不影响企业生产经营、遵守税法和企业财务会计制度的前提下，企业对增值税纳税人身份的选择可以通过一般纳税人节税点分析，即通过分析纳税人销售额增值率是否超过节税点来实现。当一般纳税人的应税销售额增值率超过一般纳税人节税点时，其增值税税负会超过小规模纳税人，企业可以选择成为小规模纳税人；反之，则一般纳税人税负更轻些。增值率节税点按含税销售额和不含税销售额计算如下。

1. 含税销售额增值率节税点的计算及选择

设X为增值率，S为含税销售额，p为含税购进额，并假定一般纳税人适用的增值税税率为13%，小规模纳税人适用的增值税税率为3%。

一般纳税人增值率为：

$$X=(S-p)\div S$$

一般纳税人应纳增值税$=S\div(1+13\%)\times 13\%-p\div(1+13\%)\times 13\%$

$$=S\times X\div(1+13\%)\times 13\%$$

小规模纳税人应纳增值税$=S\div(1+3\%)\times 3\%$

两种纳税人纳税额相等时，即：

$$S\times X\div(1+13\%)\times 13\%=S\div(1+3\%)\times 3\%$$

$$X\approx 25.32\%$$

当增值率大于节税点25.32%时，一般纳税人税负大于小规模纳税人，即成为小规模纳税人可以节税。当增值率小于节税点25.32%时，一般纳税人税负小于小规模纳税人，即成为一般纳税人可以节税。企业可以按照本企业实际购销情况计算增值率，看满足以上两种情况中的哪一种，再做出选择。

按照同样的方法，企业可计算出不同税率下的含税销售额增值率节税点。

2. 不含税销售额增值率节税点的计算及选择

设X为增值率，S'为不含税销售额，p'为不含税购进额，并假定一般纳税人适用税率为13%，小规模纳税人适用税率为3%。

一般纳税人增值率为：

$$X=(S'-p')\div S'$$

$$一般纳税人应纳增值税=S'\times 13\%-p'\times 13\%=S'\times X\times 13\%$$

$$小规模纳税人应纳增值税=S'\times 3\%$$

两种纳税人纳税额相等时，即

$$S'\times X\times 13\%=S'\times 3\%$$

$$X\approx 23.08\%$$

当增值率大于节税点23.08%时，一般纳税人税负大于小规模纳税人，即企业成为小规模纳税人可以节税；当增值率小于节税点23.08%时，一般纳税人税负小于小规模纳税人，即企业成为一般纳税人可以节税。企业可以按照本企业实际购销情况计算增值率，看满足以上两种情况中的哪一种，再做出选择。

按照同样的方法，企业可计算出不同税率下的不含税销售额增值率节税点。

关键点提示

按增值率确定企业纳税人身份的方法时，企业应了解：

1.含税销售额增值率节税点的计算及选择；2.不含税销售额增值率节税点的计算及选择。

4.10　如何通过选择适当的销售方式进行纳税筹划

工作场景描述

当想采取各种折扣促销手段时，可查看。

解读与分析

企业为了扩大销售量，经常采用折扣销售、销售折扣、以旧换新和实物折扣等促销手段。税法对每种销售方式有不同的规定，纳税人应该熟练地掌握这些销售方式及其税务处理方式，以避免不明不白地多纳税款，同时可以据此来选择合适的销售方式，以达到促销和税负最小的双重目的，主要方法如下。

1. 折扣销售在同一张发票上注明可节税

一般来说，折扣销售里的折扣是和销售同时发生的。税法规定，如果销售额和折扣额在同一张发票上分别注明，则可以将折扣后的余额作为销售额计算增值税；如果将折扣额另开发票，则不管其在财务上如何处理，都不得从销售额中减除折扣额。因此，企业进行折扣销售时要切记将销售额和折扣额在同一张发票上注明，或者按折扣后的实际销售价格开发票，以避免不用纳税的折扣额纳税，增加税负。

2. 变销售折扣为折扣销售可节税

销售折扣发生在销售之后，是一种融资性的理财费用，税法规定不允许将其从销售额中减除，因此企业在确定销售额时应将折扣销售和销售折扣严格区分开来，以免将可以作为进项税抵扣的折扣额计算到应交增值税的销售额中。从企业税收负担角度考虑，折扣销售方式优于销售折扣方式。如果企业面对的是一个信誉良好的客户，销售货款回收风险较小，那么企业可以考虑通过修改销售合同，将销售折扣方式转换为折扣销售方式。

3. 变实物折扣为折扣销售可节税

实物折扣是商业折扣的一种，例如，为鼓励买方购买更多的商品而规定每买10件送2件，购买100件以上每10件送3件等。一般情况下，采取实物折扣方法销售货物时，折扣的实物不论会计上如何处理，均应按规定视同销售计算缴纳税款。但是，如果将实物折扣转化为折扣销售，则可进行合理的纳税筹划。例如，某客户购买10件商品，应给2件的折扣，在开具发票时，按销售12件开具销售数量和金额，然后在同一张发票上的另一行用红字开具折扣2件的折扣金额。这样处理后，按照税法的相关规定，在计税时就可以将折扣的部分从销售额中扣减掉，从而节约了纳税支出。

4. 变以旧换新为折扣销售可节税

以旧换新是指纳税人在销售自己的货物时有偿回收旧货物的行为。由于销售货物和收购货物是两种不同的交易活动，销售额与收购价款是不能相互抵减的，因此税法规定，采取以旧换新方式销售货物的，应按新货物的同期销售价格确定销售额，不得抵扣旧货物的收购价格。企业可以参照实物折扣，将其变为折扣销售的形式进行筹划。

总之，只有折扣销售，才能将折扣额从增值税销项税额中扣除，企业在进行商品促销时，可以按前面所讲的方法尽可能将其转化为折扣销售。

关键点提示

不同折扣方式的筹划方法：

1.折扣销售在同一张发票上注明可节税；2.变销售折扣为折扣销售可节税；3.变实物折扣为折扣销售可节税；4.变以旧换新为折扣销售可节税。

4.11　如何在出口退税环节进行纳税筹划

工作场景描述

当想对既适用免税又适用退税政策的出口货物进行纳税筹划时，可查看。

解读与分析

出口退税是给满足一定条件的出口企业的优惠政策。出口货物在既适用免税又适用退税政策时，会涉及如何计算退税的问题。现行税法规定出口退税有三种退免税方法，即免税、免抵退和先征后退，按不同的退免税方法计算的企业实际税负是有区别的，因此企业选择一项适合自己的优惠政策很重要。实际税负的大小主要取决于如下条件：出口货物的征税率、出口获得的退税率、出口企业自己加工环节的增值额（即其形成进项税额的部分）。不同的退免税优惠政策有不同的决定因素，这给了企业较大的纳税筹划空间。

出口退税环节的纳税筹划主要从以下几方面考虑。

1. 不予抵扣或退税额小于进项税额时

在当期出口货物不予抵扣或退税额小于出口货物进项税额时，如果企业采用免税办法，其出口货物进项税额将全部转为成本，由企业自行负担，从而减少利润；如采用先征后退或免抵退办法，这部分的进项税额则由国家退还给企业，从而使成本减少，利润相对增加。先征后退和免抵退办法计算的退税额是一样的，不过先征后退涉及资金时间价值损失问题，而免抵退计算方法比较复杂，企业应根据具体情况予以采用。

2. 不予抵扣或退税额大于进项税额时

在当期出口货物不予抵扣或退税额大于出口货物的进项税额时，企业采用免抵退办法将享受不到退税优惠。采用先征后退办法，则会使企业先缴纳一部分税款，从而影响了企业当期的利润；采用免税办法则直接免征收该环节增值税，对企业比较有利。

3. 不予抵扣或退税额等于进项税额时

在当期出口货物不予抵扣或退税额等于出口货物的进项税额时，出口企业选择三种退免税办法都可以，其税负是一样的，对利润没有影响。这时企业应该考虑征税与退税之间的时间差产生的效益，采用先征后退方式时要先缴纳出口环节的增值税，等税务机关核准后再给予退税，这中间存在一定的时间差，相当于企业的一部分资金被无偿占用了一段时间，而免税和免抵退不存在这样的问题，因此采用免税和免抵退办法比较有利。但是免抵退的计算比较复杂，从成本上考虑，免税是最优选择。

总之，企业在进行出口退税纳税筹划时，要根据本企业实际情况，按不予抵扣或退税额与进项税额的大小，选择出口退免税方法。

关键点提示

出口退税的纳税筹划主要考虑以下三种情况：

1.不予抵扣或退税额小于进项税额时；2.不予抵扣或退税额大于进项税额时；3.不予抵扣或退税额等于进项税额时。

4.12　如何使销售使用过的固定资产时的税负最小

工作场景描述
当想降低销售使用过的固定资产的税负时，可查看。

解读与分析

企业在生产经营过程中经常会产生销售使用过的固定资产的行为。那么，是否固定资产的价格卖得越高，企业收益越大呢？其实不然，这里涉及增值税问题。我们有权自行确定固定资产价格，这就为我们进行纳税筹划提供了可能。

这里单从增值税方面分析，如果该固定资产的销售价格足够高，缴纳税款后取得的收益要比免税获得的更多，则可以制定高于原值的售价，否则，应按原值销售以免交增值税。我们可以通过计算固定资产的增值率免税节税点，来决定在什么情况下免税才可以节税。

1. 计算工业企业增值率免税节税点

设固定资产原值为p，销售价格为S，工业企业增值税适用征收率为6%，固定资产的增值率为X，则$X=(S-p)\div p$。

当$S\div(1+6\%)>p$时，企业最大实际销售收入为：$S-S\div(1+6\%)\times 6\%$。

当$S\div(1+6\%)<p$时，企业最大实际销售收入为p。

令$p=S-S\div(1+6\%)\times 6\%$，则

$$X=(S-p)\div p=6\%\div(1+6\%)=5.66\%$$

在工业企业增值税适用征收率为6%的情况下，销售使用过的固定资产，如果价格超过原值但没有超过原值的5.66%的增值率免税节税点，缴纳税款后取得的收益反而没有免税获得的收益多，那么就要尽量使销售价格不超过原值，这时免税的节税效用会更明显；反之，若增值超过5.66%，缴纳税款后取得的收益要比免税获得的更多，则应放弃免税。

固定资产的增值率免税节税点：直接销售使用过固定资产时，其增值率低于一定百分比，采取免税销售更能节税，处于这个临界点的百分比就是固定资产的增值率免税节税点。

2. 计算商业企业增值率免税节税点

同理可计算出增值税适用征收率为4%时的增值率节税点为3.85%，在商业企业增值税适用征收率为4%的情况下，销售使用过的固定资产，如果价格超过原值但没有超过原值的3.85%的增值率免税节税点，缴纳税款后取得的收益反而没有免税获得的收益多，那么尽量使销售价格不超过原值，这时免税的节税效用会更明显；反之，若增值超过3.85%，缴纳税款后取得的收益要比免税获得的更多，则应放弃免税。

3. 免税情况下，按原值销售比低于原值销售更有利

按原值销售和低于原值销售都可以享受免税政策，因此，在可能的情况下按原值销售比按低于原值销售收益更大。这个道理很好明白，在此就不做详细说明了。

从以上分析可知，企业在实际经营过程中除根据市场条件确定固定资产的价格，还应考虑税收的调节作用，合理确定固定资产的价格，使企业在节税的同时，达到更大获利的目的。

关键点提示

如何确定使用过的固定资产的售价：

1.计算工业企业升值率免税节税点；2.计算商业企业升值率免税节税点；3.免税情况下，按原值销售比低于原值销售更有利。

4.13 如何对兼营行为进行纳税筹划

工作场景描述

当企业同时经营增值税应税、减税和免税产品时，可查看。

解读与分析

兼营行为是指纳税人的经营范围包括集中经营项目，主要有以下两种形式。一是税种相同，税率不同。例如，企业既经营税率为13%的货物，又经营税率为9%的货

物，可以把9%的税率看作国家对某些行业的减税优惠；二是同时经营增值税应税项目和免税项目。我国税法规定，纳税人兼营减税、免税及非应税业务的，并且单独核算减税、免税及非应税项目的销售额，即可获得免税、减税，同时，免税和非应税项目的进项税额不得扣除。未分别核算的，使用从高税率。一般来说，分别核算减免税业务税负就会降低，当然也并非全是如此。兼营行为的增值税纳税筹划方法如下。

1. 按公式筹划

税法规定，对于无法准确区分免税项目和非免税项目进项额的，按下列公式计算不得抵扣的进项额：

$$\text{不得抵扣的进项税额} = \frac{\text{当期无法划分的全部进项税额} \times \text{当期免税销售额合计}}{\text{当期全部销售额合计}}$$

纳税人可以根据上述公式进行筹划，当实际的不得抵扣的免税项目进项税额小于按公式计算的，则可以选择正确区分应税项目和免税项目，按规定转出进项税额；反之，若前者大于后者，则无须再核算是否正确划分，按公式计算即可。

2. 按免税项目增值额大小确定是否分别核算

我国税法规定，如果兼营应税项目和免税项目的购进成本和销售额都无法正确划分，则全都视为应税项目处理。在这种情况下，要视应税项目和免税项目各自的增值税增值额来决定是否进行分别核算。如果免税项目的增值额很大，应税项目的增值额较小，则应该分别核算免税项目和应税项目，税负才会更小；如果免税项目的增值额小，应税项目的增值额大，这时企业就不应分别核算免税项目和应税项目，这样免税项目占较大比重的进项税额可以进行抵扣，税负反而会更小。

总之，企业如果兼营增值税不同税率或免税产品，就应该从销项税额和进项税额两个方面进行考虑，确保自己少缴纳税款。

关键点提示

兼营行为的纳税筹划方法：

1.按公式筹划；2.按免税项目增值额大小确定是否分别核算。

4.14 如何通过选择合适的收付款方式降低税负

工作场景描述

当要进行分期收款或分期付款交易时，可查看。

解读与分析

增值税是对商品生产和流通中各环节的新增价值进行征税，是实行税款抵扣制的一种流转税。在实际操作过程中，依据货物或应税劳务销售额，按照规定的税率计算税款，然后从中扣除上一道环节已纳增值税税款，其余额即为纳税人应纳的增值税税款，即：应纳增值税税额=当期销项税额－当期进项税额。因此，增值税税负是由销项税额与进项税额之差额决定的。实际经营过程中，企业往往会由于经营方式和处理涉税方法不当，导致销项税额人为增大或进项税额人为减小，使企业在同一时期内需要承担更多的税收成本，承担更大的纳税压力，甚至会使企业资金运转效率和经济效益受到影响。要解决上述问题，企业需进行纳税筹划，推迟销项税的确定，加快进项税的抵扣，具体方法如下。

1. 改直接收款为分期收款

许多企业在销售过程中，一直采用直接收款方式进行销售。特别是一些销售大型机械的企业，在销售以后，还需要对所售机械进行安装、调试、验收，周期长，货款回收速度慢。按规定，采用直接收款方式销售货物时，不论货物是否发出，其纳税义务发生时间均为收到销售款或取得索取销售额的凭据，并将提货单交给买方的当天。在这种情况下，不论该企业是否收到货款，只要将提货单交给购货方并开具发票，就必须替购货方承担销项税额，因此出现了税款缴纳在前，货款回收在后的现象，导致企业增值税销项税额增加，增值税税负不均衡。

如果在销售环节中，改直接收款方式为分期收款方式，就可以按实际收到的货款缴纳税款。按规定，采用分期收款方式销售货物时，其纳税义务的发生时间为按合同约定的收款日期的当天。在具体经营过程中，企业可按购销双方的实际经济情况，在合同上写明分期收款的具体日期，将合同中约定的收款日期作为收入实现日，从而达到延期实现税款的目的。显然，采用分期收款方式时，企业能够分期实现税款，减轻企业税收压力，使增值税税负趋于均衡。

2. 分期付款分期取得发票

一般企业在采购过程中都采用款项付清后取得发票的方式，即如果货款尚未全部付清，售货方企业就不予开具增值税专用发票，也就是说，开不开票与货物是否已被验收入库无关。按规定，纳税人购进货物或者应税劳务时，未按照规定取得并保存增值税扣税凭证，或者增值税扣税凭证上未按照规定注明增值税额及其他有关事项的，其进项税额不得从销项税额中抵扣。在这种情况下，企业无法及时抵扣其进项税额，造成增值税税负增大。

如果在原材料购买环节中，企业采用分期付款分期取得增值税专用发票方式，就能及时抵扣其进项税额，缓解其税收压力。

总之，不管是分期收款还是分期付款，其最终缴纳的增值税税款都是一样的，但可使得缴纳时间推迟，提高企业的资金利用率。

关键点提示

降低税负的合理收付款方法有：

1.改直接收款为分期收款；2.分期付款分期取得发票。

4.15　如何进行消费税税基筹划

工作场景描述

当企业想通过销售额进行纳税筹划时，可查看。

解读与分析

《中华人民共和国消费税暂行条例》规定，纳税人销售应税消费品的销售额，为纳税人销售应税消费品时向对方收取的全部价款和价外费用，向购货方收取的增值税除外。进口应税消费品按组成计税价格计算纳税。消费税实行生产环节纳税。根据这些规定，我们可知消费税的税基存在着节税空间。

1. 合理降低销售价格

企业设立一家独立核算的供销公司或通过关联公司中转，应税消费品以较低出厂价卖给销售公司，然后通过销售公司以正常的售价对外销售，当节约的消费税大于由于增加销售公司所带来的开支时，就可以达到既降低税负，又不损害企业经济利益的目的。

例如，某卷烟厂生产的卷烟按36%的消费税税率计征消费税。本月对外出售卷烟2000箱，销售额计200万元（不含增值税），则本月应缴消费税=200×36%=72（万元）。

如果该企业注册一家独立核算的销售公司，卷烟厂先以150万元的售价卖给销售公司，然后销售公司以200万元的价格对外销售，则应缴消费税=150×36%=54（万元）。可见，通过销售公司对外销售能使企业减少消费税18万元。

2. 分解销售额

应税消费品的销售额等于纳税人销售消费品时向对方收取的全部价款和价外费用，价外费用越多，应缴消费税越多，应缴增值税也越多。如果企业能够将价外费用分解到其他业务核算，就能成功减少消费税、增值税等税负。

3. 降低进口应税消费品的计税价格

进口应税消费品组成计税价格的计算公式为：

组成计税价格=（关税完税价格+关税）÷（1-消费税税率）

=关税完税价格×（1+关税税率）÷（1-消费税税率）

计税销售额等于纳税人销售消费品时向对方收取的全部价款和价外费用。

以销售额为标准计征消费税的方式中，销售额的组成确定有多种方法，税基的筹划空间很大。通过采用合理降低价格，分解销售额，降低进口消费品计税价格等方法，企业可以达到节税的目的。

关键点提示

进行消费税税基筹划的方法有：

1.合理降低销售价格；2.分解销售额；3.降低进口应税消费品的计税价格。

4.16　如何通过子目转换进行筹划

工作场景描述

当企业兼营不同子目产品时，可查看。

解读与分析

消费税在一些税目下设置了多个子目，不同的子目适用不同的税率，但是同一税目不同子目间具有很多的共性。如果纳税人能够创造条件将一子目转为另一子目，就可以在不同的税率间进行选择，以较低税率缴税。

1. 同一税目下不同子目的区别

同一税目下，存在不一样的子目，有的是因为消费品品质不一样，比如小汽车按气缸容量划分子目，适用不一样的消费税税率。有的是因为消费品的构成不一样，比如消费税中酒及酒精税目下白酒的适用税率为20%加0.5元/500克（毫升），黄酒的适用税率为240元/吨，其他酒子目适用税率为10%。当纳税人生产的是粮食白酒时，在保持其口味基本不变的情况下，加入少量香料、药材、果汁等，粮食白酒就转换为了配制酒和滋补酒，相应地，税率从25%降为10%。

2. 价格变化导致税率跳档

我国消费税政策规定，对卷烟在首先征收一道从量税的基础上，再按价格不同，征收不同的比例税率。如每条卷烟的调拨价格在70元（不含增值税）/条以上（含70元），税率为56%；若每条卷烟的调拨价格在70元（不含增值税）/条以下，税率为36%。这两种卷烟的税率差别很大，适用何种税率取决于卷烟分类，同时类别的划分又是依据的卷烟价格。它们的分界点便成了税率变化的临界点。当卷烟的价格在分界点附近时，纳税人可以主动降低价格，使卷烟类别发生改变，从而适用较低的税率。

关键点提示

在进行税目转换时要注意：

1.同一税目下不同子目的区别；2.价格变化导致税率跳档。

4.17 如何在外购应税消费品环节上节税

工作场景描述

当想在外购应税消费品环节上节税时，可查看。

解读与分析

纳税人用已税烟丝、已税高档化妆品、已税珠宝玉石等已税消费品连续生产的应税消费品，按当期生产领用数量计算准予扣除外购的应税消费品已纳的消费税税款。

1. 选择可进行连续生产的购买渠道

当纳税人决定将外购应税消费品用于连续生产时，应选择生产厂家，而不是商家。所谓连续生产是指应税消费品生产出来后直接进入下一个生产环节，不经过市场流通。所以，允许扣除已纳消费税的外购消费品仅限于直接从生产企业购进的，不包括从商品流通企业买进的应税消费品。

同时，相同品种的消费品，在同一时期，商家的价格常常会高于生产厂家。因此，生产厂家是纳税人外购应税消费品的首选渠道，除非厂家的价格扣除已纳消费税后的余额比商家的价格高。

2. 视自身情况选择发票形式

对于销售方来说，不管开出何种发票，其应纳增值税和消费税都是不变的，但是对购买方来讲，不同的发票意味着不同的消费税抵扣。如果购买方是一般纳税人，向销售方索要专用发票，可以享受增值税抵扣；如果购买方是小规模纳税人，不论索要的是何种发票，都不享有增值税抵扣。企业应视自身情况选择发票形式。

关键点提示

外购消费品环节上的节税策略有：

1.选择可进行连续生产的购买渠道；2.视自身情况选择发票形式。

4.18　如何对包装物进行筹划

工作场景描述

当想在销售带包装的产品环节上节税时，可查看。

解读与分析

随着人们消费水平的提高，各种商品的包装越来越精致。在销售时，厂商从降低税负的角度，要考虑以下方面。

1. 收取包装物押金

采用从价定率方法计算应纳税额的应税消费品连同包装物一起销售时，无论包装物是否单独计价，也不论会计如何处理，包装物都要并入消费品的销售额中计算征收消费税税额。所以，纳税人如果想在包装物上节约消费税，关键点是包装物不可以作价和消费品一起出售，而应采取收取押金的方式，将收取的押金单独入账，不并入销售额计算消费税。

2. 先销售后包装

税法规定，纳税人将应税消费品与非应税消费品，以及适用税率不同的应税消费品组成成套消费品销售的，应根据产成品的销售金额按应税消费品的最高税率征税。通常，工业企业销售产品时，采取“先包装后销售”的方式进行。如果改变方法，先销售后包装，则可以降低税负。

例如，北京某化妆品厂，将生产的化妆品、小工艺品等组成成套消费品销售。每套消费品含下列产品：一瓶香水（30元）、一瓶指甲油（10元）、一支口红（15元）、两瓶浴液（25元）、一瓶摩丝（8元）、一块香皂（2元）、化妆工具及小工艺品（10元）、塑料包装盒（5元）。化妆品适用的消费税税率是30%，护肤护发品适用的消费税税率为8%，均不含税。

如先包装再销售，则：

每套应缴消费税=（30+10+15+25+8+2+10+5）×30%=31.5（元）

如先将产品分别卖给商家，再由商家包装后外卖，则香皂免征消费税，化妆工具及小工艺品不征消费税：

每套应缴消费税=（30+10+15）×30%+（25+8）×8%=19.14（元）

计算得知，先销售后包装，每套消费品可以少缴纳税额31.5－19.14=12.36（元）。

人们消费层次的提高，使得包装物成本日益成为企业的一项重要成本。将包装物售价押金化，先销售后包装是两种重要的筹划思路，运用得当，可以轻而易举地达到节税的目的。

关键点提示

当有包装物销售时，进行纳税筹划时可以考虑以下两种策略：

1.收取包装物押金；2.先销售后包装。

4.19 如何通过选择合适的加工方式进行筹划

工作场景描述

当想通过选择应税消费品的加工方式来节税时，可查看。

解读与分析

选择加工方式时，委托加工和自行加工两种方式在其他方面的差异不是很大时，其税负效应就成为一种重要的选择标准。

委托加工产品是指委托方提供原料和主要材料，受托方可以垫付部分辅助材料和收取加工费而进行生产的产品。

1. 委托加工应税消费品的税负

委托加工应税消费品在收回后，被继续加工成另一种应税消费品。

例如，A卷烟厂委托B厂商将一批价值100万元的烟叶加工成烟丝，议定加工费75万元，A卷烟厂会在加工的烟丝运回后，将之加工成甲类卷烟。加工成本、分摊费用共计95万元，这批卷烟的售价是700万元。烟丝适用的消费税税率是30%，卷烟是56%。

A卷烟厂向B厂商支付加工费时，向受托方支付其代收代缴的消费税。

消费税组成计税价格=（100+75）÷（1–30%）=250（万元）

应缴消费税=250 × 30%=75（万元）

A卷烟厂销售卷烟后，应缴消费税=700 × 56%–75=317（万元）

A卷烟厂的税后利润（税率33%）=（700–100–75–75–95–317）×（1–33%）=25.46（万元）

2. 自行加工应税消费品的税负

对于生产者购入原材料自行加工成应税消费品对外销售的情况，仍以上例来说明。A卷烟厂将购入的价值100万元的烟叶自行加工为甲类卷烟，加工成本、分摊费用共计175万元，售价是700万元。有关计算如下：

应缴消费税=700 × 56%=392（万元）

税后利润=（700–100–175–392）×（1–33%）=22.11（万元）

从上述计算中我们可以看出，在其他因素相同的情况下，自行加工方式的税后利润较少，其税负较重。彻底的委托加工方式，即收回后直接销售，比委托加工后再自行加工销售税负低。

3. 委托加工的组成计税价格

委托加工应税消费品，按照受托方同类消费品的销售价格计算消费税，没有同类消费品的，按照组成计税价格计算纳税。

组成计税价格=（材料成本+加工费）÷（1–消费税税率）

从上面的公式中，我们看到了两个节税机会。一是材料成本的确定。材料成本是指委托方提供的加工材料的实际成本，其数额的大小直接和纳税人应纳消费税相关。当然，材料成本也要合理，否则税务机关有权重新核定。二是加工费的确定。加工费是指受托方加工应税消费品时向委托方收取的全部费用。加工费影响应纳税额，双方当事人可以就其数额进行协商。

关键点提示

通过选择合适的加工方式进行纳税筹划时需注意的方面：

1.比较委托加工应税消费品的税负与自行加工应税消费品的税负；2.合理确定委托加工的组成计税价格。

4.20 如何利用兼营销售筹划

工作场景描述

当想在兼营销售行为中节税时，可查看。

解读与分析

兼营销售筹划，是指纳税人生产或销售不同税率的货物，或者既销售货物又提供应税劳务、应税服务。依据《中华人民共和国消费税暂行条例》规定，纳税人兼营不同税率的应税消费品时，应当分别核算不同税率应税消费品的销售额、销售数量。未分别核算销售额、销售数量，或者将不同税率的应税消费品组成成套消费品销售的，从高适用税率。因此，纳税人兼营不同税率的项目时，一定要分别核算，否则会增加纳税人的税收负担。

1. 企业经营项目不同，税率不同

企业所经营项目包括销售货物、提供劳务，或对外提供商务服务，如果所经营项目是该企业独立赢利的项目，按照税法规定，应缴纳相应所得税。对于这种情况，因项目不同税率不同，应分别核算不同税目的销售额。若未按不同税目核算销售额，则要从高适用税率。也就是说，哪个税目税率高，混合在一起的销售额就以哪个高税率计征。

例如，一家餐厅的经营项目可能既包括经营饮食业，同时也经营有形动产租赁服务项目，前者的税率是6%，而后者的税率是13%，如果没有分别核算，就会按13%的税率征税。

2. 经计算后，选择是否分开核算销售额

企业经营项目中销售货物、应税劳务或应税服务，应该分开核算各项目销售额。如果不分开核算或者不能准确核算，则会被一并合计销售额征税。

举例解析如下。

北京某科技公司是增值税小规模纳税人。该公司销售计算机硬件，同时也从事软件的开发和转让，某月硬件销售额为27万元，另受托开发并转让软件取得的收入为8万元。

不分开核算：

应纳增值税=350000÷（1+5%）×5%=16666.67（元）

分开核算：

硬件销售额应纳增值税=270000÷（1+4%）×4%=10384.62（元）

软件开发所得应纳增值税=80000×5%=4000（元）

通过计算得知，该科技公司分开核算可以节税2282.05元。从这家科技公司的案例可以看出，是否分开核算销售额纳税，需要具体情况具体分析。

在兼营销售行为中，纳税筹划核心问题是将不同税目不同税率搞清楚，并将销售额核算准确，考虑好是否分开核算纳税，这是兼营销售节税筹划的路径。

关键点提示

兼营销售筹划要注意以下几点：

1.混合核算，税率从高；2.通过计算，选择是否分开核算销售额。

4.21　如何计算当期应缴纳的企业所得税

工作场景描述

当想确定每期应缴纳企业所得税数额时，可查看。

解读与分析

要对企业所得税进行纳税筹划，首先就要了解企业所得税是如何计算得出的。只有知道了影响企业所得税计算的最基本因素，才能从原理上把握企业所得税纳税筹划的要义。

应纳税额的一般计算公式：应纳税额 = 应纳税所得额 × 税率，而应纳税所得额=收入总额－准予扣除的金额。从这两个公式可以看出，影响企业应纳税额的主要因素是收入准予扣除的成本费用和税率。如果这三个因素得以确认，便可以很容易计算出企业的所得税。

对于所得税的计算需要说明几点。

1. 正确理解收入总额

这里所说的“收入总额”是指企业在生产经营活动中以及其他行为中取得各项收入的总和。这个概念涵盖面非常广，只有国债利息收入等少数免税项目除外。

2. 正确理解“准予扣除的项目”

这里所说的“准予扣除的项目”是根据《中华人民共和国企业所得税法实施条例》及其他有关税法确定的，与会计核算上的成本费用有很大区别，企业财务主管和相关人员应当特别注意。

3. 准确确定税率

有关税率，按照企业所得税税法的规定，我国实行25%的比例税率。考虑到中小企业的利润水平较低，实行了两档照顾税率：对小型微利企业年应纳税额所得额不超过100万元的部分，减按25%计入应纳税所得额，按20%的税率缴纳企业所得税；对年应纳税所得额超过100万元但不超过300万元的部分，减按50%计入应纳税所得额，按20%的税率缴纳企业所得税。此外，针对不同行业和为了引进外资，还设定了很多档优惠税率。

另外，根据规定：企业预缴所得税时应当按纳税期限的实际数预缴，按实际数预缴有困难的可以按上年度的应纳税所得额的1/2或1/4或者按税务机关认可的其他方法预缴所得税。据此，预缴企业所得税的计算公式为：

月（季）预缴所得税款=月（季）应纳税所得额 × 25%

或

月（季）预缴所得税税额=上一年度应纳税所得额 × 1/2（或1/4）× 25%

根据上述思路计算出的就是企业的当期应缴所得税，了解了这一计算过程，企业才能灵活运用本章接下来描述的筹划方法。

关键点提示

计算应缴纳所得税前，企业应：

1.确定收入总额；2.确定准予扣除的金额；3.确定企业使用的税率。

4.22　如何利用收入筹划节税

工作场景描述

当想通过对收入的筹划达到节税目的时，可查看。

解读与分析

利用收入筹划节税，就是通过对取得收入的方式、时间和计算方法的选择与控制，以达到节税目的。主要有以下几种方法。

1. 选择收入结算方式

企业销售货物有多种结算方式，不同的结算方式对其收入的确认时间有着不同的标准。税法规定：在直接收款销售情况下，已收到销货款或取得销货款凭据并将提货单交给买方的当天为收入确认时间；赊销和分期收款销货方式均以合同约定的收款日期为收入确认时间，并按全部销售成本与全部销售收入的比率，计算本期的销售成本；而订货销售和分期预收货款销售，待交付货物时确认收入实现。这样，通过选择合适的结算方式，就可以将收入纳入不同的会计期间，和各期间费用发生额相匹配，以达到减税或延缓纳税的目的。

以上的分析也同样适用于所得税汇算清缴企业，纳税人在进行具体的税收筹划时要有针对性地做出具体分析。如果企业计算的应纳税所得额远远大于300万元，则没有通过分期收款方式进行筹划的必要，但对于那些小型企业和应纳税所得额不是很高的企业来说，利用分期收款的销售方式进行税收筹划是十分有利的。

2. 选择合适的收入确认时点

每种销售结算方式都有其收入确认的标准条件，企业通过对收入确认条件的控制，可以控制收入确认时间。因而，在进行所得税筹划时，企业应特别关注临近年终发生的销售业务，因为对这类业务的收入确认时点最容易筹划。例如，在直接收款销售时，企业可以通过推迟收款时间或推迟提货单交付时间，把收入确认时点延至次年，以获得延迟纳税的税收利益。

3. 选择合适的劳务收入计算方法

完工百分比法是指按劳务的完成程度确认收入和费用的方法；而完成合同法是在工程完工后，工程全面交付使用并收到价款或取得收款依据之后才确认收入的实现。

对于长期合同工程的收益计算，可采用完工百分比法和完成合同法。考虑税收因素的影响，采用完成合同法为佳，因为完成合同法在工程全部完工年度才报缴所得税，从而可获得延缓纳税的收益。

完成合同法可以反映实际成本费用和毛利，若采用完工百分比法，则易造成前盈后亏的现象。如果企业每年均无亏损，宜采用完成合同法，从而享受延缓纳税及合并计算费用限额所带来的利益。但企业前5年内若有待弥补亏损，则应采用完工百分比法。

企业可根据实际情况在税法允许的范围内调整收入的确认，以达到相应的节税目的。

关键点提示

进行收入筹划的方法有：

1.选择收入结算方式；2.选择合适的收入确认时点；3.选择合适的劳务收入计算方法。

4.23　如何利用费用筹划节税

工作场景描述

当想通过对费用的筹划达到节税目的时，可查看。

解读与分析

费用纳税筹划策略，是基于税法对费用的确认和计算的不同规定，根据企业情况选择更有利于节税的策略。

费用纳税筹划的方法主要有以下几种。

1. 存货计价方法的选择

存货流转有实物流转和价值流转两方面，由于实物流转与价值流转往往不一致，因而必须采用某种存货成本流转的假设，采用适当的存货计价方法在期末存货与售出货物间分配成本。存货计价方法不同，企业存货营业成本也就不同，从而影响应税利润，进而影响所得税。

因此，存货计价是纳税人调整应税利润的有利工具，选择最有利的存货计价方法可能达到节税目的。依据现行税法，存货计价可以采用先进先出法、后进先出法、加权平均法和移动加权平均法等不同方法。至于采取何种方法最佳，则应具体情况具体分析。一般来说，当企业处于通货膨胀状态时，采用后进先出法会提高成本，降低应纳税所得额；当企业处于通货紧缩状态时，则宜用先进先出法。

2. 费用的分摊与列支

通过对成本各项内容的计算、组合，得到一个最佳成本值，以实现最大限度地抵消利润从而少缴税。运用费用分摊与列支方法，并非任意夸大成本、乱摊成本，而是在税法允许的范围内，运用成本计算程序和核算方法等合法手段进行的财务税收筹划活动。成本费用的分摊方法主要有以下两种。

（1）费用分摊法。利用费用分摊法来影响企业纳税水平，涉及两方面的问题：一是如何实现费用支付最小化，二是如何实现费用摊入成本时摊入最大化。

企业通常有多项费用开支项目，每个项目都有其规定的开支范围，例如劳务费用标准、管理费定额、损耗标准和各种补贴标准等。在企业正常生产经营活动过程中，选择最小的费用支付额，实现生产经营效益与费用支付的最佳组合，是运用费用分摊法的基础。

我国财务会计制度规定，费用应当按照权责发生制原则在确认有关收入的期间予以确认。费用摊销时的确认，一般有三种方法：一是直接作为当期费用确认；二是按其与营业收入的关系加以确认，凡是与本期收入有直接联系的耗费，就是本期的费用；三是按一定的方法计算摊销额予以确认。

在具体操作上，可以将允许递延的费用摊至收入较高的期间，以达到平衡收益、降低税负的效果。

（2）费用列支法。应将已发生的费用及时核销入账。如将已发生的坏账、呆账及时列入费用，对于存货的盘亏及毁损应及时查明原因，属于正常损耗的部分需及时列入费用。对于能够合理预计发生额的费用、损失，应采用预提方法计入费用，适当缩短以后年度需分摊列支的费用、损失的摊销期。

例如，对于低值易耗品、待摊费用等的摊销应选择最短年限摊销，增大前几年的费用，递延纳税时间；对于限额列支的费用，如业务招待费及公益救济性捐赠等，应准确掌握其允许列支的限额，争取在限额内的部分充分列支。

3. 盈亏抵补

盈亏抵补是准许企业在一定时期内用某一年度的亏损去抵以后年度的盈余，以减少以后年度的应纳税额。这种优惠形式对扶植新办企业有重要作用，对具有风险的投资有相当大的激励作用。

我国税法规定，企业发生的年度亏损，可以用以后5年内的税前利润进行弥补，直到弥补完亏损为止，超过5年后才能用税后利润进行弥补。因此在5年弥补期内，通过提前确认收入和延后列支费用（比如用直接转销法处理坏账，或者延后对广告费等可控费用的支付），或用收购兼并亏损企业的方法，都可以达到抵税的目的。

上述几种策略是成本费用税收筹划策略的基本方法，企业可以在实际使用中加以变通以达到更为理想的节税效果。

关键点提示

费用筹划的方法有：

1.存货计价方法的选择；2.费用分摊法；3.费用列支法；4.盈亏抵补。

4.24　如何利用折旧政策节税

工作场景描述

当想利用对折旧政策的选择达到节税目的时，可查看。

解读与分析

选择折旧政策节税实际上也属于成本费用筹划节税，但因为它的节税效果明显，节税方法多样，故单独进行介绍。

由于折旧计入产品成本或期间费用，会直接关系到企业当期成本、费用的大小，利润的高低和应纳所得税的多少，因此，折旧方法的选择和折旧的计算就成为十分重要的问题。在计算折旧时，主要应考虑以下几个因素：固定资产原值、固定资产残值、固定资产清理费用和固定资产折旧年限。其中，折旧年限和折旧方法的选择是利用折旧政策节税的主要手段。

1. 利用折旧年限进行所得税筹划

对于折旧年限，税法和会计法规都有较大弹性空间，表现在以下两方面。

目前，除国务院财政、税务主管部门另有规定外，固定资产折旧的最低年限为3年至20年不等。最低年限的规定为企业选择提供了空间，为企业通过折旧年限的选择，达到最大限度地列支折旧费用、充分发挥折旧费用的抵税作用提供了可能。

由于我国所得税税率采用比例税率，纳税人进行折旧年限的税收筹划可以从以下三个方面来进行。

（1）盈利企业（即收入总额扣除为取得收入而发生的成本、费用和损失后仍有盈余的企业）选择最低的折旧年限，有利于加速对固定资产投资的回收，使计入成本的折旧费用前移，应纳税所得额后移，这就相当于从国家取得了一笔无息的贷款，从而可相对降低纳税人的所得税税负。

（2）享受所得税税收优惠政策的企业选择较长的折旧年限，有利于企业充分享受税收优惠政策，把税收优惠政策对折旧费用抵税效应的抵消作用降到最低限度，从而达到降低企业税负的目的。

（3）亏损企业在确定最佳折旧年限时，必须充分考虑税前利润弥补亏损的相关规定。如果某一纳税年度的亏损额不能在今后的纳税年度中得到税前利润弥补或不能全部得到税前利润弥补，则该纳税年度折旧费用的抵税效应就不能发挥或不能完全发挥作用。在这种情况下，纳税人只有通过选择合理的折旧年限，使税前利润弥补后的剩余亏损对折旧费用抵税效应的抵消作用降到最低程度，才能充分发挥折旧费用的抵税效应。

2. 选择折旧方法进行所得税筹划

折旧的计算有不同的方法，有平均使用年限法，即按固定资产使用寿命年限平均计算折旧额；有快速折旧法，即根据机器的有形或无形损耗和科技的发展，以比机器寿命短的年限提完折旧。采用不同的折旧方法对纳税人会产生不同的税收影响。首先，不同的折旧方法对应着不同的固定资产价格补偿和实物补偿的时间。其次，不同的折旧方法造成的年折旧提取额的不同直接影响到利润额受冲减的程度，进而造成累进税率制度下的纳税人的差异。

在实际操作中，建议企业在折旧规定范围内对不同折旧方法的效果分别进行测算，比较各种方法的具体节税效果之后再做选择。有关计算比较的方法，请参看下例。

某企业拥有固定资产原值100000元，预计净残值4000元，预计使用年限5年。该企业在未来5年内预计折旧前应税收益及产量见下表。该企业所得税税率为30%。

表 4-2　折旧前应税收益及产量表

年序	扣除折旧前的应税收益/元	产量/件
1	100000	1000
2	100000	1000
3	100000	1000
4	80000	900
5	80000	900
合计	460000	4800

根据不同折旧方法测算的每年应纳所得税额如下表所示：

表 4-3　应纳所得税额计算表

单位：元

年序	直线法	工作量法	双倍余额递减法	年数总和法
1	24240	24000	18000	20400
2	24240	24000	22800	22320
3	24240	24000	25680	24240
4	18240	18600	21360	20160
5	18240	18600	21360	22080
合计	109200	109200	109200	109200

从上表中可以看出，虽然采用不同折旧方法，该企业未来5年内累计应纳所得税额均为109200元。但是，应纳所得税额在不同年份的分布情况不同，在采用双倍余额递减法和年数总和法这两种加速折旧方法下，前两年应纳所得税额比采用直线法和工作量法都少，这说明了前两年折旧费用的抵税效应比直线法和工作量法大，从而使其所得税负相对低于直线法和工作量法。为了便于比较，现把不同折旧方法下各年的应纳税额都核算成现值，假定市场利率为10%，则计算如下。

采用直线法折旧时，应纳税额的现值=24240×2.487+18240×（3.791−2.487）=84069.84（元）；采用工作量法折旧时，应纳税额的现值=24000×2.487+18600×（3.791−2.487）=83942.40（元）；采用双倍余额递减法折旧时，应纳税额的现值=18000×0.909+22800×0.826+25680×0.751+21360×（3.791−2.487）=82333.92（元）；采用年数总和法折旧时，应纳税额的现值=20400×0.909+22320×0.826+24240×0.751+20160×0.683+22080×0.621=82665.12（元）。

从应纳税额的现值来看，从小到大的排列顺序依次为双倍余额递减法、年数总和法、工作量法、直线法。因而，选择双倍余额递减法折旧时，企业的所得税税负最低，节税效果最好。

以上介绍的利用折旧政策节税的思路中，筹划折旧年限和筹划折旧方法要结合使用，只有这样才能达到企业预想的节税效果。

关键点提示

利用折旧政策节税的要点主要有：

1.利用折旧年限进行所得税筹划；2.选择折旧方法进行所得税筹划。

4.25 如何通过规划筹资方式节税

工作场景描述

当想通过采取恰当的筹资方式以达到节税目的时，可查看。

解读与分析

筹资作为一个相对独立的行为，对企业经营、理财业绩的影响，主要是通过资本结构的变动而产生的。因此，企业想通过规划筹资方式进行税收筹划时，需要考虑以下两个方面的问题：一是筹资结构的变动对企业经营绩效与整体税负的影响；二是企业应如何合理调整筹资结构，以同时实现节税与收益最大化的双重目标。

1. 筹资结构的选择

如果仅就税收负担而言，并不考虑企业最优资本结构问题，负债筹资较权益筹资的效果要好。这是因为负债筹资中企业需支付的借款利息等可以在所得税前作为一项财务费用加以扣除，具有一定的抵税作用，能够降低企业的资金成本。而权益筹资中企业需支付的股息等则不能在所得税前扣除，因而所得税税负会相对重一些。

在进行筹资结构筹划时，对于筹资无差别点的计算是很重要的，所谓筹资无差别点是指两种筹资方式下，每股净利润相等时的息税前利润。它所要解决的问题是，息税前利润是多少时，采用哪种筹资方式更有利。具体计算公式如下（不考虑优先股）。

［（息税前利润–筹资方式Ⅰ的年利息）×（1–税率）］÷筹资方式Ⅰ下普通股股份数=［（息税前利润–筹资方式Ⅱ的年利息）×（1–税率）］÷筹资方式Ⅱ下普通股股份数

在进行筹资结构税收筹划时，还需注意以下几个问题。

（1）利息资本化问题。资本性利息支出（如企业开办期间的利息支出、建造固定资产在资产尚未交付使用或者虽已交付使用，但尚未办理竣工决算以前发生的借款利息等），不得作为费用一次性从应纳税所得额中扣除。而生产经营期间发生的利息支出可计入财务费用。因此，为了实现纳税筹划，企业应尽可能加大筹资利息支出计入财务费用的份额，减少筹建期和资产购建周期的利息支出。

（2）利息扣除标准问题。《中华人民共和国企业所得税暂行条例》规定，纳税人在生产经营期间，向金融机构借款的利息支出，按照实际发生数扣除；向非金融机构借款的利息支出，包括纳税人之间相互拆借的利息支出，按照不高于金融机构同类、同期贷款利率计算的数额以内的部分准予扣除，超过部分不得在税前扣除。

（3）关联方借款利息问题。企业从关联方取得的借款金额超过其注册资本50%的，超过部分的利息支出，不得在税前扣除。

2. 租赁的税收筹划

租赁作为一种特殊的筹资方式，是指出租人以收取租金为条件，将其资产出租给承租人使用的一种信用业务。租赁可分为两种形式：经营性租赁（也称服务性租赁），指出租人向承租人提供设备及使用权的同时，还提供设备的维修、保养等其他专门的服务，租赁合同可中途解约，出租人需反复出租才可收回对租赁设备的投资。融资性租赁（也称金融租赁），指承租人选定机器设备后，出租人先购置，然后再出租给承租人使用，承租人按期交付租金的一种融资与融物相结合的经济活动。租赁期满后，租赁设备可以通过退租、续租或转移给承租人三种方法进行处理。

租赁在企业生产经营中已得到广泛应用，在企业理财中，租赁已成为实现税收筹划的一种重要手段，对减轻企业税负具有重要意义。对承租人来说，一是承租人只需按期支付租金便可得到所需设备使用权，不必为长期拥有机器设备先垫支资金，避免因短期资金集中支付给企业资金的平稳周转造成冲击，以及资金被长期占用或购买不当时承担的风险；二是承租企业支付的租金可以从成本中扣除，具有抵税效应。就出租方而言，出租既可以减少使用与管理机器设备所需追加的投入，又可以获得租金收入，而租金收入适用于增值税较低的税率，企业可以在不同项目不同税率之间做一些权衡。

当出租人与承租人同属一个企业集团时，租赁可使其直接、公开地将资产从一个企业转给另一个企业，实现利润、费用等的转移，最终达到整个集团税负减轻的目的。

总体来说，利用筹资方式节税就是利用债务成本的可抵税性和内部租赁协调费用，它们的节税效果是同样明显的。

关键点提示

利用筹资方式节税应注意：

1.选择合适的资本结构；2.灵活运用租赁筹资的手段。

4.26 如何筹划利润分配节税

工作场景描述

当想利用利润分配方案达到节税目的时，可查看。

解读与分析

利用股利政策节税是避免双重征税的重要方法，在我国对股利征收个人所得税的政策下，这种筹划显得尤为重要。

纳税人开展股权投资业务无非是希望获得高额回报。当投资者是自然人时，其获得的股息所得要按“利息、股息、红利所得”缴纳20%的个人所得税；当投资者是法人时，如果投资企业和被投资企业双方适用的所得税率不一致，则其分回的税后利润往往涉及补缴企业所得税的问题。为了帮助投资者获得更多的税后净收益，被投资企业在分配股利时要充分考虑税收因素，进行相应的筹划，以减少股东的所得税支出。

在这方面，应当本着以留存代替分配和由高税率公司向低税率公司分配的原则来进行。因为留存收益不征所得税，还可以用于扩大公司再生产；而对于高税率的公司，可以将其经营所得用于对低税率的地区或行业进行托管投资，并将受益人指定为投资者，从而达到降低税负的目的。

1. 对公积金提取和转赠资本的筹划

国家税务总局《关于股份制企业转增资本和派发红股征免个人所得税的通知》（国税发〔1997〕198号）规定，股份制企业用资本公积金转增股本不属于股息、红利性质的分配，对个人取得的转增股本数额，不作为个人所得，不征收个人所得税；股份制企业用盈余公积金派发红股属于股息、红利性质的分配，对个人取得的红股数额，应作为个人所得征税。根据以上规定，对自然人股东而言，同样是用股东权益转增资本，而税收待遇却有区别。在同等条件下，公司应优先考虑用资本公积金，而不是用盈余公积金或未分配利润来转增资本。

用资本公积金转增股本，不但能使股东少缴了20%的个人所得税，公司也能获得节税利益。按有关税法规定，当纳税人的“实收资本”和“资本公积”的合计额增加时，对增加部分要按5/10000的比例缴纳印花税。企业用资本公积转增资本时，印花税的计税依据没有任何改变，无须多缴税。而企业用盈余公积或未分配利润转增资本时，印花税计税依据相应增加，则要多纳税。

需要注意的是，上述“资本公积金”是指股份制企业股票溢价发行收入所形成的资本公积金，个人由此转增股本取得的数额，不作为应税所得征收个人所得税。而对于与此不相符合的其他资本公积金分配个人所得部分，应当依法缴纳个人所得税。

2. 对股利分配的时间和数额的筹划

纳税人运用股利进行企业所得税筹划有一个前提，那就是，如果投资方适用的所得税率高于被投资方企业，股东就分回的税后利润要补缴所得税。在这一条件下，被投资方就可以结合投资方的实际情况来确定合理的股利支付额，使投资者获得更多的税后净收益。

随着企业分配形式的多样化，利用股利政策进行纳税筹划的方式也越来越多，企业可以利用股利政策的特点加以变通，以得到令人满意的节税效果。

关键点提示

股利分配税收筹划的策略主要有：

1.对公积金提取和转赠资本的筹划；2.对股利分配的时间和数额的筹划。

4.27 如何利用税收优惠条款节税

工作场景描述

当想了解和使用相应的税收减免条款以达到节税目的时，可查看。

解读与分析

企业所得税的优惠政策多种多样，企业应当充分了解各项减免税政策法规，在组建、注册、经营方式上充分参考所得税优惠政策，以达到总体税负的优化。

企业所得税的减免优惠政策多半都有一定的时效，企业如有疏忽，或未在规定时间内提出申请，就会失去该次减免税负的机会。此外，企业在减免税快到期时，将未来收益在减免税期间内实现，将亏损推迟到征税期再实现，也可以达到规避一部分所得税的目的。

常用的税收优惠条款主要有以下几点。

1. 免征与减征优惠

部分从事农、林、牧、渔业项目免征所得税，如蔬菜、谷物、豆类等，而花卉、茶和其他饮料作物以及香料作物种植、海水养殖、内陆养殖等减半征收所得税。

符合条件的技术转让所得500万元以内免税，超过部分减半征收；从事符合条件的环境保护、节能节水项目所得自获得第1笔经营收入年度起3免3减半（第1年至第3年免征企业所得税，第4年至第6年减半征收企业所得税）。

2. 高新技术企业优惠

经认定的高新技术企业，其来源于境外的所得可按15%税率纳税。

3. 小型微利企业优惠

经认定的小型微利企业，应纳税所得额不超过100万元的部分按20%税率缴纳企业所得税，减按25%计入应纳税所得额；超过100万元但不超过300万元的部分，按20%税率缴纳企业所得税，减按50%计入应纳税所得额。

4. 加计扣除优惠

（1）研究开发费按75%加计扣除。具体优惠：未形成无形资产计入当期损益的，按照本年度实际发生额的75%税前加计扣除；形成无形资产的，按照无形资产成本的175%在税前摊销；在企业委托境外的研发费用按照费用实际发生额的80%计入委托方的委托境外研发费用，委托境外研发费用不超过境内符合条件的研发费用三分之二的部分，可以按规定在企业所得税前加计扣除。

（2）企业安置残疾人员所支付的工资，按照实际支付残疾职工工资的100%加计扣除。

关键点提示

要想利用税收优惠政策节税，企业应了解：

1.免征与减征优惠；2.高新技术企业优惠；3.小型微利企业优惠；4.加计扣除优惠。

4.28　如何进行企业并购中的纳税筹划

工作场景描述

当想在并购中达到节税目的时，可查看。

解读与分析

随着企业间的兼并重组行为的增多，如何在企业合并中进行相应的纳税筹划也逐渐引起人们的关注。

1. 有关企业合并的基本概念

企业合并，是指两个或两个以上的企业，通过签订合并协议，依法律程序，合并为一个企业的法律行为。

企业合并可以采取吸收合并和新设合并两种形式。吸收合并是指两个或两个以上的企业合并时，其中一家企业吸收了其他企业而成为存续企业，被吸收的企业解散；

新设合并，又称创立合并或联合，是指两个或两个以上的企业合并成为一个新企业，合并各方解散。

企业合并一般不需经清算程序，合并或兼并后，各方的债权、债务由合并后的存续企业或新设企业承继。相关规定如下。

（1）纳税人的认定。

①被吸收或兼并的企业和存续企业符合企业所得税纳税人条件的，分别以被吸收或兼并的企业和存续企业为纳税人；被吸收或兼并的企业已不符合企业所得税纳税人条件的，应以存续企业为纳税人，被吸收或兼并企业未了的税务事宜，应由存续企业承继。

②企业以新设合并方式合并后，新设企业符合企业所得税纳税人条件的，以新设企业为纳税人，合并前企业未了的税务事宜，应由新设企业承继。

（2）减免税优惠的处理。

企业无论采取何种方式合并、兼并，都不是新办企业，不应享受新办企业的税收优惠，若企业性质及适用税收优惠的条件未发生改变，则可继续享受之前未享受完的优惠政策。

（3）资产转让损益、资产计价、亏损弥补的税务处理。

通常情况下，被合并企业应被视为按公允价值转让、处置全部资产，计算资产的转让所得，依法缴纳所得税；被合并企业以前年度的亏损，不得结转到合并企业弥补。

2. 企业合并的纳税筹划

从上述规定可以看出，在合并中由于产权交换的支付方式不同，对于其转让所得、资产计价、亏损弥补等涉及所得税的事项可选择不同的税务处理方法。而对这些涉及所得税事项的税务处理方法不同，必然会对合并企业或被合并企业的所得税负担产生不同的影响，这就要求进行企业合并的纳税筹划时必须考虑如下几个方面。

（1）资产转让损益的确认与否对所得税负的影响。在企业合并中，被合并企业是否确认财产转让收益取决于产权交换的支付方式。在合并企业支付给被合并企业或其股东的收购价款中，非股权支付额不高于股权票面价值（或股本账面价值）20%的，被合并企业可以不确认全部资产的转让所得或损失，只有待股权转让后才计算损益，并计算资产转让所得税；否则要视为按公允价值转让、处置全部资产，计算资产的转让所得，缴纳财产转让所得税。

（2）资产计价的税务处理对所得税负的影响。在非股权支付额不高于股权票面价值20%的情况下，合并企业接受被合并企业的全部资产的计税成本，可按被合并企业原账面净值为基础确定；而如果高于20%，按经评估确认的价值确定计税成本。

（3）亏损弥补的处理对所得税负的影响。在非股权支付额不高于股权票面价值20%的情况下，被合并企业以前年度的亏损，可由合并企业用以后年度实现的与被合并企业资产相关的所得弥补；而高于20%的，被合并企业以前年度的亏损，不得结转到合并企业弥补。

因此，在实际操作中，收购企业应当尽量减少支付超额部分，换之以其他法律允许的形式向卖方支付补偿，或者将卖方股权转为部分优先股，以达到收购又不支付过多非股权支付额的目的。总的说来，确定合并方式和支付方式是筹划的关键环节。

关键点提示

企业合并纳税筹划应考虑：

1.资产转让损益的确认与否对所得税负的影响；2.资产计价的税务处理对所得税负的影响；3.亏损弥补的处理对所得税负的影响。

4.29　如何对外商投资企业进行所得税筹划

工作场景描述

当想了解外商投资企业在所得税筹划上的不同之处时，可查看。

解读与分析

外商投资企业和外国企业所得税，是对在我国境内的外商投资企业和外国企业的生产、经营所得和其他所得开征的税种，企业应重点了解如何利用其优惠政策。

1. 对生产性企业的优惠

对于生产性外商投资企业，经营期在10年以上的，从开始获利的年度起，第1年和第2年免征企业所得税，第3年至第5年减半征收企业所得税。这是一项重要的税收优惠规定。

为了鼓励和引导外商向能源、交通等重要项目投资建设，国家给予以下更优惠的减免税待遇。

从事港口码头建设及在海南自由贸易港、浦东高新技术开发区投资基础设施项目的中外合资经营企业，经营期在15年以上的，从开始获利的年度起，第1年至第5年免征企业所得税，第6年至第10年减半征收企业所得税，其企业所得税税率减按15%。

外商投资创办的产品出口企业，在依照税法规定免征、减征企业所得税期满后（是指经营期10年以上，从开始获利年度起，第1年和第2年免征企业所得税，第3年至第5年减半征收企业所得税），凡当年出口产品产值达到当年企业产品产值70%以上的，可以按照税法规定的税率减半征收企业所得税。经济特区和经济技术开发区以及其他已经按15%的税率缴纳企业所得税的产品出口企业，符合上述条件的，减按10%的税率计缴企业所得税。外商投资创办的先进技术企业，在依照税法规定免征、减征企业所得税期满后仍为先进技术企业的，可以按照税法规定的税率延长3年减半征收企业所得税。

综上，企业在注册时就应当向税负较低的行业靠拢，由于企业允许兼营其他的业务，因此可通过注册与经营不会发生冲突业务，达到节税的效果。

2. 对在某些特定地区直接投资办企业的税收优惠

企业设在经济特区、上海浦东新区、经济技术开发区、高新技术产业开放区和沿海经济开放区的，其企业所得税税率减按15%。设在以上区域所在城市的老市区的生产性外商投资企业，税率减按24%。

在经济特区设立的从事服务性行业的外商投资企业，外商投资超过500万美元，经营期在10年以上的，经企业申请，特区税务机关批准，从开始获利的年度起，第1年免缴企业所得税，第2年和第3年减半缴纳企业所得税。

3. 鼓励向我国企业提供资金和转让技术的税收优惠

外国投资者从外商投资企业取得的利润，免征所得税。

国际金融组织贷款给中国政府和中国国家银行的利息所得，外国银行按照优惠利率贷款给中国国家银行的利息所得，免征所得税。

对于在农业、科研、能源、交通运输，以及在开发重要技术领域提供专有技术所取得的使用费，可以减按10%的税率征收或免征所得税。

4. 再投资退税

按其投资方式再投资退税，可分为以下两种优惠处理办法。

外商投资企业的外国投资者将从企业取得的利润直接再投资于该企业、增加注册资本，或者作为资本投资开办其他外商投资企业，经营期不少于5年的，退还其再投资部分已缴纳所得的40%税款。

再投资退税额=再投资额÷（1-原实际适用的企业所得税税率-地方所得税税率）×原实际适用的企业所得税税率×退税率

外国投资者将从外商投资企业取得的利润直接再投资创办、扩建产品出口企业或先进技术企业，经营期不少于5年的，全部退还其再投资部分已缴纳的企业所得税税款。

在实际操作中，外商投资企业应当合理筹划自己的投资策略和扩大再生产策略，将投资额与各年度税后利润相协调，平滑节税。企业尽可能地了解并应用相应的优惠政策，会获得极大的节税效益。

关键点提示

外资企业的税收优惠政策主要有：

1.对生产性企业的优惠；2.对在某些特定地区直接投资办企业的税收优惠；3.鼓励向我国企业提供资金和转让技术的税收优惠；4.再投资退税。

第5章

如何进行现金流管理

现金如同企业的血液一样，对企业的正常运转起着不可替代的作用。良好的现金流状况，常常是企业运营良好、财务健康的表现；不健康或不顺畅的现金流状况，或使企业收益蒙受损失，或使企业陷于财务吃紧乃至经营难以为继的困境。可以说，管好现金流对企业而言，既必要又重要。

5.1　如何解析现金流量表

> **工作场景描述**
>
> 当要解读和分析现金流量表时，可查看。

解读与分析

现金流量表是一张透视企业现金流动状况的财务报表，旨在描述企业在一定时期内的经营活动、投资活动和筹资活动所产生的现金流。分析企业现金流就必须先分析现金流量表，企业管理者应该学会阅读并分析现金流量表。

1. 解读现金流量表

现金流量表与资产负债表、利润表综合构成企业最重要的财务报表，各自从不同角度反映企业的财务状况。现金流量表反映的是企业现金流量状况，资产负债表反映的是企业资产和负债的情况，利润表则反映的是企业的经营成果。

现金流量表包括正表和补充资料两部分。正表格式如表5-1所示。

表 5-1　现金流量表正表

编制单位:　　　　　　　　　　　　年　　月　　　　　　　　　　　　会企 03 表

单位：元

项目	行次	本年金额	上年金额
一、经营活动产生的现金流量:			
销售商品、提供劳务收到的现金			
收到的税费返还			
收到的其他与经营活动有关的现金			
现金流入小计			
购买商品、接受劳务支付的现金			
支付给职工以及为职工支付的现金			
支付的各项税费			
支付的其他与经营活动有关的现金			
现金流出小计			
经营活动产生的现金流量净额			

续表

项目	行次	本年金额	上年金额
二、投资活动产生的现金流量：			
收回投资所收到的现金			
取得投资收益所收到的现金			
处置固定资产、无形资产和其他长期资产所收回的现金净额			
收到的其他与投资活动有关的现金			
现金流入小计			
构建固定资产、无形资产和其他长期资产所支付的现金			
投资所支付的现金			
支付的其他与投资活动有关的现金			
现金流出小计			
投资活动产生的现金流量净额			
三、筹资活动产生的现金流量：			
吸收投资所收到的现金			
取得借款所收到的现金			
收到的其他与筹资活动有关的现金			
现金流入小计			
偿还债务所支付的现金			
分配股利、利润或偿付利息所支付的现金			
支付的其他与筹资活动有关的现金			
现金流出小计			
筹资活动产生的现金流量净额			
四、汇率变动对现金的影响额			
五、现金及现金等价物净增加额			
加：期初现金及现金等价物余额			
六、期末现金及现金等价物余额			

正表包括经营活动产生的现金流量、投资活动产生的现金流量和筹资活动产生的现金流量三个部分。以上三部分都包含现金流入小计、现金流出小计和现金流量净额。

现金流量表补充资料一方面可反映有关企业的重大投资及筹资活动情况，另一方面可通过间接法对主表中所披露的经营活动产生的现金流量净额的数额予以验证，同时使现金及现金等价物净增加情况与资产负债表的货币资金的数额相核对。

2. 分析经营活动产生的现金流量

经营活动产生的现金流量是指企业经营活动过程中产生的现金流入和现金流出，包括以下几部分。

（1）销售商品、提供劳务收到的现金。本项目反映企业销售商品、提供劳务实际收到的现金，包括销售收入和应向购买者收取的增值税销项税额。需要注意的是：企业销售材料和代购代销业务收到的现金，也在本项目中反映；该项目是企业经营活动现金流入的绝大部分；按照收付实现制来确认现金的流入。

（2）收到的税费返还。本项目反映企业收到的返还的各种税费，如收到的增值税、所得税、消费税、关税和教育费附加返还款等。需要注意的是，如果企业收到的税费返还已被列入企业的实收资本或资本公积等所有者权益项目之中，则不能再列入本项目。这部分税费返还实际上是国家投资的一种形式，属于企业的筹资活动。

（3）收到的其他与经营活动有关的现金。本项目反映企业除上述各项目外收到的其他与经营活动有关的现金，如罚款收入、流动资产损失中由个人赔偿的现金收入等。其他与经营活动有关的现金，价值较大的，应单列项目反映。需要注意的是，本项目金额不应过多。

（4）购买商品、接受劳务支付的现金。本项目反映的是企业购买商品、接受劳务时实际支付的现金，包括支付的货款以及与货款一并支付的增值税进项税额，具体包括：本期购买商品、接受劳务支付的现金以及本期支付的前期购买商品、接受劳务的未付款项和本期预付款项，减去本期发生的购货退回收到的现金。

（5）支付给职工以及为职工支付的现金。本项目反映企业实际支付给职工的现金以及为职工支付的现金，包括本期实际支付给职工的工资、奖金、各种津贴和补贴等，以及为职工支付的其他费用，不包括支付给离退休人员的各项费用和支付给在建工程人员的工资等。

（6）支付的各项税费。本项目反映企业按规定支付的各项税费，包括本期发生并支付的税费以及本期支付的以前各期发生的税费和预交的税金，如支付的教育费附加、矿产资源补偿费、印花税、房产税、土地增值税、车船税、预交的增值税等。需要注意的是，企业支付的各项税费应与企业生产经营规模相适应，但增值税除外。

（7）支付的其他与经营活动有关的现金。本项目反映企业除上述各项目外，支付的其他与经营活动有关的现金，如罚款支出、支付的差旅费等。需要注意的是，本项目中的金额不应过多。

3. 分析投资活动产生的现金流量

投资活动产生的现金流量是指企业投资活动过程中产生的现金流入和现金流出，包括以下几部分。

（1）收回投资所收到的现金。本项目反映企业因出售、转让或到期收回除现金等价物以外的短期投资和长期股权投资而收到的现金以及因收回长期债权投资本金而收到的现金，不包括因长期债权投资而收回的利息以及收回的非现金资产。需要注意的是，长期债权投资收回的利息应在“取得投资收益所收到的现金”项目中反映。

（2）取得投资收益所收到的现金。本项目反映企业因股权性投资而分得的现金股利，从子公司、联营企业或合营企业分回利润而收到的现金以及因债权性投资而取得的现金利息收入。需要注意的是，对于取得投资收益所收到的现金与利润表中的投资收益的配比，一般而言，前者占后者的比重越大越好。

（3）处置固定资产、无形资产和其他长期资产所收回的现金净额。本项目反映企业出售固定资产、无形资产和其他长期资产所取得的现金减去为处置这些资产而支付的有关费用后的净额。需要注意的是，固定资产报废、毁损的变卖收益以及因遭受灾害而收到的保险赔偿收入等，也在本项目中反映。如处置固定资产、无形资产和其他长期资产所收回的现金净额为负数，则应作为投资活动产生的现金流量，在“支付的其他与投资活动有关的现金”项目中反映。

（4）收到的其他与投资活动有关的现金。本项目反映企业除上述各项目外，收到的其他与投资活动有关的现金。这部分现金如果价值较大，应单列项目反映。

（5）购建固定资产、无形资产和其他长期资产所支付的现金。本项目反映企业购买、建造固定资产，取得无形资产和其他长期资产所支付的现金，包括购买机器设备所支付的现金及增值税款、建造工程所支付的现金、支付在建工程人员的工资等现金支出。

（6）投资所支付的现金。本项目反映企业进行权益性投资和债权性投资所支付的现金，包括企业取得的除现金等价物以外的短期股票投资、短期债券投资、长期股权投资、长期债权投资所支付的现金以及支付的佣金、手续费等附加费用。企业购买债券的价款中含有债券利息的以及溢价或折价购入的，均按实际支付的金额在本项目中反映。

（7）支付的其他与投资活动有关的现金。本项目反映企业除上述各项目外支付的其他与投资活动有关的现金。其他与投资活动有关的现金，价值较大的，应单列项目反映。

4. 分析筹资活动产生的现金流量

筹资活动产生的现金流量是指企业筹资活动过程中产生的现金流入和现金流出，包括以下几部分。

（1）吸收投资所收到的现金。本项目反映企业以发行股票、债券等方式筹集资金而实际收到的款项净额（发行收入减去支付的佣金等于扣除发行费用后的净额）。

需要注意的是，因发行股票、债券等方式筹集资金而由企业直接支付的审计、咨询等费用，不在本项目中反映，而在“支付的其他与筹资活动有关的现金”项目中反映；向金融企业直接支付的手续费、宣传费、咨询费、印刷费等费用，从发行股票、债券取得的现金收入中扣除，以净额列示。

（2）取得借款所收到的现金。本项目反映企业通过举借各种短期、长期资金而收到的现金。需要注意的是现金流入的性质，借款所收到的现金是企业从金融机构借入的资金，其数额的大小，在一定程度上代表了企业的商业信用。但是，企业之间资金拆借的数额不能列入该项目。

（3）收到的其他与筹资活动有关的现金。本项目反映企业除上述各项目外收到的其他与筹资活动有关的现金。其他与筹资活动有关的现金，价值较大的，应单列项目反映。本项目可根据有关科目的记录分析填列。

（4）偿还债务所支付的现金。反映企业以现金偿还债务的本金，包括归还金融企业的借款本金、偿付企业到期的债券本金等。需要注意的是，企业偿还的借款利息、债券利息，在“分配股利、利润或偿付利息所支付的现金”项目中反映，不在本项目中反映。

（5）分配股利、利润或偿付利息所支付的现金。本项目反映企业实际支付的现金股利、支付给其他投资单位的利润或用现金支付的借款利息、债券利息等。需要注意的是，分配股利、利润或偿付利息所支付的现金代表企业现时的支付能力，应结合企业的资产规模、所有者权益规模、负债规模以及当期利润水平进行分析。

（6）支付的其他与筹资活动有关的现金。本项目反映企业除上述各项目外支付的其他与筹资活动有关的现金，如捐赠现金支出、融资租入固定资产支付的租赁费等。其他与筹资活动有关的现金，价值较大的，应单列项目反映。

对企业现金流量表的解读与分析，可揭示出企业在一个会计期间内现金流动的来龙去脉，为进一步分析企业的支付能力、偿债能力、盈利能力和资金周转能力等打下基础。

关键点提示

解析现金流量表时应该注意的重点内容是：

1.分析经营活动产生的现金流量；2.分析投资活动产生的现金流量；

3.分析筹资活动产生的现金流量。

5.2 如何剖析现金流循环过程

工作场景描述

当想了解现金循环过程时，可查看。

解读与分析

企业是一个有机整体，生产经营活动周而复始，伴随着现金流的循环，不断创造价值。企业的现金循环是企业经营活动的核心，也是企业理财的精髓所在，对企业现金循环进行分析和控制自然足以成为企业管理现金流的重心。企业管理者应该清晰了解企业的现金循环全过程。

1. 剖析现金循环

企业现金流转是与经营活动紧密相连的，经营活动是企业的核心，现金流转是为企业经营活动服务的。下面我们通过对企业经营活动的全过程进行分析，来揭示企业的现金循环过程。

我们可以从企业经营与现金循环的内在联系中发现企业的现金流量-生产循环。我们假设一个企业刚成立，资金来自所有者和债权人，且已购置固定资产。为此，该企业用现金购买原材料、雇用工人，经过这些生产要素的投入，生产出产品暂时作为存货待销。这样，初始资金转化为了有形的存货；企业售出产品，存货又变回了现金。如果采用现金销售形式，现金流量-生产循环的周期就会瞬间完成；如果采用赊销形式，存货变成应收账款，当应收账款收回时，才变成现金。这种由现金至存货，至应收账款（现金销售形式无），再至现金的简单现金流动，就是该企业营运资本的循环过程。

2. 计算现金循环周期

常用的现金循环测算方法是比率法。利用比率法，人们可对资产负债表和利润表进行比率分析，得到存货周转期、应收账款周转天数、应付账款周转天数。计算公式如下：

现金循环周期=存货周转期+应收账款周转天数－应付账款周转天数

要注意的是，应付账款付款期对现金流管理有着重要影响。

假设一年为365天，且已知销售收入和销售成本，计算公式如下：

$$存货周转期=\frac{平均存货金额}{年销售成本}\times 365$$

$$应收账款周转天数=\frac{平均应收账款余额}{年销售收入}\times 365$$

$$应付账款周转天数=\frac{平均应付账款余额}{年销售成本}\times 365$$

通过对现金循环周期的计算，我们可以看到现金循环周期取决于存货周转期、应收账款周转天数和应付账款周转天数。通过对这几个周期的协调和控制，我们可以有效管理现金循环周期。通过将计算出来的现金循环周期与历年数值相比较，管理者可以判断现金循环周期是否过长，是否应该缩短现金循环周期以减少投入的营运资金；或者现金循环周期是否过短而且不稳定，是否需要在未来增加营运资金的投资。

3. 有效管理现金循环周期

要想实现现金流的最优化，实现现金流的最大使用效率，企业就要在宏观和微观条件的允许下，尽量借用银行的钱来满足自身经营活动的资金需要。接下来的问题是：企业如何在规定的现金结存水平上尽可能地减少贷款额或缩短贷款期限，从而减少贷款利息开支，获得最大利润？亦即如何使从银行借来的钱得到最充分的利用？这个问题可以通过对现金周转期进行分析来解决。现金周转期计算公式如下：

现金周转期=存货周转周期+应收账款周转天数—应付账款周转天数

在现金流短缺时，企业需要贷款才能实现正常运作。现金周转期越长，意味着企业需要贷款的时间越长，也就会使企业支付越多的利息。假定S公司每年的存货周转率为6，亦即存货周转期为60天，应付账款周转天数为30天，应收账款周转天数为60天，则现金周转期应从应付账款付款结束开始，到应收账款收款结束为止，此例中为90天。

现金流短缺的程度将会直接影响企业的利润。假设S公司年销售收入为7.3亿元，其毛利为销售额的40%，贷款年利率为8%，则现金流短缺时每天需要消耗公司96000元的资金。简单的计算方法为：公司每天的销售收入为200万元（7.3亿元/365天），销售成本为销售收入与毛利的差额，即每天120万元（200万元×60%）。现金周转期为90天，为了支付这90天的支出，公司需贷款90天×120万元/天=1.08亿元。90天的贷款利息总额为216万元，每天24000元。这也就意味着：如果公司能设法缩短一天的现金周转期，那么它的税前利润将会增加24000元。

为了缩短现金周转期，企业应该加强对存货的管理。如S公司在其他条件都没有发生变化的情况下，仅将其存货周转天数缩短为原来的1/6，就可使现金周转期缩短整整50天，由原来的90天变为40天。存货周转期的缩短直接使年贷款利息下降120万元（50天×24000元/天）。可见，存货周转期的缩短可以使利润提高。

通过以上的周期分析，我们可以发现：有效缩短现金周转期可以通过缩短存货周转期来实现，而缩短现金流循环周期，可以通过缩短存货周转期和应收账款的平均回收期来实现。为了合理地缩短现金循环周期，企业就必须从整个循环中可能影响现金流转速度的因素着手，包括加强应收账款和存货管理、加快供货速度、确定合理的信用政策和高效的信用审批程序、优化开单和收款过程、规范付款程序和延长付款时间等。企业从这些方面提高效率，可以影响现金流循环周期，进而提高整个企业经营活动的竞争力。

通过进行现金流的循环管理，企业可以科学合理地控制现金流的流速、流向和规模等。这是企业管理现金流的重要手段之一。

关键点提示

在剖析企业现金流循环周期时要重点掌握的内容是：

1.剖析现金流循环；2.计算现金流循环周期；3.有效管理现金流循环周期。

5.3　如何进行应收账款日常管理

工作场景描述

当要进行应收账款日常管理时，可查看。

解读与分析

企业制订合理的信用政策，是加速现金流回收、降低风险损失的基础保障。在此基础上，为了更加有效地促进应收账款投资的良性循环，企业还必须进一步强化日常管理工作，健全应收账款管理的责任制度与控制措施，以顺利地实现应收账款投资的基本目标。

1. 应收账款追踪分析

应收账款一旦形成，赊销企业就必须考虑能否如期足额收回账款。为达到这一目的，赊销企业有必要在收账之前，对该项应收账款的运行过程进行追踪分析和把握。

（1）对企业应收账款的总体概况进行全面摸底，选定重点跟踪对象。对企业当期应收账款的金额总数、涉及多少家、账龄情况、周转情况等进行全面、深入了解，并绘制出表5–2。

表 5-2 应收账款总体概况表

项目	数量（单位）	选定管理目标	备注
累计金额	元		
赊账数量	家		
账龄情况	天		
平均信用期限	天		
到期日情况	天		
收现率	%		
周转率	次/年		
周转天数	天		

（2）对选定的重点对象进行跟踪调查。通过对总体应收账款进行调查分析，企业应找出那些欠款金额巨大、信用状况较差的企业，将其作为重点跟踪对象，分析其相关资料，根据表5-2绘制表5-3。

表 5-3 应收账款分析表

客户名称	赊欠累计金额	账龄情况	以往付款情况	信用情况	偿债能力	资产状况	盈利状况	采取对策
客户八								
客户九								
客户七								
客户一								
客户五								

表5-3里除了要标明企业的欠账情况之外，还要对企业以往付款情况和信用情况做出分析，对企业目前的偿债能力等做出分析，并对企业的还款意愿做出相应的预测。

2. 应收账款账龄分析

一般来讲，逾期拖欠时间越长，账款催收的难度越大，成为坏账的可能性也就越大。因此，对应收账款进行账龄分析，密切注意那些逾期或将要逾期的应收账款，是提高应收账款回收效率的重要环节。

利用账龄分析表，企业可以分析所有赊欠账户的账龄情况。账龄分析表如表5-4所示。

表 5-4　账龄分析表

付款时间	已付金额	拖欠金额	收现率	欠款率	占总额的比重（%）
逾期1个月内					
逾期3个月内					
逾期6个月内					
逾期1年以内					
逾期3年以内					
逾期3年以上					

企业要分析全部客户的付款情况和拖欠情况：有多少客户在信用期内付款？所占比例是多少？有多少是逾期付款？所占比例是多少？有多少逾期未付？所占比例是多少？根据逾期的期限和拖欠的金额大小，企业要做出分类分析，制订恰当的收款政策。

账龄结构给管理者提供了应收账款占用状况的翔实资料。通常情况下，赊销信用期越短，应收账款的过期数额、比重及坏账风险相应越大。例如，截至2003年12月底，K企业应收账款余额中，有600万元尚在信用期内，占全部应收账款的60%；过期数额400万元，占全部应收账款的40%，其中逾期1、2、3、4、5、6个月内的分别占10%、6%、4%、7%、5%、2%，另有6%的应收账款已经逾期半年以上。此时企业对逾期账款应予以足够重视，查明具体是哪些客户，这些客户是否经常发生拖欠情况，并查明拖欠原因。

一般而言，账款逾期的时间越短，收回的可能性越大，亦即坏账损失的程度相对越小；反之，则收账的难度及坏账损失的可能性越大。

因此，对不同拖欠时间的账款及不同信用品质的客户，企业应采取不同的收账方法，制订不同收账政策、收账方案。对可能发生的坏账损失，企业需提前做好准备，充分估计这一因素对企业收益的影响，把损失降至最小。对尚未逾期的应收账款，企业也不能放松管理、监督，以防形成新的拖欠。

3. 应收账款收现保证率分析

企业当期现金总需求量与当期应收账款总额之间存在着非对称性矛盾，并呈现出支付刚性与收款不定性的差异特征。如企业必须用现金支付与赊销收入有关的增值税和所得税，来弥补应收账款资金占用等，对应收账款什么时候能收回却没有可靠的把握。这就决定了企业必须针对应收账款的收现水平制订一个必要的控制标准，即应收账款收现保证率。

应收账款收现保证率是为适应企业现金收支匹配关系的需要而确定的有效收现的账款应占全部应收账款的百分比，是二者应当保持的最低的结构状态。

计算公式如下：

$$应收账款收现保证率=\frac{当期预计现金需要额-当期预计其他可靠的现金来源额}{当期应收账款总计余额}$$

应收账款收现保证率指标反映了企业既定会计期间预期现金支付需要额扣除各种可靠、稳定来源后的差额，必须通过应收款项有效收现予以弥补的最低保证程度，是企业控制应收账款收现水平的基本依据。企业在日常经营中需要满足必要的业务开支的需要，满足具有刚性约束的纳税和债务以及不得展期的一般性到期债券偿付的需要，即需满足企业正常运营的现金需要。在没有其他现金来源时，企业必须通过应收账款的变现来满足这些支出需要。因此，企业必须明确应收账款最低收现保证率。

例如，某企业本期发生1200万元的应收账款，之前尚未收回300万元应收账款，本期必须保证具有950.9万元的最低收现额，即收现保证率不得低于63.39%，否则，一旦实际的收现率达不到这一标准，势必影响企业预期经营目标的实现，从而打乱企业的正常生产秩序。此时，企业必须加以调整、改进和完善，并采取有效的弥补措施。

4. 应收账款坏账准备制度

无论企业采取怎样严格的信用政策，只要存在着商业信用行为（在市场经济条件下是极为必要的），坏账损失的发生总是不可避免的。按现行制度的规定，确定坏账损失的标准主要有两条。

（1）因债务人破产或死亡，依照《中华人民共和国民事诉讼法》以其破产财产或遗产（包括义务担保人的财产）清偿后，确定无法收回的应收款项。

（2）经主管财政机关核准的债务人逾期未履行偿债义务超过三年仍无法收回的应收款项。

企业的应收账款只要符合上述任何一个条件，均可作为坏账损失处理。既然应收账款的坏账损失无法避免，企业遵循谨慎性原则，对坏账损失发生的可能性预先进行估计，并建立弥补坏账损失的准备制度，即提取坏账准备金就显得极为必要。同坏账损失的确认一样，坏账准备金的提取数额、比率并非完全由企业自行决定，而必须按照现行财务制度的规定：企业可以在年度终了时，按年末应收账款余额的3‰～5‰计提坏账准备金（依据“坏账准备”账户的余额具体确定当年的应提数额），将实际提取数额列入当期管理费用；将当年的坏账损失超过上年末（即本年初）“坏账准备”余额的部分，直接列入当期的管理费用。

可见，建立坏账准备制度，提取坏账准备金，对于缓解坏账损失对企业正常经营秩序的冲击，正确反映各期财务成果的真实水平，加速企业资金周转，降低损失程度都有极其重要的作用。

总之，企业应该通过应收账款的日常管理，把有关政策落实到企业的日常经营行为中，发挥政策的效果，降低坏账损失的可能性切实加快应收账款的回收。

关键点提示

企业进行应收账款日常管理时应掌握：

1.应收账款追踪分析；2.应收账款账龄分析；3.应收账款收现保证率分析；4.应收账款坏账准备制度。

5.4　如何运用存货管理加速现金流转

工作场景描述

当想了解怎样加速存货周转时，可查看。

解读与分析

在现金循环中，通过加速存货的周转，企业可以缩短现金的循环周期，提高企业的收益率。但是不是存货周转得越快越好，因为存货每周转一次，就要消耗一定的费用，周转得越快，企业消耗的成本就越多。因此，存货应当保持一定的流通速度和规模，既能满足企业生产的需要，又能加快现金的流转，以满足企业对资金的需求。

1. 确定经济订货规模

存货管理的任务在于适当地控制存货水平，在保证销售和耗用正常进行的情况下，尽可能地节约资金，降低存货成本。

（1）存货成本。在存货管理中，企业通常需要考虑以下几项成本。

①采购成本是指由购买存货而发生的买价（购买价格或发票价格）和运杂费（运输费用和装卸费用）构成的成本。

②订货成本是指为订购货物而发生的各种成本，包括采购人员的工资、采购部门的一般性费用（如办公费、水电费、折旧费等）和采购业务费（如差旅费、检验费等）。

③储存成本是指为仓储存货而发生的各种费用。

④缺货成本是指由于存货数量不能及时满足生产和销售的需要而给企业带来的损失。

（2）经济订购批量的确定。存货决策的目的是确定使储存成本和订货成本合计数最低时的订购批量，即经济订购批量。

假设，A代表某种存货全年需要量，Q代表订购批量，Q^*代表经济订购批量，A/Q^*代表经济订购批次，P代表每批订货成本，C代表单位存货年储存成本，T代表年成本合计（年订购成本和年储存成本的合计），T^*代表最低年成本合计，由于年成本合计等于年订货成本与年储存成本之和，因此：

$$T=(Q/2)\cdot C+(A/Q)\cdot P$$

经济订购批量为：

$$Q^*=\sqrt{2AP/C}$$

经济订购批次为：

$$A/Q^*=\sqrt{AC/(2P)}$$

最低年成本合计为：

$$T^*=\sqrt{2APC}$$

例如，S企业每年耗用某种材料3600千克，该材料单位成本10元，单位存储成本2元，一次订货成本25元，则：

$$Q^*=\sqrt{2AP/C}=\sqrt{\frac{2\times3600\times25}{2}}=300（千克）$$

$$T^*=\sqrt{2APC}=\sqrt{2\times3600\times25\times2}=600（元）$$

2. 加快存货周转速度

通过对存货周转速度进行计算和影响存货周转速度的因素进行分析，企业可适当调整存货的周转速度。

（1）计算存货周转速度。存货周转速度是通过存货周转率进行计算的。存货周转率也称存货利用率，是企业一定时期内产品或商品销售成本与存货平均余额的比率，即企业的存货在一定时期（通常为1年）内周转的次数。存货周转率计量了存货的质量和流动性，是评价企业购入存货、投入生产、销售收回等环节管理状况和运营效率的综合性指标。

其计算公式如下：

$$存货周转次数=\frac{年销售成本}{存货平均余额}$$

$$存货周转期=存货平均余额/年销售成本\times365$$

（2）加快存货周转速度。企业应当进一步考察存货的构成，找出影响存货周转的原因。存货周转率是不同存货类别的不同周转率的混合物。例如，工业企业可将存货按原材料、在产品、低值易耗品和产成品等类别计算周转率，考察在供、产、销不同阶段存货的运营情况。其计算公式分别为：

$$原材料周转率=\frac{原材料成本}{原材料库存平均余额}$$

$$在产品周转率=\frac{年生产成本}{在产品平均余额}$$

$$产成品周转率=\frac{年销售成本}{产成品平均余额}$$

企业的存货周转率降低，有可能是由以下因素引起的。

①低效率的存货控制与管理导致存货过度购买。

②低效率的生产导致存货的生产过慢。

③存货品种过少，造成需求疲软、难以出售，甚至丧失交换价值，导致库存积压。

④企业中可能存在着不适当的营销政策，如对信用政策控制过严而导致销路不畅。

通过对存货周转率进行分析，企业可以了解目前的存货周转情况以及影响存货周转的因素，为调整存货周转速度、加快现金流转提供可行的办法。

3. 加强存货日常管理

ABC控制法是有效控制存货的一种管理方法。运用ABC控制法控制存货资金，一般分如下几个步骤。

①计算每一种存货在一定时间内（一般为1年）的资金占用额。

②计算每一种存货的资金占用额占全部资金占用额的百分比，并按大小顺序排列，编成表格。

③根据事先测定好的标准，把最重要的存货划为A类，把一般存货划为B类，把不重要的存货划为C类，并画图表示出来。

④对A类存货进行重点规划和控制，对B类存货进行次重点管理，对C类存货只进行一般管理。

例如，T公司10%的存货种类占了存货总价值的80%，把这些存货归为A类；30%的存货只占存货总价值的15%，把这些存货归为B类；剩下60%的存货仅构成存货总价值的5%，把这些存货归为C类。A类存货品种虽少，但占用资金多，因而应集中主要力量，对其存入、发出进行严格控制和管理；C类存货虽然品种繁多，但占用资金不多，对这类存货不必花费大量时间和精力进行规划和控制；B类存货介于A类和C类之间，应给予相当的重视，但不必像A类那样进行非常严格的控制。

通过有效加强存货的日常管理，企业将会提高存货周转的效率，加强存货的成本控制，为加快存货向现金流的转化奠定基础。

总之，企业通过加强对存货的管理和控制，在满足企业生产经营需要的基础上，加快存货周转速度，减少在现金循环过程中存货阶段的滞留时间，将为有效地加速现金回收提供有利条件。

关键点提示

企业加快存货周转回收现金流时应重点掌握：

1.确定经济订货规模；2.加快存货周转速度；3.加强存货日常管理。

5.5　如何运用现金流内部控制制度

工作场景描述

当想了解如何通过建立科学、有效的制度来控制现金流时，可查看。

解读与分析

现金循环管理的实施是需要组织保证和制度规范的。企业需要建立一套完整的现金流内部控制体系来保证现金的正常流动，该体系不仅要保证经济业务的合法性和合规性，还应当保证现金流动的合理性和高效性。企业管理者应当熟悉内控的组织机构和制度建设。

1. 建立组织架构

公司制是现代企业制度的一种有效组织形式，法人治理结构是公司制的核心。法人治理结构包括现代企业所应具备的科学化、规范化的企业组织制度和管理制度。科学化、规范化的企业组织制度包括股东会、董事会和监事会制度。股东会是由全体出资人（股东）组成的最高权力机构；董事会是由股东会选举产生的代表全体股东利益的常设权力机构，对股东会负责；监事会是由股东会选举产生的代表全体股东利益并对董事会及其成员以及高层经营管理人员进行监督的机构。现金流内部控制组织架构是在法人治理结构下建立的。

2. 建立现金支出控制制度

现金流管理重在支出管理，建立有效的支出控制制度是建立现金流内部控制制度的重点。

（1）预算管理模式。

预算管理模式是典型的管理模式，应对现金支出建立严格的授权批准制度，明确审批人对货币资金业务的授权批准方式、权限、程序、责任和相关控制措施，规定经办人办理货币资金业务的职责范围和工作要求。

在预算管理模式下，支出分为预算内支出和预算外支出。预算内支出由费用发生的各分公司、分部门经理签字，如为大额支出，必须同时经财务经理或总经理签字，即实行所谓联签制；预算外支出应遵循例外管理原则，报经决策机构批准之后，由决策者或部门经理签字。

审批人应当根据授权批准制度的规定，在授权范围内进行审批，不得超越审批权限。重要现金支付业务应当实行集体决策和审批，并建立责任追究制度，防范贪污、侵占、挪用货币资金等行为。

对于较小的预算外现金支出，为提高工作效率，可由上一级主管经理审批；对于较大金额的支出，应经过一定的决策机构（如董事会会议、经理联席会等）批准。预算管理模式将支付审批与预算管理相结合，既下放了一定权限，又通过预算控制防止了支付的随意性。

（2）现金支出控制流程。

①对于企业的一切有关现金支出的业务，经办人必须将有关领导签字的“付款凭证”（须附有原始凭证），送交会计部门。

②企业会计部门核定付款凭证后送交出纳部门。

③出纳部门核对无误后，将现金或支票交收款人。出纳员要在付款凭证上加盖“现金付讫”或“银行付讫”戳记，而后送交会计部门。

④会计部门根据已付款的凭证做有关会计分录，并据以入账。

⑤月末，会计部门根据银行送来的对账单与会计记录进行核对。

3. 建立现金收入控制制度

企业经营性现金收入是销售商品、提供劳务收到的现金，具体包括现销收到的现金和应收账款回收收到的现金。现金收入控制的目的在于加速资金流转和加强内部控制。

对现金收入的控制，应采取如下措施。

（1）销售商品收到的现金，均由收款人点清，并填写“收款凭证”或“收款清单”，连同现金或支票送交出纳部门，并将“收款凭证”副本送交企业会计部门。

（2）出纳部门收入款项时，除与收款清单进行核对外，还应将现金或支票送存其开户银行，并将开户银行的回单送交会计部门。

（3）会计部门对收款人交来的有关“收款清单”和出纳员交来的银行存款回单加

以核对，核对无误后登记现金日记账、银行存款日记账。

（4）月末会计部门要对银行存款日记账与银行送来的对账单进行逐笔核对，并编制银行存款余额调节表。

建立现金流内部控制制度，便于企业在有效的组织架构下保证现金流出和流入的安全性、合理性和高效性，从制度上保证现金流的畅通运行。

关键点提示

企业建立现金流内部控制制度时应：

1.建立组织架构；2.建立现金支出控制制度；3.建立现金收入控制制度。

5.6　如何进行现金流管理审计控制

工作场景描述

当想了解外部审计如何进行现金流管理控制时，可查看。

解读与分析

在现金循环过程中，企业有一套现金流量管理系统来组织现金的收支和结算活动。但是如何衡量其组织管理效率呢？这就需要企业定期对这些系统进行现金流管理审计。

现金流管理审计分为以下四个步骤。

1. 设立内部审计小组或聘请外部审计公司

企业可以设立内部审计小组，也可以聘请一家外部审计公司或将二者结合起来。外部审计公司的优势在于它们在证据收集和分析方面更专业，也更有经验，同时它们对已建立的可供选择的系统更加熟悉。内部审计小组的优点是其对企业的经营有全面的了解，并且其审计工作具有长期的延续性。

2. 查找证据

查找证据的目的很简单，即描述现金流量管理系统是怎样运行的，企业中现金流量和平均现金余额是多少以及它们由谁来控制，并了解现金回款的速度有多快。审计应涵盖现金筹划、现金预算、预算管理以及现金运作的其他系统。

在查找证据的过程中，审计人员应恰当地结合实地考察和问卷调查两种方法。实地考察是一种很花费时间的方法，因此会在数量上受到限制。然而，审计人员应用这种方法的好处在于：可以在面对面询问和系统运行过程中进行深入分析并获得高质量的数据。相反，问卷调查可以面向很多人。与实地考察不同的是，问卷调查可以在被调查者认为方便的时候（需要时，甚至可以跨越几天）完成，所以它不会打断被调查者的工作。

大型的企业组织倾向于使用大量问卷调查和较少的实地考察。不过，任何证据查找的方法都存在这样的风险，即所收集的数据不正确或不完整。审计人员可能会曲解这些信息或忽略某些重要细节。

3. 分析数据

审计人员应该对实地考察和问卷调查所获取的信息进行分析，以确认潜在的薄弱和低效环节。分析的关键在于现金回款（应收账款）、现金付款（应付账款）、银行存款余额和银行手续费几个方面。分析者应该着重注意现金活动和它们所花费的时间是否合理。

（1）应收账款。对于现金应收款，审计人员应该重视这一项目的波动，如从销售到客户付款所花费时间的波动。在实施日常审计的企业中，审计人员应该将目前所需要的时间与前期进行比较，以评估这一状况是改善还是恶化了。需检查的项目包括如下几个。

①从销售到开具发票之间花费的时间，是否有不必要的延误发生。

②客户对发票细节质疑的次数情况，是否存在因发票、订货单设计不佳或不清楚导致错误支付的情况。

③向客户提供的信用条件。

④客户付款的积极程度。

⑤需要催收的逾期应收账款占应收账款总额的比例。

⑥为催收逾期应收账款而与客户联系的积极程度。

⑦客户对提前付款折扣的利用情况及其数量。

⑧银行收取现金的过程。

⑨发票日期（如果企业要求客户在开具发票后的规定时间内付款，那么发票上就应该明确地注明日期和信用条件）。

（2）应付账款。现金应付款中潜在的主要弱点是在到期之前提前付款。另一个弱点是在提前付款折扣方面的决策可能是高成本的，即在不利的信用条件下提前付款或在有利的信用条件下拒绝提前付款。需检查的项目如下。

①供货方提供的信用条件。

②催收账款的意愿。

③需要支付的逾期应付账款占应付账款总额的比例。

④信用条件的利用情况及其数量。

⑤银行支付现金的过程。

虽然向供应商逾期付款是不是一种好的现金管理方法仍值得商榷，但是这样的策略可能会恶化与供应商的关系，使得他们不愿意向企业延展信用期。

（3）银行存款余额与银行手续费。企业应该对银行手续费的准确性进行检查。这是因为银行手续费各不相同，而且银行偶尔也会出错。为满足多种业务的需要，企业应开发一些现成的软件包来监督检查银行利息和手续费及其计算过程。

收到大额款项就直接借记账户的企业应该对银行收款的速度进行检查，收款的拖延会导致企业产生不必要的透支费用或存款利息损失。

企业需对现金余额及应收款存入银行所产生利息的用途进行检查，同时，还应考虑银行在收到企业已经入账的款项后到提供这一已转账的资金所需的时间。

4. 提出改进建议

在确认了现有系统所存在的薄弱环节后，现金管理审计小组应该提出改进建议。企业可以考虑一些可选的方式，如账户合并、净额结算、重开发票以及不同的付款方式或利用本国银行的外币账户、国外银行账户。每一条建议都应该形成文件，并计算成本，由审计人员对其进行成本效益分析。另外，审计人员应该绘制一张现金流量图，用来显示这些方案被采纳后的现金流量的情况。如果这些备选方案比现行方案好，那么企业就可以编制实施改进的方案。

在筹划这些改进方案时，企业应该到目前的开户银行咨询，也需要与其他拥有良好技术、软件和地理位置的银行联系。尽管新方案最初是由总公司提出的，但与地方分部进行协商，获得它们的支持也是很有必要的。最终，审计人员会以报告的形式将改进建议提交给董事会审批。

对企业的现金流量管理系统进行正式调查，确定不足和需要改进的领域，可优化当前现金流量管理系统，从而有助于现金的流转，缩短现金循环的周期。

关键点提示

企业进行现金流管理审计控制时应注意：

1.设立内部审计小组或聘请外部审计公司；2.查找证据；3.分析数据；4.提出改进建议。

5.7 如何合理划分现金流盈余

工作场景描述

当想了解怎样对盈余现金进行合理划分时，可查看。

解读与分析

在产生现金流盈余时，企业可以将其划分为几个不同部分，来满足现金支付的需要。企业在日常经营活动中，会有诸如缴税、付息等各种各样的支出需求。根据其属性的不同，这些需求可以分为交易性需求、预防性需求和投资性需求。企业根据支付需求的不同，将盈余现金划分为以下三部分。

1. 交易性资金

交易性资金是企业为满足日常业务的正常进行而持有的资金，这种支出需求是企业可以预计并控制的。比如，企业对每季的股利和税收进行支付，对即将到期的贷款和利息进行支付等。由于这部分支出需求需要企业到期支付，有着明确的支付期限，因此对这部分盈余资金进行管理时，在保证到期能够变现的基础上，重点考虑收益性。对这部分盈余资金而言，政府债券、大额可转让定期存单、商业票据、回购协议、银行承兑汇票和优先股都是值得考虑的投资目标。

2. 预防性资金

预防性资金是企业为预防发生意想不到的临时性支出而持有的一部分资金。现金流的不确定性越强，用于预防性资金的数额就越大；反之，企业现金流量的可预测性越强，用于预防性资金的数额可以越小。另外，企业的借款能力也是影响预防性资金数额大小的重要因素。如果企业的借款能力强，则可以减少预防性资金的数额；反之，则要扩大预防性资金数额。由于这部分现金支出需求具有不可预测性，因此对这部分盈余资金进行管理时，首先要考虑其流动性，要求其随时能够变现，用于支付。政府短期债券是安全性最好和流动性最强的货币市场工具，是企业预防性资金的首选目标。此外，期限短、质量高的回购协议也是可选对象。

3. 投资性资金

投资性资金是企业为了获得较高的回报而进行购买有价证券等短期投资性活动，而持有的一部分资金。这部分资金同预防性资金一样，没有明确的现金支出日期，从而也就没有迅速转化为现金的迫切需要，因此收益性是对这部分资金进行管理时最重要的考虑因素。一般投资于期限较长、风险较大且流动性较弱的证券上，可获得较高收益。

对盈余资金的不同支出需求进行合理划分，可以在满足企业各种支出需求的同时，给企业带来短期收益，取得良好的经济效益。在对企业盈余资金进行划分时，我们首先要划分出交易性资金，用来满足企业正常发展的需要；其次，划分出预防性资金，用来保证企业突发性和临时性的资金需要；最后，划分出投资性资金，用来获取较高的投资回报。另外，由于预防性所需资金具有突发性和数额不确定性，因此，在这种突发性现金支出数额超过预防性资金时，企业应首先把投资性资金收回或者进行短期借款，用于处理突发情况。

对企业未来面对的各种资金需求进行分类，对企业的现金流盈余进行合理划分，建立起相应的资金保障机制，可使企业做到有备无患，从而在同行业竞争中处于更加主动的地位。

关键点提示

合理划分现金流盈余时，企业应该重点注意的内容有：

1.交易性资金；2.预防性资金；3.投资性资金。

5.8 如何保持最佳现金持有量

工作场景描述

当想了解怎样保持最佳现金持有量时，可查看。

解读与分析

现金是非盈利性资产，现金持有量过大，表明资源处于闲置状态。因此，企业必须采用一定的方法确定比较合理的现金持有量——最佳现金持有量。成本分析模式和存货模式是确定最佳现金持有量的两种比较简便易行的方法，它们是根据现金的有关成本，分析预测其总成本最低时现金持有量的方法。另外，企业也可以利用随机模式来确定最佳现金持有量。

1. 成本分析模式

成本分析模式是通过对持有现金的成本进行分析，来确定最佳现金持有量的一种方法。

（1）企业持有现金的成本。企业持有现金的成本一般包括三类成本：机会成本、管理成本和短缺成本。

①机会成本。机会成本是企业把一定的资金投放在现金资产上所付出的代价，这个代价实际上就是放弃更高报酬率的投资机会的那部分收益。现金持有量越大，机会成本越大，因此机会成本与现金持有量是成正比的。

假定某企业年均持有50万元现金，一年期银行储蓄存款利率为1.98%，一年期国债收益率为2.35%，企业可以把持有的50万元现金存放在银行一年，可得到0.99万元（50万元×1.98%，税前）的利息收入，也可以购买一年期国债，获得1.175万元（50万元×2.35%）的国债利息收入。所以，企业可能会因没有购买国债而失去取得相应收入的机会，则该企业每年持有现金的机会成本为1.175万元。

②管理成本。管理成本是对企业置存的现金资产进行管理而支付的代价，包括建立、执行、监督、考核现金管理内部控制制度的成本，编制执行现金预算的成本以及相应的安全装置购买、维护成本等。管理成本是一种固定成本，与现金持有量之间没有明确的比例关系。

③短缺成本。短缺成本是指企业由于缺乏必要的现金资产而无法应付各种必要开支或由于失去宝贵的投资机会而造成的损失。现金的短缺成本随现金持有量的增加而下降，随现金持有量的减少而上升，即与现金持有量成反比例关系。

（2）确定最佳现金持有量。理论上，上述三项成本之和最小的现金持有量，就是我们所需要的最佳持有量；反映在模型上，即如果把以上三种成本线放在一个平面图上，就能表现出持有现金的总成本，从中可以找出最佳现金持有量的点：机会成本线向右上方倾斜，短缺成本线向右下方倾斜，管理成本线为平行于横轴的平行线，总成本线是一条抛物线，该抛物线的最低点即为持有现金的最低总成本。

运用成本分析模式确定最佳现金持有量时，可只考虑因持有一定量现金而产生的机会成本和短缺成本，不考虑管理成本。当机会成本等于短缺成本时，相关总成本最低，因此，最佳现金持有量也可以说是机会成本等于短缺成本时的现金持有量。

（3）运用成本分析模式计算最佳现金持有量的步骤。

①根据不同现金持有量测算并确定有关成本数据。

②按照不同现金持有量及有关成本资料编制最佳现金持有量测算表。

③在测算表中找出总成本最低时的现金持有量，即最佳现金持有量。

例如，某企业有四种现金持有方案，如表5-5所示。

这四种方案的总成本计算结果如表5-6所示（总成本=机会成本+管理成本+短缺成本）。

表 5-5　现金持有方案

单位：元

项目	A	B	C	D
现金持有量	25000	50000	75000	100000
机会成本	2500	5000	7500	10000
管理成本	10000	10000	10000	10000
短缺成本	12000	6750	2500	500

表 5-6　现金持有总成本

单位：元

项目	A	B	C	D
机会成本	2500	5000	7500	10000
管理成本	10000	10000	10000	10000
短缺成本	12000	6750	2500	500
总成本	24500	21750	20000	20500

通过对以上各方案总成本进行比较，我们可知，C方案总成本最低，即企业持有75000元现金时总代价最小，对企业来说最合适，75000元是该企业的最佳现金持有量。

2. 存货模式

存货模式是将存货经济订货模型用于确定最佳现金持有量的一种计算方法。当持有现金的机会成本与证券变现的交易成本相等时，现金管理的总成本最低，此时的现金持有量为最佳现金持有量。存货模式适用于现金流出量稳定不变的情况。

（1）企业持有现金的成本。根据存货模式的计算方法，企业持有现金的成本可以分为两类：持有成本和交易成本。

①持有成本——由于持有现金，放弃进行短期投资以获得较高利息收益而产生的机会成本。即：

$$持有成本=\frac{Q}{2}K$$

式中　Q——现金持有量或每次转换的现金量；

K——有价证券利率。

为降低持有成本，Q值越低越好。

②交易成本——有价证券与现金相互转换而发生的交易费用。它仅与交易次数有

关，而与交易金额无关，即：

$$交易成本=\frac{T}{Q}F$$

式中　T——一定时期内的现金需要总量；

F——每次证券交易的固定费用。

为降低转换成本，Q值越大越好。

③现金管理总成本是持有成本和交易成本之和，用公式表示为：

总成本=持有成本+交易成本

$$TC=\frac{Q}{2}K+\frac{T}{Q}F$$

式中　TC——总成本。

（2）确定最佳现金持有量。

通过上述分析可知，各种成本与现金持有量间存在不同的比例关系。现金的持有成本和交易成本是两条随现金持有量不同而向不同方向发展的曲线，两条曲线交叉点对应的现金持有量即总成本最低的现金持有量。

根据上述内容可知，交易成本线和持有成本线的交叉点即最小成本点和最佳现金持有量的组合点，运用存货模式确定最佳现金持有量的计算方法如下。

$$\frac{T}{Q}F=\frac{Q}{2}K$$

$$Q^*=\sqrt{2TF/K}$$

式中　Q^*——最佳现金持有量。

计算步骤如下。

①确定一定时期内的现金需要总量T、每次证券交易的固定费用F、有价证券利率K；

②把T、F、K代入公式$Q^*=\sqrt{2TF/K}$中；

③根据公式计算出最佳现金持有量Q^*。

例如，某公司现金收支状况比较稳定，预计2020年全年需要现金5200000元，现金与有价证券的交易成本每次为1000元，有价证券的年利率为10%，计算最佳现金持有量。

根据题意可知，T=5200000元，F=1000元，K=10%，代入公式$Q^*=\sqrt{2TF/K}$，计算出Q^*为322490元，即最佳现金持有量为322490元。

3. 随机模式

对企业来讲，现金需求量往往波动大且难以预知，但企业可以根据历史经验和现实需要，测算出一个现金持有量的控制范围，即制订出现金持有量的上限和下限，将现金持有量控制在上下限之内。当现金持有量达到控制上限时，用现金购入有价证券；当现金持有量降到控制下限时，则抛售有价证券换回现金。若现金持有量在控制的上下限之内，便保持它们各自的现有存量。

总之，企业通过成本分析模式和存货模式计算出所需最佳现金持有量，既能满足企业日常业务的需要，又能最大限度地减少因持有现金而丧失的潜在收益，是企业可用以管理现金流盈余的有力工具。企业要想通过随机模式确定最佳现金持有量时，应重视并利用好历史经验。

关键点提示

企业确立最佳现金持有量时，可利用：

1.成本分析模式；2.存货模式；3.随机模式

5.9 如何制订现金流缺口应对措施

工作场景描述

当要制订现金流缺口应对措施时，可查看。

解读与分析

现金流是企业的血液，是企业得以生存和发展的基础。许多企业都曾遭遇“现金荒”，即现金不足的情况，其中不乏由于没有采取有效应对措施致使企业倒闭的情况。

如果企业日常周转的资金入不敷出，无力偿还应付账款，这对企业来说，是一个十分危险的信号，特别是一些必须立即支付的款项也难以承担时，一个小小的事件就可能引发大的财务危机。因此，企业要在现金流出现缺口的情况下，制订应对措施来保证企业顺利发展。

1. 立即组建团队

企业要立即组建一支跨职能部门的危机处理团队，其任务是迅速诊断出原因，而后制订应急计划，监督、保障和协助计划的实施。危机处理团队人员应当是各部门领导层成员，以便确保对各部门信息的完全掌握和施加影响力。这是应对企业出现现金流缺口的组织保证。

2. 迅速找出原因

企业所处环境是千变万化的，各种原因都会造成在某一环节上资金积压或者资金短缺。

（1）资本不足及盲目投资。随着社会的发展和市场竞争的日益激烈，企业为了扩大规模、增强竞争力、占领市场等，会采取多方投资、新建项目、扩大经营等措施。在企业资本不足的情况下，这些做法必然导致企业短期资金紧张。

（2）经营管理不善。一些企业在发展过程中只注重开拓外部市场，忽视了企业内部管理，造成企业内部出现库存商品粗放管理、赊销政策不当、费用无预算或执行不力、缺少应对突发事件的预防性资金等多种隐患，这些都将导致企业实际的和潜在的资金短缺。

（3）经营方式转变。许多企业在实现经营方式转变时，由于没有充足的资金来源或者投资额过大，造成固定投入不足，无法达到预期的经营目的；或者即使固定投入足够，但由于挤占了大量流动资金，造成周转困难，效益下降。

（4）忽视企业的发展周期。许多企业在创立期和成长期通常会出现“成长病”，即过分地扩大规模，从而导致企业力不从心，产品线出现经营问题。由于企业层次的战略调整无法在短时间内完成，因此在一段时间内，企业会出现资金紧张的局面。

3. 分析企业现金状况

企业出现“现金荒”时，要对企业的现金使用和结存情况做出分析。采用数据分析的办法有助于问题的解决。数据分析法是通过对具体的现金流量进行分析，准确地识别企业经营的核心盈利点，并对它进行量化，从而提高企业的投资效率。

（1）确定当前可利用的现金。估计可利用的现金时应当采取保守的方法，其中包括那些能够立即变现的有价证券和现金，不应包括库存和不确定的应收账款。通过对现金等流动资产以及固定资产的存量进行确认，企业可做到“心中有数”，量力而行。

（2）确定资金的流向。为了能够有效地确定资金的流向，企业可采取“分类账分析”法，即先寻找所有记录现金流动的账户，并将它们按照现金支出的数额由大到小进行排列，然后对现金的进出方式、进出起始点和参与人员进行审查，确定具体的资金流向。

（3）成本收益趋势分析。企业应根据自身所开展的不同业务领域来计算销售百分比，并分别对其进行成本收益趋势分析。对不同业务的成本收益趋势进行分析，可放弃不能盈利的业务，并为确定盈利的业务制订财务计划时提供基础数据支持。

（4）设计新的财务制度。在明确了现金的来源及其流向之后，针对当前的财务状况及业务状况，企业应设计新的财务标准，并对现金进行预算。例如，在降低成本方面，重新规划人员、材料和其他直接成本、制造费用以及销售费用等；在营运资金管理方面，对订单处理、账单编制、应收账款、应付账款、付款方式、存货处理和现金管理等做出新规定，其目的是使资金迅速回笼，减少资金的流出，提高资金的使用效率。

4. 实施脱困计划

分析“现金荒”状况产生的原因后，企业就要制订包含最坏情况的应急计划。计划的内容不仅包括新的财务预算及规定，还要把相关利益者考虑进来，制订出与他们进行交涉、协商的计划。下面我们从交涉对象方面来阐述各个方案的执行及控制。

（1）与贷款人交涉。

事实上，很多贷款人都不会采取极端措施，因为企业破产对它们而言并不是一个好的结果。所以，企业有必要对贷款人的实力、心理和态度进行必要的事前了解。首先，企业应在专家的帮助下，通过对问题进行诊断分析，制订一个包含最好情况和最坏情况的脱困计划，用脱困计划向贷款人表明其有能力偿还贷款；其次，企业应为贷款人提供必要的抵押品或担保；再次，企业可采取“无赖”策略，以破产为砝码向贷款人施压，但是采用这一招时要选好对象。一般来说，小银行或低利润的银行贷款人，其承受损失的能力是有限的，企业可以对其“要无赖”；而对于有实力的银行贷款人来说，企业这样做反而会弄巧成拙。

（2）与购销债权人交涉。

企业在无法获得贷款的情况下，为了维持下去，需要稳住购销债权人，从购销债权人处获得进一步的赊销，这是非常关键的一步。与购销债权人交涉时，企业首先要了解对方的真实心理和价格底线，在此基础上，制订脱困计划。提供脱困计划是为让购销债权人明白，如果购销债权人允许企业继续经营，那么购销债权人将会获得比企业破产更为有利的结果。其次，交涉的主攻方向是主要的供应商，因为主要的供应商已提供赊销的货物，其遭受“套牢”的威胁更大，从而答应继续合作的可能性也更大。

（3）与债务人协商。

陷于现金困难的企业可以考虑与其债务人协商或交涉，如要求其提前还款、催收货款，必要时企业可从债务人处获得充抵物进行抵押、变卖。总之，企业要尽可能回笼资金，哪怕给予债务人一定的优惠条件，如折扣等。此外，企业与债务人积极对话，寻求共度危机的办法，可以争取到债务人的担保或者其提供的其他帮助。

（4）内部人员的协商。

企业内部人员的协商涉及企业内部人员的利益分配问题，例如减少工资，降低福利待遇等。企业通过与企业内部员工进行协商，减少用于人员开销的资金，在困难时期常常能起到立竿见影的效果。另外，筹集企业员工的资金也是一些企业内部协商时经常使用的做法，例如，在企业内部进行集资，对于小企业来说，常常是有效的，而对于大企业来说，往往是杯水车薪。但是，它在一定程度上把个人利益与集体利益紧密地联系在一起，从而有利于发挥员工的能动性和工作的积极性。

（5）处理现有资产。

当企业面临现金危机，又不可能获取银行贷款时，唯一能够变现的就是现有资产。企业的资产可以用于抵押贷款、拍卖或直接充抵债务，流动债权可以贴现，存货可以贱卖。通常情况下，企业应当把握以下原则：处理流动资产优先，其中又以对非存货的处理最为优先，除非企业不再经营此种产品，否则对存货的处理应当以原材料和半成品为优先，接下来是资产的抵押贷款，最后才是固定资产的拍卖和贱卖。

5. 制订外部筹资计划

解决企业资金短缺的办法可以归纳为两种。一是从外部筹资。从外部筹资时企业要根据自身条件选择不同的方式，主要有发行新股、发行债券、信贷筹资、抵押贷款等；二是从内部寻找所需要的资金，如加快存货的周转，加速收回应收账款，合理利用信用资金等。

企业内部资金是有限的，并且需要较长周期才能集中起来，而企业发行股票和债券等，一方面需要政策的许可，另一方面需要较长时间才能融入资金。所以，在企业面临短期资金缺口时，可以通过信贷、抵押、回收应收账款等方式进行短期筹资。企业在进行外部筹资时，要综合考虑筹资规模、筹资成本、筹资渠道、筹资期限、筹资时机、筹资风险和筹资政策等多种因素。

总之，企业在出现现金流缺口时，一方面要制订紧急应对措施，挖掘企业内外部资源，缓解资金压力；另一方面，要积极拓展外部筹资渠道，保证企业有足够的现金流入，以满足现金支出的需要。

关键点提示

企业制订应对现金流缺口措施时要重点注意以下内容：

1.立即组建团队；2.迅速找出原因；3.分析企业现金状况；4.实施脱困计划；5.制订外部筹资计划。

5.10 如何预测短期筹资规模

工作场景描述

当要确定短期筹资所需资金量时，可查看。

解读与分析

企业出现现金流缺口时，需要筹集资金。所需资金规模是筹集资金的数量依据，必须科学合理地加以预测。通过使用一定的预测方法，企业可对所需资金进行科学估算，既能满足资金支出的需要，又不至于融入冗余资金，增加筹资成本。

1. 销售百分比法

销售百分比法是根据销售额与资产负债表和利润表有关项目之间的比例和敏感关系，预测各项目短期资金需要量的方法。销售百分比法能为现金流管理提供短期预计的财务报表，以适应外部筹资的需要，且易于使用。其缺点是若有关销售百分比的假定与实际不符，据以进行预测就会得出错误的结果。因此，在有关因素的关系发生变动的情况下，相关人员必须调整相应地销售百分比。

运用销售百分比法时，企业一般借助于预计利润表和预计资产负债表：通过预计利润表预测企业留用利润这种内部资金来源的增加额，通过预计资产负债表预测企业资金需要总额和外部筹资的增加额。

（1）编制预计利润表，预测留用利润。预计利润表与实际利润表的内容、格式相同。通过编制预计利润表，企业可预测留用利润这种内部筹资的数额，也可为编制预计资产负债表预测外部筹资数额提供依据。

现将编制预计利润表的主要步骤归纳如下。

①收集基年实际利润表资料，计算利润表各项目占销售额的百分比。

②取得预测年度销售额预计数，用此数乘以基年实际利润表各项目占实际销售额的百分比，计算预测年度预计利润表各项目的预计数，并编制预测年度预计利润表。

③利用预测年度税后利润预计数和预定的留用比例，测算留用利润的数额。

（2）编制预计资产负债表，预测外部筹资额。预计资产负债表与实际资产负债表的内容、格式相同。通过编制预计资产负债表，企业可预测资产、负债和留用利润等有关项目的数额，进而预测企业需要外部筹资的数额。

运用销售百分比法时要选定与销售额有稳定比率关系的项目，这种项目称为敏感项目。敏感资产项目通常包括现金、应收账款、存货、固定资产净值等项目，敏感负债项目通常包括应付账款、应付费用等项目。对外投资、短期借款、长期负债和实收资本通常与销售额的多少没有直接联系，不属于短期内的敏感项目，留用利润也不宜列为敏感项目。

例如，A公司2020年实际销售收入15000000元，资产负债表及其敏感项目占销售额的比率见表5-7。2021年预计销售收入18000000元。试编制2021年预计资产负债表并预测外部筹资额。

根据上述资料，编制该企业2021年预计资产负债表，见表5-7。

表 5-7　2021 年预计资产负债表

单位：元

项目	2020年实际数（1）	2020年销售比例（%）（2）	2021年预计数（3）
资产：			
现金	75000	0.5	90000
应收账款	2400000	16.0	2880000
存货	2610000	17.4	3132000
预付费用	10000	—	10000
固定资产净值	285000	1.9	342000
资产总额	5380000	35.8	6454000
负债及所有者权益：			
短期借款	500000	—	500000
应付账款	2640000	17.6	3168000
应付费用	105000	0.7	126000
长期负债	55000	—	55000
负债合计	3300000	18.3	3849000
实收资本	250000	—	250000
留用利润	1830000	—	1992000
所有者权益合计	2080000	—	2242000
追加外部筹资额			363000
负债及所有者权益总额	5380000		6454000

现将编制预计资产负债表的主要步骤归纳如下。

①取得基年资产负债表资料，计算其敏感项目与销售额的百分比，并列在预计资产负债表的（1）、（2）栏中。

②用2020年预计销售收入18000000元，乘以第（2）栏中所列的比率，求得表5-7中第（3）栏中列示的敏感项目金额。第（3）栏中的非敏感项目按第（1）栏中的数额填列。至此，确定了第（3）栏中除留用利润以外的各个项目的金额。

③确定2020年留用利润增加额及资产负债表中的留用利润累计额。留用利润增加额可根据利润额、所得税率和留用利润比例来确定。2020年累计留用利润等于2019年累计留用利润加上2020年留用利润增加额。若2020年利润额为540000元，所得税率为40%，

税后利润留用比例为50%，则2020年留用利润增加额为：

$$540000 \times (1-40\%) \times 50\%=162000（元）$$

2020年累计留用利润为：

$$1830000+162000=1992000（元）$$

从需要的筹资总额［（6454000–3849000）–（5380000–3300000）=525000（元）］中减去内部筹资额162000元，可求得需要的外部筹资额363000元。

④加总预计资产负债表的两方：2020年预计资产总额为6454000元，负债及所有者权益总额为6091000元，其差额为363000元。它既是使资产负债表两方相等的平衡数，也是需要的外部筹资额。

2. 线性回归分析法

线性回归分析法是假定资金需要量与营业业务量之间存在着线性关系，在建立数学模型后，根据有关历史资料，用回归直线方程确定参数来预测资金需要量的方法。其预测模型为：

$$y=a+bx$$

式中 y——资金需要量；

a——不变资金；

b——单位业务量所需要的变动资金；

x——业务量。

不变资金是指在一定的营业规模内，不随业务量增减的资金，主要包括为维持营业而需要的最低数额的现金、原材料的保险储备、必要的成品或商品储备以及固定资产占用的资金。变动资金是指随着业务量的变动而同比例变动的资金，包括在最低储备以外的现金、存货、应收账款等所占用的资金。

利用历史资料通过该预测模型确定出a、b的数值以后，即可预测一定业务量x所需要的资金数量y。

例如，B公司2016—2020年的产销量和资金需要量如表5–8所示。假定2021年预计产销量为78000件。试预测2021年资金需要总量。

表 5-8　产销量与资金需要量表

年度	产销量x / 万件	资金需要量y / 万元
2016	6.0	500
2017	5.5	475
2018	5.0	450
2019	6.5	520
2020	7.0	550

预测过程如下。

（1）根据表5–8，计算整理出表5–9所示的数据。

表 5-9　回归直线方程数据计算表

年度	产销量x / 万件	资金需要量y / 万元	xy	x^2
2016	6.0	500	3000	36.00
2017	5.5	475	2612.5	30.25
2018	5.0	450	2250	25.00
2019	6.5	520	3380	42.25
2020	7.0	550	3850	49.00
n=5	$\sum x=30$	$\sum y=2495$	$\sum xy=15092.5$	$\sum x^2=182.50$

（2）将表5–9的数据代入下列联立方程组：

$$\sum y=na+b\sum x$$

$$\sum xy=a\sum x+b\sum x^2$$

得到：

$$2495=5a+30b$$

$$15092.5=30a+182.5b$$

求得a=205，b=49。

（3）将a=205，b=49代入$y=a+bx$中，得：

$$y=205+49x$$

（4）将2021年预计产销量78000件代入上式，求得资金需要量为：

$$205+49\times78000=3822205（元）$$

企业利用销售百分比法和线性回归法对企业短期所需筹资规模进行预测，可融入合理资金，既不会因融资量过多而使企业负担更多成本，又不会因融资量过少使企业陷入支付困境。

关键点提示

企业预测短期筹资规模时要掌握以下方法：

1.销售百分比法；2.线性回归法。

5.11　如何运用商业信贷进行缺口管理

工作场景描述

当想运用商业信贷工具对现金缺口进行管理时，可查看。

解读与分析

运用商业信贷融入资金是企业短期筹资的重要方式。商业信用产生于商品交换之中，由延期付款或预收货款而形成的企业之间的借贷关系，是一种所谓的“自发性筹资”，这种筹资在短期筹资中占有相当大的比重。商业信用的具体形式有应付账款、商业汇票、票据贴现、预收账款等。企业管理者应当熟悉商业信贷的筹资方式、信用条件和特点。

1. 应付账款

应付账款是一种典型的商业信用形式，是企业因购买货物暂未付款而欠对方的账款，在卖方允许买方在购货后一定时期内支付货款的条件下形成。卖方利用这种方式促销，对买方来说，延期付款则等于向卖方借用资金购进商品，可以满足短期的资金需要。

（1）灵活掌握信用条件。为了促使购买单位按期付款、提前付款，销售单位往往规定一定的信用条件，如规定“2/10，n/30”，意即购买单位如在10天内付款，可以减免货款的2%，全部货款必须在30天内付清。换句话说，购买单位如要延期20天付款，需要多支付2%的货款。应付账款按其利用信用条件的方式，可分为免费信用、有代价信用和展期信用三种。

①免费信用是指企业无须支付任何代价而取得的信用，即买方企业在规定的折扣期内享受折扣而获得的信用，一般包括法定付款期限和销售者允许的折扣期限。前者如银行结算办法中规定允许有三天的付款期限，即付款人在收到付款通知的三天内享受免费信用；后者为在一定信用条件的折扣期内购买者可享受免费信用，这两种免费信用都是有时间限制的。免费信用相当于企业获得一笔无息贷款。

②有代价信用是指企业需要支付一定代价而取得的信用，即买方企业放弃折扣付出代价而获得的信用。如在折扣销售的方式下，企业购买者如果想要取得商业信用，则需放弃折扣，所放弃的折扣就是取得此种信用的代价。如“2/10，n/30”信用条件下，购买者在取得20天延期付款的情况下要多付2%的货款。对于此种有代价信用，企业应认真分析其资金成本的高低，以便取舍。

放弃现金折扣的商业信用资金成本率可按下列公式计算：

$$\text{商业信用资金成本率} = \frac{\text{CD}}{1-\text{CD}} \times \frac{360}{N} \times 100\%$$

式中 CD——现金折扣的百分比；

N——放弃现金折扣延期付款天数。

③展期信用是指企业在销售者提供的信用期限届满后，以拖延付款的方式强制取得的信用。展期信用虽不付出代价，但不同于一般的免费信用，它是明显的违反结算制度的行为，且会影响企业信誉，是不可取的。

（2）合理利用信用条件。在附有信用条件的情况下，由于获得不同信用要承担不同的代价，买方企业需要在利用哪种信用的问题上做出决策。

①企业如果能以低于放弃折扣的隐含利息成本（实质上是一种机会成本）的利率借入资金，便应在现金折扣期内用借入的资金支付货款，享受现金折扣。

②企业如果在折扣期内将应付账款用于短期投资，所得的投资收益高于放弃折扣的隐含利息成本，则应放弃折扣而去追求更高的收益。当然，即使企业放弃折扣优惠，也应将付款日推迟至信用期内的最后一天，以降低放弃折扣的成本。

③企业如果因缺乏资金而欲展延付款期，则需在放弃折扣成本与展延付款带来的损失之间做出选择。展延付款带来的损失主要是因企业信誉恶化而丧失供应商乃至其他贷

款人的信用，或导致日后面对苛刻的信用条件。

④企业面对两家及以上提供不同信用条件的卖方时，应衡量放弃折扣成本的大小，选择信用成本最小或所获利益最大的一家。

2. 商业汇票

商业汇票是在企业之间根据购销合同进行延期付款的商品交易开具的反映债权债务关系的票据，是现行的一种商业票据。商业汇票可由销货企业签发，也可由购货企业签发，到期日由销货企业要求付款。商业汇票必须经过承兑，需要有关各方在汇票上签章，表示承认到期付款。

商业汇票承兑期限由交易双方商定，一般为1~6个月，最长不超过9个月，遇有特殊情况可以适当延长。如属分期付款，应一次签发若干不同期限的汇票。汇票经承兑后，承兑人即付款人有到期无条件交付票款的责任。

商业汇票是一种期票，是反映应付账款或应收账款的书面凭证，在财务上被作为应付票据或应收票据处理。对于购买单位来说，它也是一种短期筹资的方式。采用商业汇票可以起到约期结算、防止拖欠的作用。由于汇票到期后要通过银行转账结算，故这种商业信用属于银行信用。

商业汇票根据承兑人的不同，可分为商业承兑汇票和银行承兑汇票两种。商业承兑汇票，是指由销货单位或购货单位开出，由购货单位承兑的汇票。银行承兑汇票，是指由销货单位或购货单位开出，由购货单位请求其开户银行承兑的汇票。这两种承兑汇票在同城、异地均可使用。

商业汇票根据是否附息，可分为带息汇票和不带息汇票两种。如果是不带息汇票，则属于免费信用。如果开出的是带息汇票，则所承担的票据利息就是应付票据的筹资成本。其利率一般比银行借款利率低，且不用保持相应的补偿余额和支付协议费，所以商业汇票的筹资成本低于银行借款成本。但是商业汇票到期后必须归还，如若延期便要交付罚金，因而风险较大。

3. 票据贴现

票据贴现是持票人把未到期的商业票据转让给银行，贴付一定的利息，以取得银行资金的一种借贷行为。它是商业信用发展的产物，实为一种银行信用。银行在贴现商业票据时，所付金额要低于票面金额，其差额为贴现息。银行通过贴现把款项贷给销货单位，到期后向购货单位收款，所以要收利息。采用票据贴现形式时，企业一方面可给予购货单位以临时资金融通，另一方面，在本身需用资金时又可及时得到资金。这有利于销货单位把业务经营搞活，把资金用活。

例如，2020年10月1日J公司因销售商品收到面值为100万元、4个月期限、年利率为6%的商业承兑汇票。如果2020年11月1日 J 公司将此应收票据贴现，贴现率为8%，则：

$$到期值=本金+利息=100+100\times（6\%/12\times4）=100+2=102（万元）$$

$$贴现利息=到期值\times贴现率/贴现期限=102\times（8\%/12）\times3=2.04（万元）$$

$$贴现所得金额=到期值-贴现利息=102-2.04=99.96（万元）$$

银行付给企业99.96万元，银行到期可以获得2.04万元的贴现利息。

4. 预收账款

预收账款是指销货单位按照合同和协议规定，在付出商品之前向购货单位预先收取部分或全部货物价款的信用行为。它等于向购货单位先借一笔款项，然后用商品归还，这是另一种典型的商业信用形式。对于卖方来讲，预收账款相当于向买方借用资金后用货物抵偿。对于买方来讲，相当于买入期货。预收账款一般用于生产周期长、资金需要量大的货物的销售，如飞机、轮船等，生产者经常要向订货者分次预收货款，以缓和本企业资金占用过多的矛盾。

此外，企业往往还存在一些在非商品交易中产生但亦为自发性筹资的应付费用，如应付工资、应付水电费、应交税金、其他应付款等。应付费用使企业受益在前，费用支付在后，而且支付期晚于结算期，相当于享用了一笔借款，在一定程度上弥补了企业的资金缺口。应付费用的期限具有强制性，不能由企业自由斟酌使用，但通常不需花费代价。

企业通过商业信用在商品交易活动中吸收、利用外部资金，可以有效地缓解资金紧张的局面，弥补企业现金流的缺口，防范支付危机的发生。

关键点提示

企业利用商业信贷管理现金流缺口时需要掌握：

1.应付账款；2.商业汇票；3.票据贴现；4.预收账款。

5.12 如何运用银行信贷进行缺口管理

工作场景描述

当要运用银行信贷对现金流缺口进行管理时，可查看。

解读与分析

企业通过筹资补偿现金流缺口时，除了商业信贷之外，银行信贷也是企业获得短期筹资的重要渠道。随着市场经济的日益发展，企业向银行借款成为一种被广泛使用的筹资方式。企业管理者应当从以下几方面掌握银行信贷工具。

1. 熟悉短期借款的种类

短期借款是企业向银行和其他非银行金融机构借入的期限在1年以内的借款，一般是向商业银行借款。银行在信用的基础上贷款给企业，企业借款要遵守信用规则，到期偿还，并支付一定的利息。按照贷款有无担保，银行信贷可分为信用贷款和担保贷款。

（1）信用贷款是指以借款人或保证人的信用为依托而获得的贷款，企业取得这种贷款时无须以财产做抵押。对于这种贷款，由于风险较大，银行通常要收取较高的利息，往往还附加一定的限制条件。

（2）担保贷款包括保证贷款、质押贷款和抵押贷款。保证贷款是指按《中华人民共和国民法典》规定的保证方式，第三人承诺在借款人不能偿还借款时，按约定承担一定保证责任或连带责任而取得的贷款。质押贷款是指按《中华人民共和国民法典》规定的质押方式，以借款人或第三人的动产或权利为质押物而取得的贷款。抵押贷款是指按《中华人民共和国民法典》规定的抵押方式，以借款人或第三人的财产为抵押物而取得的贷款。如果贷款到期后借款企业不能或不愿偿还贷款，则银行可取消企业对抵押品的赎回权，并有权处理抵押品。

2. 选择借款信用条件

企业向银行借款往往需要附带一些信用条件，主要有以下几种。

（1）信贷额度。信贷额度即贷款限额，是借款企业与银行在协议中规定的可得到的最高借款限额。通常在信贷额度内，企业可以随时按需要支用借款。企业如果超过规定限额继续向银行借款，银行则停止办理。此外，如果企业信誉恶化，即使银行曾经同意按一定的信贷额度提供贷款，企业也可能得不到借款。这时，银行不承担法律责任。

（2）周转信贷协定。周转信贷协定是银行以承担法律义务的形式承诺提供不超过最高限额的贷款协定。在协定的有效期内，只要企业借款总额未超过最高限额，银行就必须满足企业任何时候提出的借款要求。企业享用周转信贷协定，通常要就贷款限额的未使用部分付给银行一笔承诺费用。承诺费用一般按未使用的信用额度的一定比率计算。

（3）补偿性余额。补偿性余额是银行要求借款企业在银行中保持的按贷款限额或实际借用额一定百分比（通常为10%～20%）计算的最低存款余额。补偿性余额虽然有助于银行降低贷款风险，补偿其可能遭受的风险，但对借款企业来说，补偿性余额提高了借款的实际利率，加重了企业负担。

（4）按贴现法计息。银行借款利息的支付方式一般采用利随本清法，又称收款法，即在借款到期时向银行支付利息的方法。但有时银行规定采用贴现法，即银行向企业发放贷款时，先从本金中扣除利息，到期时借款企业再偿还全部本金的一种计息方法。采用这种方法时，企业可利用的贷款额只有本金扣除利息后的差额部分，因此其实际利率高于名义利率。

（5）借款抵押。银行向财务风险较大的企业或对其信誉没有把握的企业发放贷款时，有时需要有抵押品担保，以减少自己蒙受损失的风险。短期借款的抵押品经常是借款企业的应收账款、存货、股票、债券等。

（6）分期等额偿还。贷款的偿还有到期一次偿还和在贷款期内定期（每月、每季）等额偿还两种方式。一般来讲，企业不希望采用后一种偿还方式，因为这会提高借款的实际利率。而银行不希望采用前一种偿还方式，因为这会加重银行的财务负担，增加拒付风险，同时会降低实际贷款利率。

除了上述信用条件外，银行往往还要规定一些限制条款，如企业定期向银行提供财务报告、保持适当的资产流动性、禁止应收账款的转让等。如企业违背承诺，银行可要求企业立即偿还全部贷款。因此，企业要熟悉各种信用条件，选择适合企业需求的信用条件。

3. 计算实际筹资成本

由于不同的借款具有不同的信用条件，企业实际承担的利率将会与名义利率有所差别。企业借款的筹资成本应是企业实际支付的利息，与其相对的则是实际利率，计算公式如下：

实际利率=借款人实际支付的利息/借款人所得的借款

在不同信用条件下，实际利率的计算方法不同，如下所示。

（1）按复利计息。如复利按年计算，名义利率为i，借款期限为n年，则实际利率的换算公式为：

$$K=\frac{(1+i)^{n}-1}{n}$$

例如，名义利率为8%，借款年限为5年，按复利计算，则实际单利利率为：

$$\frac{(1+8\%)^{5}-1}{5}=9.4\%$$

复利是将本金与到期利息相加，并在一起作为下次本金，重新计算利息的方式。

（2）一年内分次计算利息的复利。如年利率为i，一年分m次计息，借款期限为n年，则实际年利率为：

$$K=\frac{(1+\frac{i}{m})^{mn}-1}{n}$$

例如，名义利率为8%，借款年限为2年，分季按复利计算，则实际单利为：

$$\frac{(1+\frac{8\%}{4})^{8}-1}{2}=8.6\%$$

（3）贴现利率。设贴现利率为 i，则实际利率为：

$$K=\frac{i}{1-i}$$

例如，某企业向银行借款200万元，期限为1年，名义利率为8%，利息为16万元，按贴现法付息，则该项贷款的实际利率为：

$$\frac{8\%}{1-8\%}=8.7\% \text{ 或 } \frac{16}{200-16}=8.7\%$$

（4）单利贷款，要求补偿性余额。由于企业在银行中保留补偿性余额，则实际可利用的借款相应减少。设补偿性余额为r，名义利率为i，则实际利率的计算公式如下：

$$K=\frac{i}{i-r}$$

例如，某企业向银行借款400万元，名义利率为8%，补偿性余额所占比例为10%，则实际利率为：

$$\frac{8\%}{1-10\%}=8.89\%$$

（5）周转信贷协定。设周转信贷额度为p，年度内已使用借款额为q，承诺费率为r，应支付的承诺费为R，则计算公式为：

$$R=(p-q)\cdot r$$

例如，某企业与银行商定的周转信贷额度为4000万元，年度内实际使用了2800万元，承诺费率为1.5%，则企业应向银行支付的承诺费为：

（4000–2800）×1.5%=18（万元）

由于实际利率和名义利率存在差别，企业在融入所需资金时，要选择那些实际利率低的信贷。

4. 了解银行信贷的优缺点

企业向银行短期借款时可以根据自己的需要来安排，灵活使用，且取得较简便，但其突出的缺点是短期内就要归还，特别是在带有诸多附加条件的情况下会使风险加剧。

（1）银行信贷的优点。

①筹资速度快。企业发行证券筹集资金所需时间一般较长，银行信贷与发行证券相比，所需时间较短，企业可以迅速地获取资金。

②筹资成本低。利用银行信贷所支付的利息比发行债券所支付的利息要低，另外，企业无须支付大量的发行费用。

③借款弹性好。企业与银行可以直接接触，通过当面商谈，确定借款的时间、数额和利率。在借款期间，如果企业情况发生变化，也可与银行进行协商，修改借款的数量

和条件。借款到期后，如有正当理由，还可延期归还。

（2）银行信贷的缺点。

①财务风险较大。企业向银行借款，必须定期还本付息，在经营不利的情况下，可能产生不能偿付的风险，甚至导致破产。

②限制条件较多。企业与银行签订的借款合同中，一般会有一些限制条款，如不准改变借款用途、限制企业借入其他长期资金等，这些条款可能会妨碍企业其他的筹资、投资活动。

银行机构遍布全国各地，吸收大量个人和单位的存款，资金充裕，是企业所需资金的重要来源。企业通过银行信贷筹集资金，是弥补企业现金流缺口的重要方式。

关键点提示

企业利用银行信贷管理现金流缺口时需要：

1.熟悉短期借款的种类；2.选择借款信用条件；3.计算实际筹资成本；4.了解银行信贷的优缺点。

5.13　如何进行现金浮游量管理

工作场景描述

当要进行现金浮游量管理时，可查看。

解读与分析

现金在转移过程中存在一定的延迟，即为浮游。现金浮游量是企业存款账户上的存款余额和银行账簿上的企业存款账户余额之间的差额，也就是企业和银行之间的未达账项。充分利用浮游量是一种为企业广泛采用的旨在提高现金利用效率、节约现金支出总量的有效手段。

1. 浮游量产生的原因

浮游量的产生缘于浮游期的存在，浮游期产生的原因有四个：在途时滞、存储时滞、结算时滞、通知时滞。

（1）在途时滞是指从付款人送出付款单据至收款人收到该单据所耗费的时间。

（2）存储时滞是指从收到付款单据到将其送交银行所耗费的时间。

（3）结算时滞是指从收款单据送交银行至银行将其存入企业账户所耗费的时间。

（4）通知时滞是指从资金存入企业账户至企业接到通知或意识到资金可供使用所耗费的时间。

正是浮游期的存在导致了浮游量的存在，导致了企业的可支用现金余额与企业的账户余额不一致。例如，J公司在中国工商银行的存款账户2020年5月31日时的企业账户余额、银行分类账余额和可支用余额都是10万元。2020年6月1日，企业收到支付货款的中国建设银行转账支票一张，价值5万元，当即存入银行，时间是15点。该公司的开户行为了有充足的时间处理各分行转来的支票，规定14点为截止时间，14点之前存入的支票计入当天的余额，14点之后存入的支票计入第二天的余额。银行收到支票后，与付款方开户行进行清算，由于为异行结算，需要3天的时间。那么，J公司2020年6月1—5日，企业账户余额、银行分类账余额和可支用余额各为多少？

对于公司来说，由于2020年6月1日已将支票存入银行，就可根据进账单回单借记（增加）银行存款，增加企业账户余额；对银行来说，由于企业存款时已超过当日截止时间，因此2020年6月2日才能贷记（增加）分类账余额；2020年6月4日，银行间的结算才完成，可支用余额才能增加。现金余额变化如表5-10所示。

表 5-10　现金余额变化表

单位：万元

日期	1日	2日	3日	4日	5日
企业账户余额	15	15	15	15	15
分类账户余额	10	15	15	15	15
可支用余额	10	10	10	15	15

2. 浮游量对企业的影响

浮游量会对企业现金流转产生一定影响。

（1）浮游量会给企业带来一定的损益，其计算公式如下：

净浮游量=支出浮游量-存款浮游量

浮游成本=存款浮游量×投资报酬率

浮游收益=支出浮游量×投资报酬率

浮游净损益=浮游收益-浮游成本=净浮游量×投资报酬率

其中，投资报酬率表示因存款时间推迟而引起的机会成本率和因付款时间推迟带来的资金收益率。

（2）测算银行存款的可支用总额。当净浮游量为正时，企业能透支使用银行存款；为负时，企业非但不能透支使用，还要向账户内存入款项，以免受到银行惩罚。例如，某企业银行存款账面余额为80000元，净浮游量为5000元，则企业利用浮游量签发支票的最高数额可达：80000+5000=85000（元）。

（3）计算冗余现金数额。由于企业必须在自己的银行账户上保持一定的余额，如果企业今后一段时间内能保持正常的现金流入，就可将浮游量计算在冗余现金内，将它用于其他投资。

冗余现金=银行存款账面余额-企业在银行账户上要求保持的余额+净浮游量

3. 浮游量管理方法

浮游量管理包括以下几个方面。

（1）浮游期管理。企业可以通过减少在途时滞、存放时滞、结算时滞和通知时滞来缩短现金浮游期，也可以通过更有效率的现金管理或通过与其客户或银行的协议达到缩短浮游期的目的。

①减少在途时滞。企业可以通过先进的传递工具，条件允许的话，对大额款项可以专门派人去取，以减少在途时滞。

②减少存放时滞。为了减少存放时滞，全部支票与现金应该于收到当日存入银行。偶尔延迟将支票存入银行并不会产生很大成本，但是企业内部造成的程序性时滞是不允许的。例如，如果一个企业每天通过邮寄收到以支票形式支付的重要款项，应每天将这些款项交存银行。如果企业的政策是每周将支票送交银行一次，就会由于此政策而使浮游期增加为5个工作日，造成工作的低效。

③减少结算时滞。企业可以通过其银行协商来减少现金收款的结算时滞。然而除非

该企业有大量银行业务，对银行来说是一个非常有价值的客户，否则银行可能不愿意提供更好的结算期。

④减少通知时滞。企业可能仅仅由于没有意识到它的账户中有结余的资金而失去使用或投资这些资金的机会。这就说明企业在浮游量管理上效率过低。有关结余余额的信息，企业可以通过打电话给银行，或通过安装现金管理报告系统来获得。在一天结束时，企业可以对当天账户的结余余额进行估计，因为银行会通知企业哪张支票被拒付。通过调整所有当天已预测到的企业账户划转的资金，企业便能够以合理的准确性预测当天结清的余额是多少，并对盈余现金投资做出合理的安排。

（2）收款方浮游量管理。有效的收款方浮游量管理可以加快现金流的回收。

①设立多个收款中心来代替设在总部的单一收款中心，以缩短浮游时间，加速账款回收。

②承租邮政信箱并授权当地开户行每天数次收取信箱内的汇款，存入企业账户。

③对于金额较大的货款，可直接派人前往收取并及时送存银行。

④对企业内部各部门间的现金往来要严加控制，防止现金滞留。

⑤保证支票能够得到及时处理并当日被送存银行。

⑥通知付款方支付渠道，并指明自己的地址和开户行账号，以节省清算浮游的时间。

（3）付款方浮游量管理。付款方在处理浮游量的过程中处于优势地位。但是，一方的利益就是另一方的损失，过分利用浮游量有可能破坏企业和供应商之间的业务往来关系，影响企业形象。因此，付款方应在短期效益和长期信誉之间做出权衡，确定合理的浮游量。

①周五信汇付款。在周五或当天晚些时候信汇付款可以增加浮存，并使企业的银行现金余额比账面上的更多。

②集中应付账款。把应付账款的支付集中起来，所有账户的应付款都来自一处，可以减少不同账户中搁置的现金。另外，通过集中支付，企业可以加强对付款的管理，降低行政开支，并确保在到期日前实现全部折扣的收取和账单的支付，还可使付款发生在收益最大的时候，从而获得最大的支付款浮存。

③放慢账单的支付。为放慢账单的支付，企业必须为付款做好计划。也就是说，企

业必须分清债权人的主次，以决定何时向何人付款，而不是一收到发票就自动付款。

④利用汇票付款。利用汇票可以延迟付款。汇票是开给企业而不是银行的。当企业要求以汇票方式支付时，卖方将其提交给该企业的开户行。银行履行收款代理职责，征询企业支付汇票的意见。如果企业接受汇票，就把等同于汇票金额的资金存入账户。企业购买需要在付款前检验或测试的商品时，常会使用汇票。

⑤零余额账户。零余额账户也称管制支付账户，是现金余额为零的特殊支票账户。预付支票由企业填写。当支票被送到企业指定的银行时，银行计算机系统从主账户中向该账户提供资金。也就是说，以主账户的汇总将自动冲销零余额账户对应的预付支票金额。在需要资金支付支票前，企业由此可以赚取主账户资金的利息。

企业应该不定期地审查现金浮游量管理的情况，根据所使用的银行票据、付款或收款方式以及所开户和结算的银行，来不断分析当前款项周转情况，以便采取更合理的方式提高现金浮游量管理的效率。

关键点提示

企业进行现金浮游量管理时要注意：

1.浮游量产生的原因；2.浮游量对企业的影响；3.浮游量管理方法。

5.14　如何掌握国内现金结算方式

工作场景描述

当想掌握国内各种现金结算方式时，可查看。

解读与分析

在企业之间正常的交往中，货款的收付直接影响双方的资金周转以及各种金融风险和费用的负担，成为关系买卖双方切身利益的问题。因此，买卖双方在商洽交易时，要明确现金的结算方式。一般来说，现金结算方式有以下六种。

1. 汇票

汇票是由出票人签发的，要求付款人在见票时或在将来的固定时间、可以确定的时间对某人、其指定的人或持票人无条件支付一定金额的书面支付命令。

汇票的基本内容一般有下列几项：出票人，即签发汇票的人；受票人，又称付款人，即接受支付命令付款的人；受款人，即受领汇票所规定金额的人；付款金额；付款期限；出票日期和地点；付款地点；出票人签字。按照我国票据法的规定，汇票的内容必须齐全，否则受票人有权拒绝。汇票不仅是一种支付命令，还是一种可转让的流通证券。

汇票可从不同的角度来分类：按开出者，汇票可分为银行汇票和商业汇票；按有没有附属单据，汇票可分为光票和跟单汇票；按付款时间的不同，汇票可分为即期汇票和远期汇票。

（1）银行汇票。它是指汇款人将款项交存当地出票银行，出票银行签发的由其在见票时按照实际结算金额无条件支付给收款人或者持票人的票据。银行汇票的出票银行为银行汇票的付款人。单位和个人的各种款项结算，均可使用银行汇票。

银行汇票的使用要点如下。

①由银行签发给汇款人持往异地办理结算或支取现金。

②银行汇票可以用于转账，填明“现金”字样的，持票人可支取现金。

③银行汇票一律记名，可以背书转让。

④银行汇票自出票日起1个月提示付款期限。

⑤未指定代理付款人的银行汇票丢失，银行不受理挂失止付，仅作道义上的协助防范。

⑥申请人因银行汇票超过付款提示期或其他原因要求退款时，需持汇票和“解讫通知”到原出票行办理退汇手续。

⑦缺少“解讫通知”要求退汇的申请人，应在汇票提示付款期满1个月后（即出票日起2个月后）到银行办理退汇。

⑧因银行汇票丢失要求退汇的，应在提示付款期满1个月后持法院出具的有效证明到银行办理退汇。

（2）商业汇票。商业汇票是出票人签发的，委托付款人在指定日期无条件支付确定的金额给收款人或者持票人的票据。按照承兑人的不同，商业汇票可以分为商业承兑汇票和银行承兑汇票两种。使用商业汇票的前提是：在银行开立存款账户的法人与其他组织之间必须具有真实的交易关系或债权债务关系。

商业汇票的使用要点如下。

①签发商业汇票是以真实合法的商品交易为基础的。

②同城或异地均可使用商业汇票的结算方式。

③商业汇票一律记名，允许背书转让。

④商业汇票承兑期限由交易双方确定，最长不超过6个月。

⑤商业汇票到期日前，收款人或被背书人应送交开户银行办理向付款人提示付款。

⑥对逾期超过10日的商业汇票，银行不予受理。

⑦单张银行承兑汇票的金额最高不得超过1000万元。

⑧银行承兑汇票的承兑银行按票面金额的一定比率向申请人计收承兑手续费。

⑨已承兑的商业汇票丢失，可由失票人通知付款人挂失止付。

⑩对符合条件的未到期银行承兑汇票，持票人可向银行申请贴现。

2. 银行本票

银行本票是银行签发的承诺在见票时无条件支付确定金额给收款人或持票人的票据。银行本票没有金额起点限制，见票即付，具有很高的信誉。单位和个人在同一票据交换区域可以使用银行本票支付各种款项。

银行本票的使用要点如下。

（1）银行本票可以用于转账，注明“现金”字样的，持票人可支取现金。

（2）银行本票的提示付款期——自出票日起最长不得超过2个月。

（3）银行本票可以背书转让，但不得背书转让填明“现金”字样的银行本票。

（4）用银行本票购买材料时，销售方可以见票付货，购货方可以凭票提货。

（5）债权债务双方可以凭票清偿。

（6）收款人将本票交存银行，银行即可为其入账。

3. 支票

支票是单位或个人签发的、委托办理支票存款业务的银行在见票时无条件支付确定金额给收款人或者持票人的票据。在同一票据交换地区的款项结算可以使用支票。支票分为划线支票和普通支票。划线支票是指在支票左上角划有两条横跨票面平行线的支票，只可用于转账，不能用于取现；普通支票即未划线支票，可用于转账也可用于取现。

支票的使用要点如下。

（1）支票一律记名，转账支票可以背书转让。

（2）支票提示付款期为10天（从签发支票的当日起，到期日遇节假日顺延）。

（3）支票签发的日期、大小写金额和收款人名称不得更改，其他内容有误时，可以划线更正，并加盖银行预留印鉴加以证明。

（4）支票如发生遗失，可以向付款银行申请挂失；如挂失前已经支付，则银行不予受理。

（5）对于出票人签发的空头支票、印章与银行预留印鉴不符的支票、使用支付密码但支付密码错误的支票，银行除将支票做退票处理外，还要按票面金额处以5%但不低于1000元的罚款。

4. 汇兑

汇兑是指付款人通过银行将款项汇交给收款人，通常由买方按约定的时间和条件，通过银行将货款汇交给卖方。单位和个人的款项都可以通过汇兑进行结算。

汇兑分为信汇和电汇。信汇是汇出行应汇款人的申请，将信汇委托书邮寄（一般是航空邮寄）给汇入行，授权指定行收款和解付一定金额的汇款方式。电汇是汇出行应汇款人的申请，用电报或电传通知目的地的分行或代理行（汇入行），向指定收款人解付一定金额的汇款方式。在电报上，汇出行应加注双方约定的“密押”，以便汇入行核对金额和验证电报的真实性。同时，汇出行发报后，应立即将“电报证实书”寄给汇入行，以备查对。汇入行收到电报，核对密押无误后，通知收款人取款。

电汇和信汇的差别在于：一个通过电报，一个通过邮寄。汇款人可以根据自己的需要选择使用适用于异地之间各种款项结算的汇兑结算方式，应用这种结算方式划拨款项简便、灵活。

5. 托收承付

托收承付是根据购销合同由收款人发货后委托银行向异地付款人收取款项，由付款人向银行承诺付款的结算方式。使用托收承付结算方式的收款单位和付款单位，必须是国有企业或经营管理较好并经开户银行审查同意的城乡集体所有制工业企业。办理托收承付结算的款项，必须是商品交易以及因商品交易产生的劳务供应的款项。代销、寄销、赊销商品的款项，不得办理托收承付结算。

托收承付的使用要点如下。

（1）每笔起点金额为一般人民币10000元（新华书店的起点为人民币1000元）。

（2）收付款人之间必须签订符合《中华人民共和国民法典》所规定的购销合同。

（3）有邮寄和电汇两种收款方式供收款人选择。

（4）有验单承付和验货承付两种付款方式供付款人选择。

（5）付款人在限定的条件下有全部或部分拒付的权利。

（6）收款人遭无理拒绝付款时有重办托收的权利。

6. 委托收款

委托收款是收款人委托银行向付款人收取款项的结算方式。无论是单位还是个人，都可凭已承兑商业汇票、债券、存单等付款人债务证明通过使用委托收款方式来办理款项的结算。委托收款还适用于收取电费、电话费等付款人众多、分散的公用事业等的有关款项。它的特点是：无起点金额限制；同城、异地均可办理；有邮寄和电报两种收款方式供收款人选用；不限定使用对象，企业和个人均可使用。

通过了解以上国内结算的几种方式，企业可以根据自己的实际情况，考虑不同结算方式的适用范围和特点，来选择具体的结算方式。

关键点提示

国内现金结算方式主要有：

1.汇票；2.银行本票；3.支票；4.汇兑；5.托收承付；6.委托收款。

5.15　如何掌握国际现金结算方式

工作场景描述

当想掌握各种国际现金结算方式时，可查看。

解读与分析

国际结算不同于国内结算，因为收付双方的地理距离甚远，涉及不同国家货币的兑换，彼此间也不太了解，这无疑增加了国际结算的复杂性。国际结算主要涉及支付工具，付款时间、地点及支付方式等问题，买卖双方商洽交易时，必须就此取得一致的意见并在合同中明确规定。国际结算主要有以下四种方式。

1. 国际汇兑

在国际汇兑中，汇款人在委托汇出行办理汇款时，要出具汇款申请书，此项申请书被视为汇款人与汇出行之间的一种契约。汇出行一旦接受申请，即有义务按汇款申请书的指示通知汇入行。汇出行与汇入行之间事先订有代理协议，在代理协议规定的范围内，汇入行对汇出行承担解付汇款的义务。

国际汇兑分为电汇、信汇和票汇三种。电汇、信汇跟国内现金结算方式基本一样，票汇分为顺汇和逆汇。

（1）顺汇。顺汇又称汇付法，汇出行应汇款人的申请，开立以汇入行为付款人的银行即期汇票，交由汇款人自行携带或邮寄给国外收款人，借以从汇入行取款的一种方式。

（2）逆汇。逆汇又称出票法，是由债权人开立以国外债务人为付款人的汇票，通过银行委托国外分行或代理行，向国外的汇票付款人提示付款，以清偿债务的一种方式。逆汇方式一般用于以“托收”为付款条件的贸易结算以及应收费用的结算。

2. 境外托收

托收是债权人（出口人）出具汇票委托银行向债务人（进口人）收取货款的一种支付方式。托收方式一般通过银行办理，又叫银行托收。

银行托收的基本做法如下。

（1）由出口人根据发票金额开出以进口人为付款人的汇票。

（2）向出口地银行提出托收申请。

（3）委托出口地银行（托收行）通过它在进口地的代理或往来银行（代理行）代出口人向进口人收取货款。

在国际贸易中，采用托收方式有利于调动买方订购货物的积极性，从而有利于卖方扩大出口。但是，由于托收方式属商业信用，存在着收不回货款的风险，尤其是托收方式中的承兑交单风险更大，故卖方对此方式的采用要持慎重态度。

3. 银行保函

银行保函业务是指银行应客户的申请而出具有担保性质的书面承诺文件，一旦申请人未按其与受益人签订的合同约定偿还债务或履行约定义务，由银行履行担保责任。

银行保函业务有以下几个特点。

（1）以银行信用为保证，易于为客户接受。

（2）保函是依据商务合同开出的，但又不依附于商务合同，是具有独立法律效力的法律文件。

在银行保函业务中，当受益人在保函项下合理索赔时，担保行必须承担付款责任，而不论申请人是否同意付款，也不管合同履行的实际事实，即保函是独立的承诺并且基本上是单证化的交易业务。

4. 信用证

信用证是一项约定，由银行（开证人）依照客户（申请人）的要求和指示，在符合信用证条款的条件下，凭规定单据，向第三者（受益人）或其指定方，或授权另一银行进行付款，或承兑、支付汇票。在信用证付款条件下，银行承担第一付款责任，因此，信用证属于银行信用。

（1）信用证的当事人。

①开证申请人，是指向银行申请开立信用证的人，即进口人或实际买主，在信用证业务中往往又称开证人。

②开证银行，是指接受开证申请人的委托开立信用证的银行。其承担保证付款的责任，一般是进口人所在地银行。

③通知银行，是指受开证银行的委托，将信用证转交出口人的银行。其只证明信用证的真实性，并不承担其他义务，一般是出口人所在地银行。

④受益人，是指信用证上指定的有权使用该证的人，即出口人或实际供货人。

⑤议付银行，是指愿意买入受益人交来的跟单汇票的银行。其可以是指定的银行，也可以是非指定的银行，由信用证的条款来规定。

⑥付款银行，是指信用证上指定的付款银行。其一般是开证银行，也可以是指定的

另一家银行，具体取决于信用证条款的规定。

（2）信用证的使用程序。

使用信用证时，会涉及开证申请人、开证银行、通知银行、受益人、议付银行和付款银行等当事人。使用信用证的基本程序如下。

①买卖双方在合同中约定凭信用证付款。

②买方向当地银行申请开证，并按全部内容填写开证申请书，交纳开证押金或提供其他保证。

③开证银行按申请内容开证，并通过通知银行交与受益人（卖方）。

④卖方收到信用证后，如审核无误，即按信用证要求发货，并开出汇票，备妥各种单据向有关银行议付货款。

⑤议付银行将汇票和单据交于开证银行或信用证指定的付款银行进行索偿。

⑥开证银行或付款银行收到单据后，即通知买方付款赎单。

采用信用证支付方式时，出口商安全收汇较有保障。对进口商来说，由于货款的支付以取得符合信用证规定的单据为条件，故避免了预付货款的风险。因此，采用信用证支付方式，在很大程度上解决了出口商和进口商双方在付款与交货问题上的矛盾。

除了以上介绍的几种国际现金结算方式外，企业还可以将各种结算方式进行结合，比如信用证与汇兑、信用证与托收、汇兑与银行保函等。在竞争日益激烈的今天，企业应结合自身的情况来选择适当的国际现金结算方式。

关键点提示

国际现金结算方式主要包括以下几种。

1.国际汇兑；2.境外托收；3.银行保函；4.信用证。

5.16　如何通过设计收账系统管理现金流

工作场景描述

当想通过建立现金收账系统管理现金流时，可查看。

解读与分析

浮游量影响了企业可支用资金的数量和时间。企业通过建立有效的收账系统，一方面可以缩短企业作为收款人的浮游期，另一方面，可以减少资金的浮游量，加快企业现金流循环，为管理企业现金流提供可行措施。

1. 收账系统的成本分析

收账系统的基本职能是疏通资金流通的渠道，即把付款企业手中的资金转入存款账户，因此收账系统首先应当确保资金的快速回收。快速收账会产生相应的交易成本，为确保收账系统经济上的可行性，企业必须权衡快速收账产生的效益与取得这个速度而产生的交易成本。

在设计或建立收账系统时必然涉及各种成本与收益的权衡问题。这些成本包括资金浮游量的机会成本、交易与营运成本、欺诈与偷窃成本、付款信息的价值及与客户关系的价值。建立收账系统的目的是使收账总成本最低。

收账系统的总成本可以用下列公式表达：

总成本=资金浮游量的机会成本+交易与营运成本+欺诈与偷窃成本−付款信息的价值−与客户关系的价值

下面分别对各种成本进行分析。

（1）资金浮游量的机会成本。收账系统的基本职能是及时地把付款款项转为企业的资金。资金浮游量的机会成本是指获取资金的时间延迟所造成的机会成本。

（2）交易与营运成本。企业如果在销货的同时直接收取客户的支票或稍后收到客户邮寄的支票，那么企业的财务部门必须及时处理这些付款并安排适当的安全措施。如果采用赊销方式，企业还要将付款额与发票金额、应收账款数额相核对，并更新应收账款信息。最后企业要将支票存入银行并向银行支付处理这笔交易的服务费。这一过程中发生的费用称为交易与营运成本。

（3）欺诈与偷窃成本。欺诈与偷窃成本是指资金被贪污、盗窃、侵吞、滥用、挪用等产生的价值损失。预防偷窃的安全措施对直接在柜台边收取现金的交易尤为重要。

（4）付款信息的价值。及时、准确地提供付款信息有以下两方面的意义。其一，推迟及时付款的信息会延迟贷记客户账款的时间，这样就会使企业应收账款高于实际数额。其二，如果资金转移的数额及时间传递不及时，财务人员无法有效地安排这部分资金，这将使企业不能充分利用因浮游量减少而产生的“价值”。

（5）与客户关系的价值。应收账款信息记录和更新不及时会损害企业与客户之间的关系。如果信用管理员看到客户已超过信用限额，他就会对客户的订货采取拒绝或拖延的态度，甚至在收到支票以后，收账部门还会发函或打电话请求付款。这样客户关系就会受到损害，最终会减少销售量。此外，企业还可能因为信息失误，出现仍向超过信用限额的客户提供货物，或延迟向客户催收款项等情况。

2. 柜台交易收账系统

零售业通常使用柜台交易收账系统，客户付款与提供商品或劳务通常发生在同一时间。柜台交易收账系统的要素取决于接受的付款方式、资金管理与处理程序、存款银行的个数及其位置和信息报告制度等。

（1）柜台交易收账系统的设计。

①付款方式。客户付款的方式会影响公司取得可用资金的时间，安全措施的性质也随付款方式的不同而不同。比如使用现金，这种方式方便简捷，但容易引起舞弊，所以必须建立良好的内部控制系统，如记录销货、收款和存款的人员的职能必须分开，销货报告系统与现金流动系统分开等。

②存款银行的个数及其位置。存款银行的个数及其位置的选择是财务上的重要决策。由于必须将交易发生的现金或支票存入开户行，故企业通常会就近选择银行，以使资金转移过程中的安全问题和时间延迟降到最低限度。在地理位置相近的情况下，分公司应优先选择与总公司开户行相同的银行，同行结算速度较快，资金集中较为便利。资金是由企业员工直接存入银行还是由武装的保安人员送达银行，取决于资金的多少。

（2）柜台的收账成本。

①浮游量的机会成本。柜台交易收账系统中的收账浮游期是指从消费者最初付款开始到银行增加企业可支用余额的时间延迟。柜台交易收账系统的浮游期包括内部处理浮游期和可支用浮游期。内部处理浮游期包括对所收款项进行加总并准备存入银行之前滞留于收银机（对零售商店而言）或企业办公室的时间。许多零售商店一天中的大部分交易集中于下午和晚上，因此经常在银行营业截止时间之后才收到现金，从而使银行分类账的时间拖延1个营业日，周五的存款可能会产生3天的延迟。这种时间延迟称为可支用浮游期。所以浮游量的机会成本是设计收账系统时要考虑的一个重要因素。

②交易成本。交易成本大多取决于所接受的付款方式。比如，采用信用卡付款方式时，银行要收取一定比例的手续费；对于电子付款方式，银行通常向电子付款的发起者或接受者收费，有时甚至同时向双方收取手续费。

③收账系统的营运成本。为安全回收资金，购买、编制进账单或送款单，将存款存入银行，维护存款的安全性以及使用信息系统等所发生的费用都是收账系统的营运成本。许多会计系统并不单独确认这部分成本，而是把它列入企业的管理成本，例如饭店信息系统中的收账系统的营运成本是服务员、老板及出纳员人工成本的一部分。另外，有些营运成本还与接受的付款方式相关。

④信息价值。在柜台交易收账系统的运行中，一般有两大类信息：与销货相关的信息和现金流动的信息。如今，大多数收银机实际上是装有一个现金抽屉的终端机或电脑工作站，当电脑操作输入信息后，计算机便按商品代码及金额更新销货记录，调整销货预测及存货记录，并更新购货计划。为了开拓市场，一些企业甚至还会使用能收集客户购货倾向较为复杂的信息的系统。此外，有的系统还能收集现金流动的信息。如果该系统能够收集到各种付款形式的信息，同时企业遵循严格的存款政策，这种系统就能自动更新企业未来的账面余额、分类账余额以及对可支用余额的短期估计。

3. 资金集中的收账系统

随着企业的成长壮大，企业业务会扩展到不同的国家、地区，此时再通过企业总部的一个银行账户收账是不够的，这就需要开立多个账户收账，此时，资金的调度和集中就成为收账管理中的一个重要问题。资金集中并不复杂，它只是把资金从一个存款行账户转移到总部的银行账户中。但在设计资金集中系统时，企业同样要考虑成本问题，应努力使该系统的总成本最低。资金集中收账系统总成本的计算公式如下。

总成本=闲置资金的机会成本+资金转移成本+营运及管理成本+安全措施成本–信息价值

（1）资金集中的方式。异地资金转移有四种方式：信汇、电汇、电子汇款及信用卡。每种方法各有其利弊。

①信汇。分公司和驻外办事处用信汇的方式汇款时，资金转移成本即手续费很低，但资金转移的时间延迟较长，从而增加了资金的浮存成本和延迟投资的机会成本。同时，由于信汇过程中存在不确定性（如气候、交通等的影响），资金确切的到账日期很难确定，因此资金转移的信息价值也会降低。

②电汇。与信汇相比，资金转移的手续费增加了，但缩短了资金的时间延迟，相应降低了资金的浮存成本和延迟投资的机会成本。

③电子汇款。电子汇款通过计算机的实时联动系统，实现了当天汇款当天可用（目前来说，一般只有1个小时的时间延迟），消除了资金的浮存成本和延迟投资的机会成本。并且，资金到账的时间很确定，提高了信息的价值。但电子汇款手续费较高，通常按汇款次数收费。大笔资金的转移采用电子汇款最合算。

④信用卡。分公司或驻外办事处可以将资金直接存入总公司的信用卡，这样可以最大限度地减少资金的在途时间，但异地存款的银行手续费很高。

同城资金转移主要采用支票的方式，会产生0～1天的处理浮存，还可能会产生0～2天的清算浮存，这取决于是同行资金转移还是异行资金转移。

（2）资金集中的时间安排。为了使资金集中的总成本最低，企业必须对转账方式及资金转入集中账户的时间安排做出选择，其中最佳选择是使资金集中的交易成本等于存款账户资金闲置成本。资金集中的时间间隔越长，分析期的转账次数越少，资金集中的交易成本就越低，存款账户的闲置资金就越多，资金闲置成本越大。

公式如下：

资金集中的交易成本=已选择的转账方法的成本×分析期的转账次数

存款账户资金闲置成本=平均每日存款额×资金集中的时间间隔（闲置天数）×（总公司的预期每日投资收益率–存款账户每日存款利率）×分析期天数

减少转账次数可以降低资金集中的交易成本，但增加了资金的闲置成本，两者呈反方向变化。两者相交处是资金集中的总成本最低处，由此可确定最佳的资金集中时间。

总之，企业在设计收账系统的过程中，要比较各种方案可能发生的成本，通过对比不同方案的成本，选择成本最低者。此外，对每种方法中难以定量的因素，企业也要加以考虑。通过对收账系统的设计，企业可加快资金的周转，获得更多的投资机会。

关键点提示

设计收账系统时总成本包括：

1.资金浮游量的机会成本；2.交易与营运成本；3.欺诈与偷窃成本；4.付款信息的价值；5.与客户关系的价值。

5.17 如何通过设计支付系统管理现金流

工作场景描述

当要通过设计支付系统进行现金流管理时，可查看。

解读与分析

企业在经营过程中，有很多现金收入和支出业务。现金支出针对的是企业的应付账款，企业通过建立有效的支付系统，一方面可以加强对应付账款的管理，另一方面，可以利用企业作为付款人产生的支出浮游，增加企业的可支用现金额，给企业带来更多的经济效益。

1. 支付系统的成本分析

对一个企业来说，设计支付系统的主要目的是：以最低的总成本完成企业的支付结算业务。支付系统的总成本由下列成本组成：

总成本=营运成本+安全成本+舞弊成本+企业信誉损失成本+丧失折扣的成本−推迟付款时间的机会成本−支付浮存的机会成本−信息价值

支付系统总成本中的许多要素与收账系统相同，但两者也存在某些区别。放弃供货商提供的折扣是一项成本。付款的时间延迟是企业的一项利益，而不是成本。故意延误付款时间可以使企业获得机会收益，但也会因损害企业与供货商的关系而产生信誉损失成本。这种成本也许会以多种方式出现，如：企业的信用等级可能会受到损害，导致在业内难以获得有利的信用条件，更严重的，甚至会造成难以获得任何信用供给的结果；供应商可能会采取法律行动，导致企业信誉严重受损，甚至被迫破产清算；供应商可能会拒绝继续提供信用，坚持付款交货；有些供应商在合同中会规定逾期付款的罚息。

只有供应商与企业双方都可以从良好的信用关系中获利，它们才会把对方视为自己的贸易伙伴，而不是一方得利而另一方受损的敌手。

支付系统中的有些成本如企业信誉损失成本、信息价值等很难予以准确衡量，但是这些成本确实存在，因此在确定总成本时仍必须予以考虑。

2. 付款时间的确定

通常，企业应在账单到期日付款。可是，对大多数复杂的交易而言，以这种简单的方式确定付款时间，往往是不全面的。贸易伙伴之间的许多信用安排往往给予付款人更多的付款时间选择。此外，在有些情况下，付款人会在解决了有关商品的质量、订货错误或货物受损等纠纷或问题之后，才予以付款。

（1）应付账款实际到期日的确定。有些应付账款的到期日已在购货合同上标明，合同上标明的到期日就是账款的实际到期日。此外，还有将信用条件在发票或账单上注明的。发票是原始的债务凭证，信用期通常以发票日为起算点。如果信用条件写明在30天内付清货款且发票日是4月8日，那么应付账款的实际到期日就是5月8日。如果客户直到4月15日才收到发票和商品，应付账款的实际到期日为哪一天呢？这时，应以发票日为信用期的起算点，应付账款的实际到期日仍是5月8日。当货物到达买方必须增加在途的天数时，许多供应商也愿意延展应付账款的实际到期日。特别是对数额巨大的购货，企业应该与供应商共同设定预计的付款日，而不要因货物运输耽搁而简单估计延长的付款期限。

（2）支付时间的确定。账单应在到期日支付，在到期日之前付款必然提前产生价值转移。如果不提前付款，企业就可以将这笔资金用于其他用途，如用于投资有价证券，可以获得投资收益；如用于减少借款，可降低利息支出。在信用期内，供应商以零的增量成本向客户提供筹资。因此只有当资金无其他用途时，才应提早付款。

（3）现金折扣条款与支付时间。有些供应商对提早付款给予折扣。例如，A公司的某供应商提供“2/10，n/30”的折扣条件。也就是说，如果A公司在10天内付款，可以得到2%的现金折扣；如果超过10天付款，就没有现金折扣，最长付款期（信用期）是30天；如果超过30天付款，即算失信行为，企业信誉就会受到影响。确定付款时间时，企业一方面要考虑代价，另一方面，要考虑企业信用。在本例中，如果不能在10天内付款，企业就必须放弃2%的折扣，但在不丧失信誉的情况下，企业最多只能延期使用资金20天，超过30天，企业的信用就要受到影响。

通常，付款拖延的时间越长，丧失折扣的实际成本越低，直到等于或小于借款利率。但是，延迟付款会损害企业信誉，造成相关损失。付款越晚，企业信誉损失成本就越高。企业在决定何时付款时，应考虑使付款总成本最低。如果财务人员认为拖延付款时间放弃折扣的成本与失去企业信誉的损失成本之和仍低于借款利息成本，那么推迟付款就是合算的，否则，企业的最佳付款时间应是第10天，此时可获得2%的现金折扣。

3. 支付方式的设立

支付时间确定之后，就要选择合适的支付方式。如前所述，收款方的托收浮存就是付款方的支付浮存，收款方要想方设法缩短托收浮存，付款方也应充分利用支付浮存。因此，企业选择支付方式时，应使支付浮存最长。如为异地付款，采用电汇比采用电子付款方式更合适；同城付款时，通常采用支票结算方式。

总之，支付系统的设计，将使企业加强现金流支出管理，并使企业取得相应的短期收益。

关键点提示

企业设计支付系统时应该重点注意的内容：

1.支付系统的成本分析；2.付款时间的确定；3.支付方式的设立。

第6章

企业财务报表解读常见问题

财务报表是企业最重要的文件之一，它是对企业经营状况的全面反映。及时掌握企业的财务状况，是企业管理者做出正确决策的首要前提。因此，掌握如何正确阅读、分析、评价财务报表显得尤为重要。

6.1　如何读懂应收票据项目

工作场景描述

当要通过财务报表认识应收票据项目时，可查看。

解读与分析

对于带息的应收票据，应于期末按应收票据的票面价值和确定的利率计提利息，计提的利息会增加应收票据的账面价值。

一般而言，应收票据是一种流动性相对较强的资产，根据企业现金需求的变化，应收票据还可用于贴现。因此，管理者要读懂应收票据项目，提高资金的使用效率。

1. 应收票据的分类

（1）不带息应收票据。不带息应收票据的到期价值等于应收票据的面值。企业收到应收票据时，借记“应收票据”科目；应收票据到期收回票面金额时，借记“银行存款”科目，贷记“应收票据”科目；当商业承兑汇票到期，承兑人违约拒付或无力偿还票款时，收款企业应将到期票据的票面金额转入“应收账款”科目。

（2）带息应收票据。带息应收票据到期时，应当计算票据利息。企业应于中期、期末和年度终了，按规定计算票据利息，并增加应收票据的票面价值，同时冲减财务费用。

计算公式如下：

$$应收票据利息=应收票据票面金额\times 利率\times 期限$$

为了计算方便，常把1年定为360天。票据期限用月表示时，应以到期月份中与出票日相同的那一天为到期日；票据期限用日表示时，应从出票日起按实际经历天数计算。

（3）带息的应收票据到期收回款项时，应按收到的本息借记“银行存款”科目，按票面价值贷记“应收票据”科目，按其差额贷记“财务费用”科目。

2. 应收票据贴现

贴现就是指票据持有人将未到期的票据在背书后送交银行，银行受理后从票据到期值中扣除按银行贴现率计算确定的贴现利息，然后将余额付给持票人，作为银行对企业的短期贷款。可见，应收票据贴现实质上是企业融通资金的一种形式。

在持有的应收票据到期前，企业如果出现资金短缺，可以持未到期的银行承兑汇票向其开户银行申请贴现，以便获得所需资金。

票据贴现的有关计算公式如下：

票据到期价值=票据面值×（1+年利率×票据到期天数÷360）

贴现息=票据到期价值×贴现率×贴现天数÷360

贴现天数=贴现日至票据到期日实际天数−1

贴现所得金额=票据到期价值−贴现息

如果贴现的商业承兑汇票到期时，承兑人的银行账户不足以支付，银行会将已贴现的票据退回申请贴现的企业，同时从贴现企业的账户中将票据款划回。此时，贴现企业应将所付票据本息转作“应收账款”。

3. 应收票据转让

应收票据转让是指在应收票据到期前，持票人将其作为其他交易如购买商品或偿还债务等的结算凭证，可在票据上背书转让给其他单位或个人的业务活动。

企业可以将自己持有的商业汇票背书转让。背书是指持票人在票据背面签字，签字人称为背书人，背书人对票据的到期付款负连带责任。

管理者在了解应收票据特点和分类的基础上，应该重点加强对应收票据贴现和转让的管理，降低应收票据的风险。

关键点提示

为读懂应收票据科目，企业管理者应该掌握：

1.应收票据的分类；2.应收票据贴现；3.应收票据转让。

6.2　如何核算长期债权投资

工作场景描述

当要阅读资产负债表中的长期债权投资项目时，可查看。

解读与分析

长期债权投资是指企业购入在1年内不能变现的或不准备随时变现的债券和其他债权的投资活动。资产负债表上反映的“长期债权投资”是“长期债权投资”账户余额扣除该科目所属明细科目中反映的将于1年内到期的长期债权投资部分。为了更好地认识本项目，企业管理者应当掌握如下一些内容。

1. 确定投资成本

长期债权投资的成本，是指进行长期债权投资时企业支付的全部价款，包括税金、手续费等相关费用。税金、手续费金额较小时，企业可于购入时一次计入当期财务费用；当金额较大时，企业应计入投资成本，单独核算债券购入后至到期前期间相关债券利息收入并予以摊销，计入当期投资损益。

2. 处理长期债券投资溢价、折价

（1）溢价、折价的计算。

债券投资溢价或折价=债券初始投资成本–相关费用–应收利息–债券面值

（2）溢价、折价的摊销。

溢价、折价的摊销应与确认相关债券利息收入同时进行，以调整各期的投资收益。将当期按债券面值和适用利率计算的应收利息扣除当期摊销的溢价和债券费用，或将当期按债券面值和适用利率计算的应收利息与摊销的折价的合计扣除摊销的债券费用，确认为当期投资收益。

溢价、折价的摊销方法可以采用直线法，也可以采用实际利率法。

3. 计算投资利息

长期债权投资应当按期计提利息，计提时按债券面值以及适用的利率计算，并计入

当期投资收益（假如不考虑溢价或折价）。

对于持有的一次还本付息的债权投资，企业应计未收利息于确认投资收益时，增加投资的账面价值；对于分期付息的债权投资，企业应计未收利息于确认投资收益时，作为应收利息单独核算，不增加投资的账面价值。

实际收到的一次还本付息债权投资利息，冲减长期债权投资的账面价值；实际收到的分期付息长期债权投资利息，冲减已计的应收利息。

4. 确认投资损益

对于按债权面值取得的投资，将在债权持有期间按期计提的利息收入扣除摊销的债权费用后的余额，确认为当期投资收益。

对于溢价或折价取得的债券投资，将债券持有期间按期计提的利息收入，经调整溢价或折价及摊销的债权费用后的金额，确认为当期投资收益。

对于到期收回或未到期提前处置的债权投资，将实际取得的价款与其账面价值及已计入应收项目的债券利息收入后的差额，确认为收到或处置当期的收益或损失。

5. 处置长期债权投资

企业处置长期债权投资时，将所收到的处置收入与长期债权投资账面价值的差额确认为当期投资损益。

由于长期投资减值准备是按单项投资计提的，故在处置长期债权投资时，企业应同时结转已计提的减值准备。

部分处置某项长期债权投资时，应按该项投资的总平均成本确定处置部分的成本，并按相应比例结转已计提的减值准备。

管理者在阅读资产负债表中的长期债权投资科目时，要把重点放在长期债券投资溢价、折价处理，投资利息计算和投资损益确认上。

关键点提示

核算长期债权投资时，管理者应掌握：

1.确定投资成本；2.处理长期债券投资溢价、折价；3.计算投资利息；4.确认投资损益；5.处置长期债权投资。

6.3　如何阅读固定资产项目

工作场景描述

当要阅读资产负债表中的固定资产项目时，可查看。

解读与分析

资产负债表中的固定资产合计数包括四个项目：固定资产净额、工程物资、在建工程和固定资产清理。下面分别对各项目做出解释。

1. 固定资产净额

固定资产净额是固定资产原值减去累计折旧、减值准备后的差额。

一般来说，固定资产原值应当按照其取得时的实际成本入账。但是由于固定资产的来源不同，其价值构成的具体内容有所差异，现行会计制度对固定资产的价值构成做了明确的规定。

（1）对于企业购置的不需要经过建造过程即可使用的固定资产，将实际支付的买价加上支付的场地清理费、装卸费、运输费、安装费和专业人员服务费等作为入账价值。

（2）对于自行建造的固定资产，将该项资产达到预定可使用状态前所发生的必要支出作为入账价值。

（3）对于投资者投入的固定资产，应将投资各方确认的价值作为入账价值。

（4）对于融资租入的固定资产，将租赁开始日租赁资产原账面价值与最低租赁付款额的现值中的较低者作为入账价值。

（5）在原有固定资产的基础上进行改建、扩建的，将原有固定资产的账面价值，加上由于改建、扩建而使该项资产达到预定可使用状态前发生的支出，减去改建、扩建过程中发生的变价收入作为入账价值。

（6）对于企业接受的债务人以非现金资产抵偿债务方式取得的固定资产，将应收债权的账面价值加上应支付的相关税费作为入账价值。如涉及补价，则按以下规定确定受让固定资产的入账价值。

①收到补价的，将应收债权的账面价值减去补价，加上应支付的相关税费后的金额，作为入账价值。

②支付补价的，将应收债权的账面价值加上支付的补价和应支付的相关税费后的金额，作为入账价值。

（7）对于以非货币性交易换入的固定资产，将换出资产的账面价值加上应支付的相关税费作为入账价值。涉及补价的，按以下规定确定换入固定资产的入账价值。

①收到补价的，将换出资产的账面价值加上应确认的收益和应支付的相关税费，减去补价后的余额，作为入账价值。

②支付补价的，将换出资产的账面价值加上应支付的相关税费和补价后的金额，作为入账价值。

（8）对于接受捐赠的固定资产，应按以下规定确定其入账价值。

①捐赠方提供了有关凭据的，将凭据上标明的金额加上应支付的相关税费作为入账价值。

②捐赠方没有提供有关凭据的，按如下顺序确定其入账价值：如同类或类似固定资产存在活跃市场，则将同类或类似固定资产的市场价格估计的金额，加上应支付的相关税费后的金额，作为入账价值；如同类或类似固定资产不存在活跃市场，则将该接受捐赠的固定资产的预计未来现金流量现值作为入账价值。

③如受赠的是旧的固定资产，将按照上述方法确定的价值，减去该项资产的折旧费用后的余额，作为入账价值。

（9）对于盘盈的固定资产，将同类或类似固定资产的市场价格，减去该项资产的折旧费用后的余额，作为入账价值。如果同类或类似固定资产不存在活跃市场，则将该项固定资产的预计未来现金流量现值作为入账价值。

（10）对于批准无偿调入的固定资产，将调出单位的账面价值加上发生的运输费、安装费等相关费用后的金额，作为入账价值。

（11）固定资产的折旧是指固定资产在使用过程中逐渐损耗而消失的那部分价值。这部分损耗掉的价值，应分摊计入各期成本。

（12）关于固定资产的折旧方法，《企业会计制度》允许企业在以下四种方法中选择：年限平均法、工作量法、年数总和法和双倍余额递减法。

（13）固定资产因发生损坏、技术陈旧或其他经济原因，导致其可收回金额低于其账面净值，这种情况称为固定资产价值减值。

（14）企业的固定资产在使用过程中，由于存在有形损耗和无形损耗以及受其他经济原因影响，发生资产价值减值是必然的。

（15）如果企业的固定资产实质上已经发生了减值，则应当计提减值准备。当存在下列情况之一时，企业按照该项固定资产的账面价值全额计提固定资产减值准备。

①长期闲置不用，在可预见的未来不会再使用，且已无转让价值的固定资产。

②由于技术更新等原因，已不可使用的固定资产。

③虽然尚可使用，但使用后会产生大量不合格品的固定资产。

④已遭毁损，以致不再具有使用价值和转让价值的固定资产。

⑤其他实质上已经不能再给企业带来经济利益的固定资产。

（16）已全额计提减值准备的固定资产，不再计提折旧。

2. 工程物资

（1）工程物资是指企业库存的用于建造或修理本企业固定资产工程项目的各种物资。

（2）对于企业购入的工程准备物资，应按实际成本和专用发票上注明的增值税额，借记“工程物资”科目，贷记“银行存款”等科目。

（3）对于企业自营工程，在领用工程物资时，需从“工程物资”科目转入“在建工程”科目。

3. 在建工程

（1）在建工程是指企业正在建设的与固定资产有关的工程项目，包括固定资产新建工程、改扩建工程和大修理工程。

（2）资产负债表上的在建工程项目，反映企业期末各项未完工程的实际支出，包括交付安装的设备价值，未完建筑安装工程已经耗用的材料、工资和费用支出，预付出包工程的价款，已经建筑安装完毕但尚未交付使用的建筑安装工程成本等的可收回金额。

（3）理解资产负债表上的在建工程项目时，有以下几点值得注意。

在建工程项目科目核算时的成本不包括尚未使用的工程物资的实际成本，这些成本应放在“工程物资”科目进行核算。

用借款进行建设的工程所发生的借款利息分为两部分：在固定资产达到预定可使用状态之前发生的，需计入在建固定资产的成本；在固定资产达到预定可使用状态之后发生的，应计入当期损益。

（4）在建工程减值准备的计提。

企业应当定期或者至少于每年年度终了时，对在建工程进行全面检查，如果有证据表明在建工程已经发生了减值，应当计提减值准备。存在下列一项或多项情况的，企业应当计提在建工程减值准备。

①长期停建并且预计在未来3年内不会重新开工的在建工程。

②所建项目无论性能还是技术都已经落后，并且给企业带来的经济利益具有很大的不确定性。

③其他足以证明在建工程已经发生减值的情形。

4. 固定资产清理

固定资产清理主要是指固定资产的报废和出售以及由于各种不可抗拒的自然灾害而使固定资产遭受的毁坏和损失。

资产负债表上的固定资产清理项目，反映企业因出售、毁损、报废等原因转入清理但尚未清理完毕的固定资产的账面价值，以及固定资产清理过程中发生的清理费用和变价收入等各项金额的差额。

以上是构成资产负债表中固定资产合计数的各个具体项目，管理者要认真掌握。

关键点提示

固定资产合计数包括：

1.固定资产净额；2.工程物资；3.在建工程；4.固定资产清理。

6.4　如何进行无形资产计价

> **工作场景描述**
>
> 当要阅读资产负债表中的无形资产项目时，可查看。

解读与分析

无形资产不同于有形资本，它所体现的是一种权利或获得超额利润的能力。资产负债表中反映的无形资产是“无形资产”科目余额减去无形资产减值准备后的净额。管理者应该从以下方面对无形资产进行全面分析。

1. 了解无形资产的特征

无形资产一般具有如下特征。

（1）不具有实物形态。这是无形资产区别于其他资产的显著标志。

（2）能在较长的时期内使企业获得经济效益。无形资产能在多个生产经营期内使用，使企业长期受益，因而属于一项长期资产。企业为取得无形资产所发生的支出，属于资本性支出。

（3）企业持有无形资产的目的是使用而不是出售。脱离了生产经营活动，无形资产就失去了经济价值。

（4）无形资产能够给企业提供的未来经济效益的大小，具有较强的不确定性。

（5）无形资产是企业有偿取得的。只有花费了支出的无形资产，才能作为无形资产入账。

2. 确定入账价值

（1）购入的无形资产，应以实际支付的价款为入账价值。

（2）通过非货币性交易换入的无形资产，其入账价值应以换出资产账面价值加上相关税费确定。

（3）投资者投入的无形资产，应以投资各方确认的价值为入账价值。

（4）通过债务重组取得的无形资产，应以其原账面价值为入账价值。

（5）接受捐赠的无形资产，其入账价值应分别按下列情况确定。

①捐赠方提供了有关凭据的，按凭据上标明的金额加上应支付的相关税费确定。

②捐赠方没有提供有关凭据的，按如下顺序确定：如同类或类似无形资产存在活跃市场的，则应参照同类或类似无形资产的市场价格估计的金额，加上应支付的相关税费确定；如同类或类似无形资产不存在活跃市场的，则按该无形资产的预计未来现金流量现值，加上应支付的相关税费确定。

自行开发并依法申请取得的无形资产，其入账价值应按依法取得时发生的注册费、律师费等费用确定。对于依法申请取得前发生的研究与开发费用，应于发生时将其确认为当期费用。

3. 熟悉无形资产摊销

无形资产的摊销期限，应根据具体情况确定：合同规定受益年限而法律没有规定有效年限的，按不超过受益年限的期限摊销；合同没有规定受益年限而法律规定了有效年限的，按不超过法律规定的有效年限摊销；经营期短于有效年限的，按不超过经营期的年限摊销；合同规定了受益年限，法律也规定了有效年限的，摊销年限不应超过受益年限和有效年限两者之中的较短者；合同没有规定受益年限，法律也没有规定有效年限的，按不超过10年的期限摊销。

4. 计提无形资产减值准备

企业应定期对无形资产的账面价值进行检查，至少于每年年末检查一次。当存在下列一项或多项情况时，企业应当计提无形资产减值准备。

（1）某项无形资产已被其他新技术替代，使其为企业创造经济利益的能力受到重大不利影响。

（2）某项无形资产的市价在当期大幅下跌，并在剩余摊销年限内预计不会恢复。

（3）其他足以表明该无形资产的账面价值已超过可收回金额的情形。

管理者要想了解资产负债表中无形资产的真实价值，就必须对无形资产入账价值、无形资产摊销和无形资产减值准备的提取有一个全面的认识。

关键点提示

进行无形资产计价时，管理者必须：

1.了解无形资产的特征；2.确定入账价值；3.熟悉无形资产摊销；4.计提无形资产减值准备。

6.5　如何读懂流动负债

工作场景描述

当要读懂资产负债表中的流动负债项目时，可查看。

解读与分析

流动负债是指将于1年或者超过1年的一个正常营业周期内动用流动资产偿还的债务。资产负债表中，流动负债项目主要有短期借款、应付票据、应付账款、预收账款、应付工资和应付福利费、应付股利、应交税金、其他应交款、其他应付款、预提费用、预计负债等项目。

1. 短期借款

短期借款是指企业从银行或其他单位借入的期限在1年以内的各种借款，包括短期流动资金借款、结算借款、卖方信贷、票据贴现借款，以及企业借入的借款期在1年或长于1年的一个经营周期以内的新产品试制借款、引进技术借款、进口原材料短期外汇借款等。

2. 应付票据

应付票据是指企业因赊购交易而开出并承兑的银行承兑汇票和商业承兑汇票。应付票据有附息和无息两种。资产负债表中的应付票据项目反映的是尚未到期付款的应付票据面额。

3. 应付账款

应付账款是指企业因赊购原材料等物资或接受劳务供应而应付给供应单位的款项。在资产负债表中，应付账款项目金额等于“应付账款”科目贷方余额加上“预付账款”科目贷方余额。在赊销方式下，卖方企业为了鼓励买方企业尽早偿还账款，往往规定一个折扣期限，在折扣期限内付款，买方企业即可取得购货折扣。对于购货折扣，会计核算方法有两种，即总价法和净价法。在总价法下，企业购货时按发票价格登记应付账款和货款。对于在购货折扣期取得的购货折扣，再按少付金额冲减存货价值；在净价法下，企业购货时按发票价格减去购货折扣金额登记应付账款和存货，在折扣期内付款时，即以应付账款账上金额支付，但如果企业超过折扣期付款，则原应付账款和存货上所少记的折扣部分要作为购货折扣损失，列为财务费用。显然，企业采用总价法和采用净价法时，资产负债表中的应付账款项目反映的金额也会不一样。

4. 预收账款

预收账款是指企业按照销货合同的规定向购货单位预收的货款等款项。在资产负债表中，预收账款项目金额等于“预收账款”科目贷方余额加上“应收账款明细款”科目贷方余额。例如，收到销货订单时存入的保证金、预收报纸杂志的订阅费、预收商品包装物的押金、长期建筑合同开出发票超过成本部分的金额、预收租金、预收利息等均为预收账款。尽管企业已收到这些款项，但企业产品和劳务尚未提供，故不能确认收入，只能作为一项负债。

5. 应付工资和应付福利费

应付工资是指应付给员工的工资总额。企业工资总额包括计时工资、计件工资、奖金、津贴和补贴、加班加点工资，以及非工作时间工资等。资产负债表中反映的应付工资是指在报告日企业应付未付的员工工资。

应付福利费是企业从成本、费用中提取的准备用于职工福利方面的资金。现行制度规定，职工福利费是按企业员工工资总额14%的比例提取的。这部分计入成本的福利费是为了解决员工的基本福利而预提的，它们属企业员工所有，是企业的一项负债。

6. 应付股利

企业作为独立核算的经济实体，对其实现的经营成果除了按照税法及有关法规的规定交税、交费外，还必须给予投入资金的投资者一定的回报，作为投资者应该分享所得税支付后的利润分配，取得投资收益。因此，企业分配给投资者的现金股利或利润，在实际支付给投资者之前，应计入负债。

7. 应交税金

企业应缴纳的税金有增值税、消费税、城市维护建设税、房产税、车船使用税、土地使用税、土地增值税、企业所得税、资源税等。企业在一定时期内取得的营业收入和实现的利润，要按照规定向国家缴纳各种税金，对于这些应缴纳的税金，企业应按照权责发生制的原则预提计入有关科目。这些应缴的税金在缴纳之前暂时停留在企业，形成一项负债。

8. 其他应交款

其他应交款包括教育费附加、矿产资源补偿费、其他暂收及应付款等应交款项。

9. 其他应付款

除了应付票据、应付账款、应付工资等以外，企业还会发生一些应付、暂收其他单位或个人的款项，如应付租入固定资产和包装物的租金、存入保证金、应付统筹退休金等。这些暂收应付款，构成了企业的一项流动负债，在我国会计核算中，对此设置“其他应付款”科目进行核算。

10. 预提费用

预提费用是指应由本期负担，并已以预提形式计入本期成本费用，但未实际支付的各项费用。预提费用是一种应计未付费用，因其留待以后期间支付而形成一种流动负债，例如预提租金、保险费、短期借款利息和固定资产修理费用等。资产负债表中的预提费用项目反映企业期末已预提计入成本费用但尚未支付的各项费用。

11. 预计负债

预计负债是指企业由可能会发生的事件或损失而形成的潜在的债务，其特点是这项债务可能存在，也可能不存在。例如，对于一项未决诉讼，如果企业败诉，就会支付一定的赔款，形成一项债务；如果企业胜诉，则无须支付赔款，不会形成债务。在这项诉讼中，可能存在也可能不存在的债务，即预计负债。

预计负债包括应收票据贴现、应付账款让售、财产担保债务、未决诉讼、产品质量担保债务等。

（1）1年内到期的长期负债

一般来说，企业的长期负债最终到期时需要企业以流动资产偿付。为了准确反映企业短期内需偿付的债务金额，正确评价企业的短期偿债能力，资产负债表中将1年内到期的、已转化为流动负债的长期负债金额在流动负债部分予以反映。该项目即用于反映这部分金额。

（2）其他流动负债

其他流动负债项目反映未包括在以上流动负债项目中的其他流动负债。

总之，企业管理者读懂流动负债是进行短期偿债能力分析的基础，因此，应十分关注对流动负债的分析。

关键点提示

流动负债主要包括：

1.短期借款；2.应付票据；3.应付账款；4.预收账款；5.应付工资和3应付福利费；6.应付股利；7.应交税金；8.其他应交款；9.其他应付款；10.预提费用；11.预计负债。

6.6 如何读懂长期负债

工作场景描述

当要读懂资产负债表中的长期负债项目时，可查看。

解读与分析

长期负债是指偿还期在1年或者超过1年的一个营业周期以上的债务。在资产负债表中，长期负债包括长期借款、应付债券、长期应付款和其他长期负债等项目。

1. 长期借款

长期借款是指企业向银行等金融机构或其他单位借入的，期限在1年以上的各种借款。

长期借款一般用于企业的固定资产购建、固定资产改扩建工程、固定资产大修理工程以及流动资产正常需要等方面，如目前的大修理借款、更新改造借款、出口工业品专项借款、进口设备人民币借款等。在会计核算上，长期借款的应计未付的利息，也应记在长期借款项目下。因此，资产负债表中的长期借款项目反映的是企业尚未归还的长期借款本息。

2. 应付债券

应付债券是指企业为筹集长期资金而发行的偿还期在1年以上的企业债券。企业债券可以按面值发行，也可以高于面值或低于面值发行，这三种情况分别被称为平价发行、溢价发行和折价发行。不论企业债券是溢价还是折价发行，应付债券均以实际收到的款项入账。

在债券偿还期间，企业还要分期计提或支付债券利息，同时，需对债券折价或溢价分期进行摊销，折价转为利息费用，溢价冲减利息费用，通过摊销，使债券的置存价值逐期恢复到面值。因此，资产负债表中的应付债券项目反映的是企业应付债券期末的置存价值和应付债券应付未付的利息。

3. 长期应付款

长期应付款是指企业除长期借款和应付债券以外的其他各种长期应付款，如应付引进设备款、融资租入固定资产应付款等。

应付引进设备款是企业依据与外商签订的来料加工、来料装配和中小型补偿贸易合同引进国外设备所发生的长期应付款项。它包括从国外引进的设备、随同设备一起进口的工具和零配件等的价款以及国外的运杂费等外币金额按规定折合率折合为人民币的金额，以及相应的利息支出和外币折合差额。

融资租入固定资产应付款，是指企业采用融资租赁方式租入固定资产而形成的长期负债。企业融资租入的固定资产，在租赁期间没有所有权，但由于其风险和报酬已经发生实质性转移，企业具有实质的控制权，因而应视同自有的固定资产进行核算。在租赁期内，企业一般分期等额支付租金，全部租金一般应能补偿出租方垫付的资本并使其获得合理的报酬，全部租金的现值一般为出租方垫付的资本。融资租入固定资产应付款作为长期负债，应按现值入账。企业支付租金时，对利息费用可以按租入时的实际利率计算，也可以将全部利息在租赁期间平均摊销。

4. 其他长期负债

其他长期负债是指未包括在以上长期负债项目中的其他长期负债。应注意，资产负债表中的各长期负债项目反映的均是在1年内不须偿还的债务，1年内到期偿还的长期负债，已反映在流动负债的有关项目中。

以上是长期负债的基本内容，企业管理者要想读懂长期负债项目，就必须认真掌握以上内容。

关键点提示

长期负债项目包括：

1.长期借款；2.应付债券；3.长期应付款；4.其他长期负债。

6.7 如何读懂所有者权益

工作场景描述

当要读懂资产负债表中的所有者权益项目时，可查看。

解读与分析

所有者权益是指企业投资者对企业净资产的要求权。所有者权益主要由两部分构成，一是投资者对企业的实际投入资本，二是企业在生产和经营中形成的盈利积存。在资产负债表中，所有者权益反映为实收资本、资本公积、盈余公积和未分配利润。

1. 实收资本

实收资本是企业注册资本范围内实际收到的投资者投入资本。所谓注册资本，是指企业在设立或增资时向工商行政管理部门登记的资本总额，也就是全部出资者设定的出资额之和。

投资者投入资本按投资者划分，分为国家资本、法人资本、个人资本和外商资本四类。国家资本是指有权代表国家投资的政府部门或者机构将国有资产投入企业所形成的资本，法人资本是指我国具有法人资格的单位将其依法可以支配的资产投入企业所形成的资本，个人资本是指我国公民将其合法财产投入企业所形成的资本，外商资本金指外国和中国香港、中国澳门和中国台湾地区的投资者直接向中国境内企业或以购买人民币特种股票形式向中国企业投入的资本金。

投入资本按照形式不同，可以分为货币投资、实物投资和无形资产投资。

我国现行制度规定，不论何种所有制的企业，都必须拥有一定的注册资本方可开业，并规定实收资本与注册资本一致。为了保障债权人和所有者的利益，保证企业生产经营正常进行，我国建立了资本金制度，规定企业在筹集到资本金后，在企业生产经营期间，投资者除依法转让外，一般不得抽回投资。因此，企业如没有增资扩股的情况发生，各期资产负债表中实收资本项目的金额一般都较稳定。

2. 资本公积

资本公积是企业的一种储备形式的资本，也可以说是一种准资本。资本公积的来源主要包括资本溢价、资本折算差额、资产重估差价和捐赠资本。资本溢价是指企业增加注册资本时，投资人所实际缴付的出资额大于认缴注册资本部分的差额，以及股份公司溢价发行股票时的溢价收入部分；资本折算差额是指企业收到外币投资时，由于原约定汇率与收到外币资产时的记账汇率不一致，实收资本按约定汇率或第一次出资时的汇率折合为记账本位币，资产则按收到资产时企业的记账汇率折合为记账本位币而产生的汇兑损益；资产重估差价是指企业按国家规定对企业资产进行重新估价时，固定资产的重估价值与其账面价值之间的差额；捐赠资本是指企业收到的地方政府、社会团体、其他企业、单位或个人捐赠给企业的资产，相应地作为一项资本反映在所有者权益中。资本公积经法定程序批准后可转增资本。

3. 盈余公积

盈余公积是指企业按照规定从净利润中提取的各种积累资金，是企业留存收益的一部分。管理者应该从分类、用途和核算等几个层面上进行把握。盈余公积根据其用途不同分为法定盈余公积和任意盈余公积两类。

法定盈余公积是指公司制企业按照税后利润的10%提取盈余公积（非公司制企业也可按照超过10%的比例提取）；任意盈余公积主要是股份制企业按照股东大会的决议提取。法定盈余公积和任意盈余公积的区别就在于其各自计提的依据不同，前者以国家的法律或行政规章为依据提取；后者则由企业自行决定提取。

（1）掌握用途。

企业提取盈余公积主要可以用于以下两个方面。

①用于弥补亏损。企业发生亏损时，应由企业自行弥补。弥补亏损的渠道主要有三个：用以后年度税前利润弥补；用以后年度税后利润弥补；以盈余公积弥补。企业以提取的盈余公积弥补亏损时，应当由公司董事会提议，并经股东大会批准。

②转增资本。企业将盈余公积转增资本时，必须经股东大会决议批准。在实际将盈余公积转增资本时，要按股东原有持股比例结转。盈余公积转增资本时，转增后留存的盈余公积的数额不得少于转增前注册资本的25%。

任意盈余公积的用途并不是指其实际占用形态，提取盈余公积也并不是单独将这部分资金从企业资金周转过程中抽出。企业提取的盈余公积，无论是用于弥补亏损，还是用于转增资本，只不过是在企业所有者权益内部结构的转换。如企业以盈余公积转增资本时，也只是减少盈余公积结存的数额，但同时增加企业实收资本或股本的数额，并不会引起所有者权益总额的变动。

（2）准确核算。

为了反映盈余公积形成及使用情况，企业应设置“盈余公积”科目。由于法定盈余公积和任意盈余公积有着不同的用途。企业应当分别进行明细核算。企业提取盈余公积时，借记“利润分配”科目，贷记“盈余公积”（法定盈余公积、任意盈余公积）科目。

4. 未分配利润

未分配利润是企业实现的利润在扣除交纳的所得税、提取的盈余公积和分配的利润后的余额。在资产负债表中，该项目如为负数，则表示未弥补的亏损。

以上是构成所有者权益的具体项目，管理者要认真掌握。

关键点提示

所有者权益包括：

1.实收资本；2.资本公积；3.盈余公积；4.未分配利润。

6.8　如何分析资产营运能力

工作场景描述

当要通过资产负债表分析并提高企业资产营运能力时，可查看。

解读与分析

企业资产营运能力的实质，就是要以尽可能少的资产占用、尽可能短的时间周转，生产尽可能多的产品，实现尽可能多的销售收入，创造尽可能多的纯收入。营运能力分析主要包括全部资产营运能力分析、流动资产营运能力分析、固定资产营运能力分析。

1. 分析全部资产营运能力

（1）总资产产值率。总资产产值率是指企业占用每百元资产所创造的总产值，计算公式为：

$$总资产产值率 = \frac{总产值}{平均总资产} \times 100\%$$

该指标值越高，企业资产的投入产出率越高，企业全部资产运营状况越好。

（2）总资产收入率。总资产收入率是指占用每百元资产所取得的收入额，计算公式为：

$$总资产收入率 = \frac{总收入}{平均总资产} \times 100\%$$

该指标值越高，企业全部资产营运能力越强，营运效率越高。

2. 分析流动资产营运能力

（1）计算流动资产周转率。流动资产的周转次数或天数，均可用于表示流动资产的周转速度。流动资产在一定时期内的周转次数越多，即每周转一次所需要的天数越少，周转速度越快，企业流动资产营运能力就越好；反之，周转速度越慢，流动资产营运能力就越差。主要计算公式如下：

$$流动资产周转天数=\frac{流动资产平均余额\times 计算期天数}{销售收入}$$

$$流动资产周转次数=\frac{销售收入}{流动资产平均余额}$$

$$流动资产垫支周转天数=\frac{流动资产平均占有额\times 天数}{销售成本}$$

$$流动资产垫支周转次数=\frac{销售成本}{流动资产平均占有额}$$

（2）分析流动资产周转率。影响流动资产周转次数的因素，一是垫支周转次数，二是成本收入率。流动资产垫支周转次数准确地反映了流动资产在一定时期内可周转的次数，成本收入率说明了企业的所费与所得之间的关系。成本收入率大于1，说明企业有经济效益，此时流动资产垫支周转次数越多，流动资产营运能力越好；成本收入率小于1，说明企业所得弥补不了所费，这时流动资产垫支周转次数的增多，反而不利于企业经济效益的提高。

（3）分析流动资产周转。流动资产周转加快，一方面可使一定的产出所需流动资产减少；另一方面，可使一定的资产所取得的收入增加。

企业进行资产营运能力分析可发现在资产营运中存在的问题。

（4）加速流动资产周转所节约的资金。企业在销售收入一定的情况下其计算公式为：

$$流动资产节约额=报告期销售收入\times\left(\frac{1}{报告期流动资产周转数}-\frac{1}{基期流动资产周转数}\right)$$

计算结果为负数时，表示因周转加速而节约的流动资金数；计算结果为正数时，表示企业流动资产周转缓慢而浪费的流动资金数。

（5）加速流动资产周转所增加的收入。企业流动资产占用额一定的情况下，其计算公式为：

销售收入增加额=基期流动资产平均额×（报告期流动资产周转数–基期流动资产周转数）

计算结果为正数时，表示加速流动资产周转增加的销售收入；计算结果为负数时，表示流动资产周转速度缓慢所减少的销售收入。

3. 分析固定资产营运能力

固定资产产值率是指一定时期内总产值与固定资产平均总值之间的比率。分析固定资产产值率时，企业管理者首先应找出影响它的因素。固定资产产值率的计算公式为：

$$固定资产产值率=\frac{总产值}{固定资产平均总值}\times 100\%=\frac{总产值}{生产设备平均总值}\times\frac{生产设备平均总值}{生产用固定资产平均总值}\times\frac{生产用固定资产平均总值}{固定资产平均总值}\times 100\%=生产设备产值率\times 生产设备占生产用固定资产的构成率\times 生产用固定资产构成率$$

生产设备产值率是反映生产设备能力和时间的利用效果的指标，它的数值直接影响着生产用固定资产的利用效果，并会影响企业固定资产产值率。生产设备占生产用固定资产的比重和生产用固定资产占固定资产的比重，标志着固定资产的结构和配置的合理程度，其比重越大，固定资产产值率也就越高。

对企业固定资产产值率的分析，应从固定资产的配置和使用两方面进行，在合理配置固定资产的同时，从时间上改善固定资产特别是其中生产设备的利用情况，不断提高其单位时间的产量，才能提高固定资产产值率。

进行企业资产营运能力分析时，相关人员要通过对反映企业资产营运效率与效益的指标进行计算与分析，评价企业的营运能力，为企业提高经济效益指明方向。

关键点提示

分析企业的资产营运能力时，企业管理者必须：

1.分析全部资产营运能力；2.分析流动资产营运能力；3.分析固定资产营运能力。

6.9 如何分析短期偿债能力

工作场景描述

当要通过资产负债表对企业的短期偿债能力进行分析时，可查看。

解读与分析

短期偿债能力是指企业流动资产对流动负债及时足额偿还的保证程度，或者说是指企业在短期债务到期时用现金偿还流动负债的能力。进行短期偿债能力分析时，企业首先要明确影响短期偿债能力的因素，通过对一系列反映短期偿债能力的指标进行计算与分析，说明企业短期偿债能力状况及其原因。

1. 分析影响因素

（1）分析现金流量。负债偿还方式可以分为两种：一种是用企业本身所拥有的资产去偿还；另一种是用新的收益或负债去偿还，但最终还是要以企业的资产去偿还。无论如何，现金流量都是决定企业偿债能力的重要因素。企业现金流量状况如何，受经营状况和融资能力两方面的影响，但主要受企业经营状况的影响。

（2）分析流动负债。流动负债，亦称短期负债，是指企业必须在1年内偿还的债务。流动负债规模是影响企业短期偿债能力的重要因素，因为流动负债规模越大，短期内企业的债务负担就越重。

（3）分析流动资产。流动资产是指可以在1年内变现或者耗用的资产。企业短期负债的偿还往往需要能在1年内变现的资产，因此，可以说，流动资产是偿还流动负债的物质保证。一般来说，流动资产越多，企业短期偿债能力越强。

（4）分析变现能力。

①可动用的银行贷款指标：银行已同意、企业未办理贷款手续的银行贷款授信额度，可以随时增加企业的现金，提高其支付能力。

②准备变现的长期资产：由于某种原因，企业可能会将一些长期资产出售变为现金，增强短期偿债能力。

③声誉：如果企业有一定的声誉，在短期偿债方面出现困难时，可以很快地通过发行债券和股票等办法解决资金的短缺问题，提高短期偿债能力，这取决于企业自身的信用、声誉和当时的筹资环境。

2. 计算偿债指标

（1）计算营运资本。

①营运资本是指企业流动资产减去流动负债后的差额，用公式表示为：

营运资本=流动资产–流动负债

②营运资本实际上反映的是用流动资产归还和抵补流动负债后的余额。营运资本越多，说明企业可用于偿还流动负债的资金越充足，企业的短期偿债能力越强。

③对营运资本进行分析时，企业可以从静态上评价企业的当期偿债能力状况，也可以从动态上评价企业不同时期的偿债能力变动情况。

④只有对比当期营运资本指标与过去期间的营运资本指标，才能衡量其合理性，但要注意企业规模的扩大和缩小问题。

（2）计算流动比率。

①流动比率是指流动资产与流动负债之间的比率，其计算公式为：

$$流动比率=\frac{流动资产}{流动负债}\times 100\%$$

流动比率是衡量企业短期偿债能力的重要指标，可表明企业每元流动负债有多少元流动资产作为支付保障，反映了企业流动资产在短期债务到期时可变现用于偿还流动负债的能力。通常认为正常的流动比率是2：1。

②流动比率可以在两个规模不同的企业之间进行直接对比，但在对比时，流动资产价值必须接近实际价值，否则会低估流动比率。

③运用流动比率指标分析、评价企业的短期偿债能力时，应注意以下几个问题。

A. 结合所在行业的标准。不同行业因其资产、负债占用情况不同，流动比率会有较大差别。一些行业，比如餐饮行业，流动比率达到100%就可表明其有足够的偿债能力，其他行业的流动比率达到或超过200%也不一定表明其偿债能力很强。

B. 注意人为因素。流动比率是根据资产负债表计算出来的，体现的仅仅是企业账面上的支付能力。企业出于某种目的，可以运用各种方式进行调整，使流动比率表现出来的偿债能力与实际偿债能力有较大差异。

C. 结合企业的生产经营性质与特点。不同生产经营特点对资产流动性的要求不同，并非企业流动比率低于200%就一定表明偿债能力不强，也不一定流动比率高于200%就一定表明企业有较强的偿债能力。

（3）计算速动比率。

①速动比率是指企业的速动资产与流动负债之间的比率，其计算公式为：

$$速动比率=\frac{速动资产}{流动负债}\times 100\%$$

②速动比率可用于衡量企业用速动资产立即偿还流动负债的能力，它是对流动比率的重要补充说明。当企业流动资产中的速动资产比重较低时，即使流动比率较高，但由于流动资产的流动性较弱，偿债能力同样不会强。计算速动比率的关键在于计算速动资产，方法是将流动资产中扣除存货后的资产统称为速动资产，即：

速动资产=流动资产–存货

③通常认为正常的速动比率是1。这个比率主要用于企业不同会计年度之间、不同企业之间以及企业与行业平均数之间进行对比。但是，应该根据具体行业进行分析，某些行业的速动比率允许低于1，而有些行业必须保持高于1的速动比率。

（4）计算现金流动负债比率。

①现金流动负债比率是指企业的现金类资产与流动负债之间的比率，其计算公式为：

$$现金流动负债比率=\frac{企业经营现金净流量}{流动负债}\times 100\%$$

②现金流动负债比率反映企业即刻变现能力，这个指标很高不一定是好事，可能反映该企业不善于充分利用现金资产，没有把现金投入经营，因此在就这个指标下结论前，要充分了解企业的情况。

分析并提高企业的短期偿债能力是防范企业财务风险的重要手段。因此，管理者在分析资产负债表时，要重视对企业短期偿债能力的分析。

关键点提示

企业短期偿债能力的影响因素包括：

1.现金流量；2.流动负债；3.流动资产；4.变现能力。

6.10　如何分析长期偿债能力

工作场景描述

当要进行长期偿债能力分析时，可查看。

解读与分析

长期偿债能力是指企业偿还长期负债的能力，企业的长期负债主要有长期借款、应付债券、长期应付款等。企业的长期债权人和所有者不仅关心企业短期偿债能力，还关心企业的长期偿债能力。对管理者来说，分析并提高企业的长期偿债能力是其重要职责。

1. 分析影响因素

（1）盈利能力。企业盈利能力又称企业获利能力，是指企业在一定时期内取得利润的能力。企业盈利能力可用绝对值表示，也可用相对额表示。企业的盈利能力对偿还企业长期债务有着十分重要的影响。一个正常经营的企业，对长期负债的偿还主要靠企业获得的利润；否则，以资产偿还长期债务势必会缩小生产经营规模，违背长期负债的初衷。在企业决定采用长期负债筹资方式时，考虑自身的盈利能力是非常关键的，这对企业投资者、债权者、经营者都有重要意义。

（2）长期负债状况。长期负债是除企业投资者投入企业的资本以外，企业向债权人筹集，可供企业长期使用的资金。与流动负债相比，长期负债具有数额较大，偿还期限较长，利息负担较重等特点。

（3）非流动资产状况。从长期来看，企业的资产是企业负债的偿还保证，尤其是对长期负债而言，非流动资产的规模和结构对企业的长期偿债能力有着重要影响。因为大部分长期负债在形成时就用非流动资产做抵押，抵押资产的规模决定着企业偿还长期负债的能力。即使是非抵押的长期负债，在负债到期而无足够的盈利用于归还债务时，企业的资产，包括流动资产和非流动资产，也都可用于偿还长期负债。一般来说，在企业长期负债一定的情况下，企业的资产越多，企业偿还债务的能力就越强。

（4）其他影响因素。

①经营租赁。当企业的经营租赁量比较大、期限比较长或具有经常性时，即构成了一种长期性筹资。这种长期性筹资虽然不包含在长期负债之内，但到期时必须支付租金，这会对企业的偿债能力造成一定影响，因此，如果企业经常发生经营租赁业务，就应考虑租赁费用对偿债能力的影响。

②担保责任。担保项目的时间长短不一，很多会成为企业的长期或有负债。在分析企业长期偿债能力时，管理者应根据有关资料判断担保责任带来的潜在长期负债问题。

2. 掌握常用指标

（1）资产负债率。

①资产负债率可综合反映企业偿债能力，它是企业的负债总额与资产总额之间的比率，其计算公式为：

$$资产负债率=负债总额/资产总额\times 100\%$$

②资产负债率指标既可用于衡量企业利用债权人资金开展经营活动的能力，也可用于说明债权人发放贷款的安全程度。就企业所有者和经营者而言，通常希望该指标高些。这样，一方面有利于筹集资金，扩大企业规模；另一方面，有利于利用财务杠杆增加所有者获利能力。但资产负债率过高，反过来又会影响企业的筹资能力。因此，一般来说，该指标为50%比较合适，有利于风险与收益的平衡；该指标大于100%，表明企业已资不抵债，视为达到破产警戒线。

③资产负债率为多少才是合理的，并没有一个确定的衡量标准。不同的行业、不同类型的企业都是有较大差异的。一般而言，处于高速成长时期的企业，其资产负债率可能会高一些，这样所有者会得到更多的杠杆利益。

（2）利息支付倍数。

①利息支付倍数是指息税前正常营业利润与负债利息之比，其计算公式为：

$$利息支付倍数=\frac{息税前利润}{利息费用}$$

②利息支付倍数指标反映了企业盈利与利息费用之间的特定关系。一般来说，该指标越高，企业的长期偿债能力越强；该指标越低，企业偿债能力越差。

③运用利息支付倍数分析评价企业长期偿债能力时，从静态上看，一般认为该指标至少要大于1，否则说明企业偿债能力很差，无力举债经营；从动态上看，利息支付倍数提高，说明偿债能力增强，否则，说明企业偿债能力下降。

（3）债务本息偿付保障倍数。

①债务本息偿付保障倍数是在利息支付倍数计算与分析的基础上，进一步考虑债务本金和可用于偿还本金的固定资产折旧而计算的反映偿债能力的指标，其计算公式为：

$$债务本息偿付保障倍数=\frac{（息税前利润+折旧）\times（1-所得税率）}{利息额+本金额}$$

②债务本息偿付保障倍数大于1，就说明企业具有偿债能力。该指标越高，说明企业的偿债能力越强；该指标越低，企业偿债能力越差。

（4）固定费用保障倍数。

①固定费用保障倍数是考虑了租赁费用等固定费用支出后所形成的反映偿债能力的指标，其计算公式为：

$$固定费用保障倍数=\frac{息税前利润+租赁费用}{全部利息费用+租赁费用}$$

②该指标旨在反映企业的长期偿债能力，为此将所有长期债务都考虑了进去。固定费用保障倍数至少要等于1，否则，说明企业无力偿还企业到期的长期债务。该指标越高，企业偿债能力越强；该指标越低，企业偿债能力越差。

（5）股东权益比率。

股东权益比率是股东权益总额与资产总额的比率，该比率反映企业资产中所有者投入的情况，其计算公式为：

$$股东权益比率 = \frac{股东权益总额}{资产总额} \times 100\%$$

（6）权益乘数。

股东权益比率的倒数称作权益乘数，即资产总额是股东权益总额的多少倍。该乘数越大，说明股东投入的资本在资产中所占比重越小，其计算公式为：

$$权益乘数 = \frac{资产总额}{股东权益总额} \times 100\%$$

分析并提高企业的长期偿债能力是防范企业经营风险的重要途径。管理者在阅读资产负债表时，要重视对企业长期偿债能力的分析，并在此基础上不断提高企业的长期偿债能力。

关键点提示

影响企业长期偿债能力的因素有：

1.盈利能力；2.长期负债状况；3.非流动资产状况；4.其他影响因素。

6.11 如何加强对会计报表附注的重视程度

工作场景描述

当要提高对会计报表附注的重视程度时，可查看。

解读与分析

会计报表由于受反映形式、格式、编制时间等方面的限制，所提供的信息并不能完全满足管理者的决策需求，因此，管理者必须充分利用会计报表附注。

1. 明确会计报表的局限

由于会计报表中所规定的内容具有一定的固定性，只能提供货币化的定量的财务信息，对会计信息使用者决策具有重要意义的非量化会计信息则无法反映，而这些信息又是管理者需要了解的，因此须借助会计报表附注来反映。

列入会计报表的各项信息都必须符合会计要素的定义和确认标准，而一些对企业有重要影响但与现行确认标准不一致的项目，就无法在会计报表中列示，必须在表外予以说明。

会计报表反映的会计信息是一种以历史成本原则揭示的账面信息，不能反映经济环境发生变动等情况下的会计信息，而管理者除了要了解历史成本资料外，更应关心现行市场情况，为满足这种需要，就须利用报表附注提供此类信息。

由于不同地区各个企业之间编制会计报表所依据的会计政策各不相同，因此，为了正确地理解会计报表上的有关内容，我们须对编制会计报表时所依据的重要会计政策加以说明。

2. 提高会计报表附注的质量

为确保会计报表附注的质量，在编制时，应注意以下几点。

（1）揭示要系统、充分、完整。否则，信息揭示的遗漏会造成会计资料的费解或误解。

（2）坚持重要性原则。对不同的信息选择不同的披露方式，对重要的信息资料应充分披露，一般事项的说明则要简略。

（3）确保附注资料真实可信。只有真实可信的会计信息才能发挥附注资料的作用，为此，应做到附注资料真实可信。

（4）保守商业秘密。商业秘密是企业的重要经济资源。报表附注中披露的信息应是可公开的信息，而非商业秘密，除非是提供给本企业有关人员的内部报表。

会计报表附注能够弥补会计报表在格式等方面受到的限制，管理者在阅读会计报表时应该重视对会计报表附注的利用。

关键点提示

为了提高会计报表附注质量，在编写时应该：

1.揭示要系统、充分、完整；2.坚持重要性原则；3.确保附注资料真实可信；4.保守商业秘密。

6.12 如何全面认识会计报表附注披露的内容

工作场景描述

当想要了解会计报表附注披露的内容时，可查看。

解读与分析

会计报表中所规定的内容具有一定的固定性，只能提供定量的会计信息，其所能反映的会计信息会受到一定的限制。会计报表附注是对会计报表的补充，主要对会计报表无法披露或者披露不详尽的内容做进一步的解释说明，以便于管理者理解和使用会计信息。一般来说，会计报表附注应该披露以下内容。

1. 会计核算基本假设

会计核算是基于一定会计假设的，财务会计报告的编制一般情况下也是以基本会计假设为前提的。符合公认的基本会计假设而编制的财务会计报告不会让使用者产生任何误解，因此，一般情况下不需要对其加以说明。但如果编制的财务会计报告未遵守基本会计假设，则必须予以披露，并说明理由。

2. 会计政策和会计估计的说明

会计政策是指企业在会计核算时所遵循的具体原则以及企业所采纳的具体会计处理方法。具体原则和具体会计处理方法，也是指导企业进行会计核算的基础。会计政策在具体使用中可以有不同的选择，一般情况下企业会选择用最恰当的会计政策反映其经营成果和财务状况。会计政策的选择应着眼于谨慎、实质重于形式和重要性三个方面。

会计估计是指企业对其结果不确定的交易或事项以最近可利用的信息为基础所做的判断。在会计报表附注中需要披露会计估计的程序及方法。

3. 会计政策和会计估计变更的说明

会计政策和会计估计变更的说明主要包括：会计政策变更的内容和理由、会计政策变更的积累影响数、累积影响数不能合理确定的理由、会计估计变更的内容和理由、会计估计变更的影响数、会计估计变更的影响数不能合理确定的理由、重大会计差错的内容、重大会计差错的更正金额。

4. 或有事项的说明

或有负债的类型及其影响包括：已贴现商业承兑汇票形成的或有负债，未决诉讼、仲裁形成的或有负债，为其他单位提供债务担保形成的或有负债，其他或有负债，或有负债预计产生的财务影响，或有负债获得补偿的可能性。

如果或有资产很可能给企业带来经济利益，则应说明其形成的原因及其产生的财务影响。

5. 关联方关系及其交易的说明

在存在控制关系的情况下，关联方如为企业，则不论它们之间有无交易，都应说明如下事项：企业经济性质或类型、名称、法定代表人、注册地、注册资本及其变化，企业的主营业务，所持股份或权益及其变化。

在企业与关联方发生交易的情况下，企业应说明关联方关系的性质、交易类型及其交易要素。这些要素一般包括：交易的金额或相应比例、未结算项目的金额或相应比例、定价政策（包括没有金额或只有象征性金额的交易）。

关联方交易应分别关联方以及交易类型予以说明，类型相同的关联方交易，在不影响会计报表使用者正确理解的情况下可以合并说明。

关联方交易价格如果高于或低于一般交易价格，则应说明其价格的公允性。管理者在选择会计报表附注的披露内容时，除了遵守一般的法律规定外，还要选择与会计报表互补性强的内容进行披露。

关键点提示

会计报表附注披露的内容有：

1.会计核算基本假设；2.会计政策和会计估计的说明。3.会计政策和会计估计变更的说明；4.或有事项的说明；5.关联方关系及其交易的说明。

6.13 如何利用会计报表附注说明会计变更和更正

工作场景描述

当要分析会计政策、会计估计和会计差错的变更和更正时，可查看。

解读与分析

会计政策变更、会计估计变更和会计差错更正是企业的重要会计事项，管理者除了按会计准则进行一般会计处理外，还应该进行相应的披露。管理者可从以下方面掌握变更和更正的内容和方法。

1. 披露会计政策变更

对于会计政策变更，管理者应在会计报表附注中披露以下事项。

（1）会计政策变更的内容和理由，主要包括：对会计政策变更的阐述、会计政策变更的日期、变更前采用的会计政策、变更后采用的新会计政策以及会计政策变更的原因。

（2）会计政策变更的影响数，主要包括：采用追溯调整法时，计算出的会计政策变更的累积影响数；当期和各个列报前期财务报表中需要调整的净损益及其影响金额，以及其他需要调整的项目名称和调整金额。

（3）累积影响数不能合理确定的理由，主要包括：累积影响数不能合理确定的理由以及会计政策变更对当期经营成果的影响金额。

2. 披露会计估计变更

对于会计估计变更，管理者应在会计报表附注中披露以下事项。

（1）会计估计变更的内容和理由，主要包括：会计估计变更的内容、会计估计变更的日期以及会计估计变更的原因。

（2）会计估计变更的影响数，主要包括：会计估计变更对当期损益的影响金额、会计估计变更对其他项目的影响金额。

3. 披露会计差错更正

管理者应在会计报表附注中披露以下内容。

（1）重大会计差错的内容，包括重大会计差错的事项、原因和更正方法。

（2）重大会计差错的更正金额，包括重大会计差错对净损益的影响金额以及对其他项目的影响金额。

管理者在利用报表附注说明会计变更和更正时，首先要判断什么是重大差错，再按法律规定的内容和程序进行披露。

关键点提示

会计报表附注说明的会计变更和更正有：

1.会计政策变更；2.会计估计变更；3.会计差错更正。

6.14　如何利用会计报表附注说明非调整事项

工作场景描述

当要分析资产负债表非调整事项时，可查看。

解读与分析

非调整事项，是资产负债表日以后才发生或存在的事项，其不影响资产负债表日的存在状况，因此不需要人们对资产负债表日编制的会计报表进行调整。但由于事项重大，如不加以说明，将会影响财务会计报告使用者做出正确估计和决策，因此，管理者应在会计报表附注中加以披露，披露的非调整事项主要有如下几项。

1. 股票和债券的发行

其是指企业在资产负债表日以后发行的股票、债券等。企业发行股票或债券是比较重大的事项，虽然这一事项与企业资产负债表日的存在状况无关，但应对这一事项做出披露，以使财务会计报告使用者了解与此有关的情况及其可能带来的影响。

2. 对一个企业的巨额投资

其是指企业在资产负债表日后决定对一个企业的巨额投资。虽然这一事项与企业资产负债表日存在状况无关，但应对这一事项进行披露，以使财务会计报告使用者了解对一个企业的巨额投资可能会给投资者带来的影响。

3. 自然灾害导致的资产损失

其是指资产负债表日后发生的，由于自然灾害导致的资产损失。对于自然灾害导致的资产损失对企业财务状况所产生的影响，如果不加以披露，就有可能使财务会计报告使用者产生误解，做出错误的决策。因此，应将自然灾害导致的资产损失作为一项非调整事项在会计报表附注中进行披露。

4. 外汇汇率发生的较大变动

其是指在资产负债表日后发生的外汇汇率的较大变动。由于企业已经在资产负债表日按照当时的汇率对有关账户进行调整，因此，无论资产负债表日后的汇率如何变化，均不应影响按资产负债表日的汇率折算的会计报表数字。但是，如汇率发生较大变化，应对由此产生的影响在会计报表附注中予以披露。

管理者在利用财务报表附注说明资产负债表日后的事项时，必须区分调整事项和非调整事项，在此基础上对非调整事项进行充分的披露。

关键点提示

利用报表附注说明的非调整事项有：

1.股票和债券的发行；2.对一个企业的巨额投资；3.自然灾害导致的资产损失；4.外汇汇率发生的较大变动。

6.15 如何利用会计报表附注披露关联方关系及其交易

工作场景描述

当要分析关联方关系及其交易时，可查看。

解读与分析

关联方关系及关联方交易不仅涉及多个行为主体，而且是以各方之间的相互影响为前提的，更为重要的是，关联方关系的存在可能会影响到交易的公允性，因此，管理者在进行关联方关系及其交易的披露时，要把握以下内容。

1. 披露关联方关系

当关联方为企业，并且两者之间存在控制和被控制的关系时，则无论关联方之间有无交易，均应在会计报表附注中披露如下资料。

①企业经济性质或类型、名称、法定代表人、注册地、注册资本及其变化。

②企业的主营业务，主要是指营业执照上注明的主营业务。

③企业所持股份或权益及其变化。企业应当披露金额和所持股份或权益的比例，并要求披露年初数、本年增加数、本年减少数和年末数。

当存在共同控制、重大影响时，在没有发生交易的情况下，会计报表附注可以不披露关联方关系；在发生交易时，会计报表附注应当披露关联方关系的性质。

2. 披露关联方交易

（1）关联方之间的交易按照重要性原则处理。

①对于零星的关联交易，如果对企业财务状况和经营成果影响较小或几乎没有影响，则可以不予披露。

②对企业财务状况和经营成果有影响的关联交易，如果属于重大交易，应当进行分别关联方以及交易类型披露。分别关联方披露，是指对各个关联企业和关联个人分别披露；分别交易类型披露，是指按照交易的各种类型分别披露。

③判断是否需要对关联交易进行披露时，不能将交易金额的大小作为判断标准，而应通过交易对企业财务状况和经营成果的影响程度来确定。

（2）在企业与关联方发生交易的情况下，企业应当在会计报表附注中披露关联方关系的性质、交易类型及其交易要素。交易要素至少应当包括如下几方面内容。

①交易的金额。

②未结算项目的金额、条款和条件，以及有关提供或取得担保的信息。

③未结算应收项目的坏账准备金额。

④定价政策。

3. 不需披露的交易

企业财务报表中应当披露所有关联方关系及其交易的相关信息。对外提供合并财务报表的，对于已经包括合并范围内各企业之间的交易不予披露，但应当披露与合并范围外各关联方的关系及其交易。

在阅读财务报表的过程中，管理者如果不重视对关联方关系及其交易的披露，就难以了解会计报表的真实性。

关键点提示

关联披露的内容包括：

1.关联方关系；2.关联方交易。